普通高等教育"十三五"规划教材

客户关系管理

主　编　王　栖　王　娟　吴瑞杰
副主编　赵桂娟　康金辉　张超凤
　　　　詹桂芬　方春燕　芦　梅

电子工业出版社
Publishing House of Electronics Industry
北京·BEIJING

内 容 简 介

本书共分为三篇，第一篇是导论，具体阐述客户关系管理的基本概念和理论基础；第二篇是客户关系的建立与维护，着重介绍客户关系管理的实际应用和策略；第三篇是客户关系管理的技术支持，主要介绍较为流行的几种技术手段的概念、特点及应用。

本书既可作为高职高专院校市场营销、工商管理、电子商务、金融、会计、连锁经营管理等专业的教材，也可供从事销售、服务行业的管理工作者学习借鉴。

未经许可，不得以任何方式复制或抄袭本书之部分或全部内容。
版权所有，侵权必究。

图书在版编目（CIP）数据

客户关系管理 / 王栖，王娟，吴瑞杰主编. —北京：电子工业出版社，2020.1
ISBN 978-7-121-38102-7

Ⅰ. ①客… Ⅱ. ①王… ②王… ③吴… Ⅲ. ①企业管理－供销管理 Ⅳ. ①F274

中国版本图书馆 CIP 数据核字（2019）第 274202 号

责任编辑：祁玉芹
印　　刷：中国电影出版社印刷厂
装　　订：中国电影出版社印刷厂
出版发行：电子工业出版社
　　　　　北京市海淀区万寿路 173 信箱　邮编　100036
开　　本：787×1092　1/16　印张：14.5　字数：344 千字
版　　次：2020 年 1 月第 1 版
印　　次：2024 年 8 月第 8 次印刷
定　　价：39.80 元

凡所购买电子工业出版社图书有缺损问题，请向购买书店调换。若书店售缺，请与本社发行部联系，联系及邮购电话：（010）88254888，88258888。
质量投诉请发邮件至 zlts@phei.com.cn，盗版侵权举报请发邮件至 dbqq@phei.com.cn。
本书咨询联系方式：qiyuqin@phei.com.cn。

前言 Preface

在全球经济迅速发展和科学技术突飞猛进的今天，无论是制造型还是服务型行业，企业数量日益增加，产品和服务质量也不断提高并趋于完善。在这样的大背景下，加之现代管理和营销理论的不断发展，使得众多商家逐渐意识到客户的重要性。客户资源是市场竞争至关重要的资源，也是其他企业最难模仿的优势。现代市场竞争的实质是客户资源的竞争，在这场竞争中，谁能与客户保持沟通，把握住客户的需求，谁就能获得竞争优势，立于不败之地。

基于这样的形势，客户关系管理的重要性越来越得到众多企业、专家的关注。客户关系管理能够给企业带来互联网时代生存与发展的管理体制和技术手段，成为企业成功实现电子商务的基础，使企业顺利实现由传统企业模式到以电子商务为基础的现代企业模式的转变。在未来，随着经济的发展，企业对于客户关系管理的需求会越来越大，同时客户关系管理的应用也将越来越广泛。客户管理将成为企业核心竞争力的来源，是企业的必然选择。

本书有效结合客户关系管理的理论基础和技术手段，深入浅出，有助于读者更好地理解客户关系管理的核心内容。本书既可作为高职高专院校市场营销、工商管理、电子商务、金融、会计、连锁经营管理等专业的教材，也可供从事销售、服务行业的管理工作者学习借鉴。

本书共分为三篇，第一篇是导论，具体阐述客户关系管理的基本概念和理论基础；第二篇是客户关系的建立与维护，着重介绍客户关系管理的实际应用和策略；第三篇是客户关系管理的技术支持，主要介绍较为流行的几种技术手段的概念、特点及应用。

本书由海南经贸职业技术学院王栖、包头轻工业技术学院王娟、河南信息统计职业学院吴瑞杰任主编，河北东方学院赵桂娟、郑州工程技术学院康金辉、成都理工大学工程技术学院张超凤、南京铁路职业技术学院詹桂芬、运城职业技术学院方春燕、河南信息统计职业学院芦梅任副主编。

本书在编写过程中查阅和借鉴了国内外一些相关资料、论文、论著等，在此向各位作者表示诚挚的谢意。由于编者水平有限，书中难免存在疏漏和不足之处，还请各位读者不吝赐教，批评指正。

编　者

2019 年 8 月

第一篇 导 论

第一章 客户关系管理概述 ··· 2

第一节 客户关系管理的产生和发展 ·· 3
一、客户关系管理的产生 ·· 3
二、客户关系管理的发展趋势 ·· 7

第二节 客户关系管理的内涵 ·· 7
一、客户及客户关系的定义 ·· 7
二、客户关系管理的相关概念 ·· 10

第三节 客户关系管理职位的分析与描述 ·· 14
课后练习 ·· 17

第二章 客户关系管理的相关策略 ·· 19

第一节 关系营销 ·· 21
一、关系营销产生的原因和背景 ·· 21
二、关系营销的概念和特点 ·· 23
三、关系营销的层次 ·· 27

第二节 数据库营销 ·· 29
一、数据库营销的概念 ·· 29

二、数据库营销的内容 ································ 30
　　三、数据库营销的作用 ································ 32
第三节　一对一营销 ·· 37
　　一、一对一营销的含义 ································ 37
　　二、一对一营销的战略流程 ···························· 38
　　三、一对一营销的局限性 ······························ 41
课后练习 ·· 43

第二篇　客户关系的建立与维护

第三章　客户开发与信息管理 ································ 46
　第一节　客户开发管理 ···································· 47
　　一、寻找新客户 ······································ 47
　　二、评估新客户 ······································ 55
　　三、接近新客户 ······································ 56
　第二节　客户信息管理 ···································· 58
　　一、客户信息的来源与分类 ···························· 58
　　二、建立客户数据库 ·································· 61
　　三、客户信息统计与分析 ······························ 62
　课后练习 ·· 64

第四章　客户价值与分类管理 ································ 67
　第一节　客户价值管理 ···································· 69
　　一、客户价值的含义 ·································· 69
　　二、客户价值理论 ···································· 70
　　三、客户价值管理 ···································· 72
　第二节　客户生命周期 ···································· 73
　　一、客户生命周期的内涵 ······························ 73
　　二、客户生命周期各个阶段的特征及管理重点 ············ 74

三、客户生命周期模式的分类 ………………………………………… 76

第三节　客户分类管理 ………………………………………………… 79

　　一、客户分类的内涵 …………………………………………………… 79

　　二、客户分类的方法 …………………………………………………… 79

　　三、核心客户管理 ……………………………………………………… 83

课后练习 …………………………………………………………………… 83

第五章　客户满意管理 …………………………………………………… 85

第一节　客户满意概述 ………………………………………………… 86

　　一、客户满意和客户满意度 …………………………………………… 86

　　二、客户满意的特征 …………………………………………………… 89

　　三、客户满意的意义 …………………………………………………… 90

第二节　客户满意度的测评 …………………………………………… 91

　　一、客户满意度的影响因素 …………………………………………… 91

　　二、客户满意度的测评 ………………………………………………… 95

第三节　提高客户满意度的途径 …………………………………… 106

　　一、了解并控制客户的期望值 ……………………………………… 106

　　二、不断提升核心产品价值 ………………………………………… 107

　　三、优化服务方式和手段 …………………………………………… 110

课后练习 ………………………………………………………………… 116

第六章　客户忠诚管理 ………………………………………………… 117

第一节　客户忠诚概述 ……………………………………………… 119

　　一、客户忠诚的概念 ………………………………………………… 120

　　二、客户忠诚的衡量 ………………………………………………… 120

　　三、客户忠诚的意义 ………………………………………………… 121

　　四、客户忠诚的分类 ………………………………………………… 122

　　五、客户满意和忠诚的关系 ………………………………………… 126

第二节　客户忠诚度的影响因素 …………………………………… 130

　　一、客户满意 ………………………………………………………… 130

　　二、转移成本 ………………………………………………………… 130

三、服务品质 130

　　　四、感知价值 131

　第三节　提高客户忠诚度的途径 132

　　　一、巩固和提高客户满意度 132

　　　二、从被动追求客户满意变为主动追求客户忠诚 132

　　　三、提高客户转移成本 133

　　　四、提高服务品质 134

　　　五、制订并实施客户忠诚度计划 135

　课后练习 142

第七章　客户保持与流失管理 144

　第一节　客户投诉管理 145

　　　一、客户投诉的含义 145

　　　二、客户投诉的双重影响 146

　　　三、投诉形式 148

　　　四、客户投诉的原因 149

　　　五、客户投诉管理 150

　第二节　客户流失管理 153

　　　一、客户流失的含义 153

　　　二、客户流失的分类 154

　　　三、降低客户流失率的意义 154

　　　四、客户流失的原因 155

　　　五、客户流失的挽回 158

　第三节　客户保持管理 160

　　　一、客户保持的含义 161

　　　二、客户保持的意义 161

　　　三、客户保持的影响因素 162

　　　四、客户保持的主要方法 164

　　　五、不同类型客户的保持策略 167

　课后练习 168

第三篇　客户关系管理的技术支持

第八章　呼叫中心 172

　第一节　呼叫中心概述 173
　　一、呼叫中心的定义 173
　　二、呼叫中心的分类 174
　　三、呼叫中心的意义 174
　第二节　呼叫中心的历史与发展 176
　　一、呼叫中心的起源与发展 176
　　二、呼叫中心的发展趋势 178
　第三节　呼叫中心的系统组成及作用 180
　　一、呼叫中心的系统组成 180
　　二、呼叫中心在客户关系管理中的作用 183
　课后练习 186

第九章　数据仓库 189

　第一节　数据仓库概述 193
　　一、数据仓库的基本概念 193
　　二、数据仓库的特点 194
　　三、数据仓库与操作型数据库的区别 195
　　四、数据仓库的构成 196
　　五、数据仓库的功能 197
　第二节　数据仓库的应用 198
　　一、数据仓库在 CRM 中的应用 198
　　二、数据仓库在其他行业中的应用 201
　课后练习 201

第十章 数据挖掘 …… 203

第一节 数据挖掘概述 …… 206
一、数据挖掘的定义 …… 206
二、数据挖掘的数据来源 …… 207
三、数据挖掘的应用领域 …… 208

第二节 数据挖掘的过程和方法 …… 209
一、数据挖掘的过程 …… 209
二、数据挖掘的分析方法 …… 213
三、数据挖掘的技术手段 …… 215

第三节 数据挖掘在 CRM 中的作用 …… 217
一、客户群体分类分析 …… 217
二、交叉销售分析 …… 218
三、客户盈利分析 …… 218
四、客户信用分析 …… 219
五、客户获得与客户保持 …… 219
六、客户满意度分析 …… 220

课后练习 …… 220

参考文献 …… 222

第一篇 导 论

第一章 客户关系管理概述

【导入案例】

神奇的万科

在地产界存在这样一个现象：每逢万科新楼盘开盘，老业主都会前来捧场，并且老业主的推荐成交率一直居高不下，部分楼盘甚至能达到50%。据悉，万科在深、沪、京、津、沈阳等地的销售，有30%~50%的客户是已经入住的业主介绍的；在深圳，万科地产每开发一个新楼盘，就有不少客户跟进买入。"金色家园"和"四季花城"两个楼盘超过40%的新业主是老业主介绍的。而据万客会的调查显示：万科地产现有业主中，万客会会员重复购买率达65.3%，56.9%业主会员将再次购买万科地产，48.5%的会员将向亲朋推荐万科地产。这在业主重复购买率一直比较低的房地产行业，不能不说是一个奇迹。

1. 关注客户体验

万科素以注重现场包装和展示而闻名。同类的项目，每平方米总要比其他楼盘贵几百甚至上千元，有人不理解：我没看出万科楼盘有什么惊人之处，技术也好，材料也好，设计也好，都是和其他楼盘差不多的。其实，客户只要到万科的项目上仔细看看，基本上会被那里浓郁的、具有艺术品位的、温馨的居家氛围和某些细节所打动。他们会发现那里才是理想中的家园，于是心甘情愿为此多掏很多钱，愿意为瞬间的美好感受、未来的美好遐想而冲动落定。

万科以其产品为道具、以服务为舞台，营造了一个让消费者融入其中、能产生美好想象和审美愉悦的空间环境与人文环境。万科出售的不仅仅是"商品"和"服务"，而是客户体验——客户在其精心营造的审美环境中，通过自身的感悟和想象，得到了一种精神上的愉悦。

2. 多渠道关注客户问题

倾听是企业客户关系管理中的重要一环，万科专门设立了一个职能部门——万科客户关系中心。客户关系中心的主要职责除了处理客户投诉外，还肩负客户满意度调查、员工满意度调查、各种风险评估、客户回访、投诉信息收集和处理等工作。具体的渠道有下面4种。

（1）协调处理客户投诉：各地客户关系中心得到公司的充分授权，遵循集团投诉处理原则，负责与客户的交流，并对相关决定的结果负责。

（2）监控管理投诉论坛："投诉万科"论坛由集团客户关系中心统一实施监控。规定业主和准业主们在论坛上发表的投诉，必须24小时内给予答复。

（3）组织客户满意度调查：由万科聘请第三方公司进行，旨在通过全方位地了解客户对万科产品服务的评价和需求，为客户提供更符合生活需求的产品和服务。

（4）解答咨询：围绕万科和服务的所有咨询或意见，集团客户关系中心都可以代为解答或为客户指引便捷的沟通渠道。

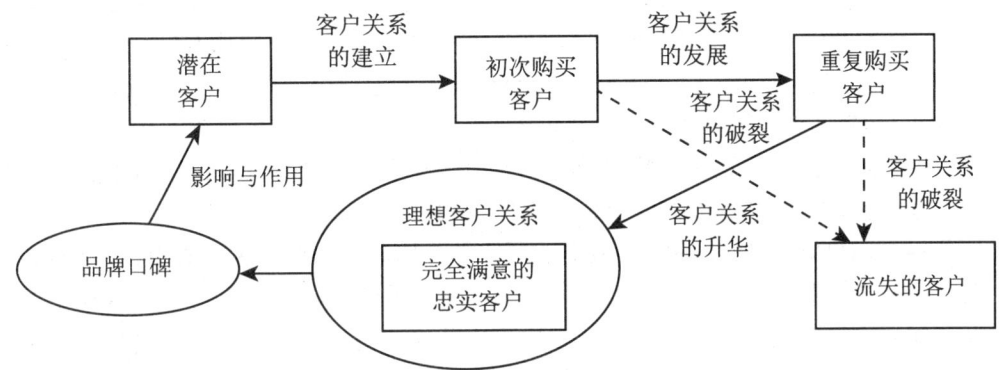

图1-1 万科地产的客户关系管理

万科地产的成功不是偶然的，通过对导入案例的学习，你对客户关系管理有什么直观的认识吗？在网上查阅一些万科在客户关系管理方面做得好的地方，和大家分享。

客户关系管理从产生到发展需要一个较长的过程。随着时代的变迁和经济的发展，越来越多的企业认识到了客户关系管理的重要性。本章主要从客户关系管理的产生和发展、客户关系管理的内涵及客户关系管理职位的分析与描述三方面进行阐述。

第一节 客户关系管理的产生和发展

一、客户关系管理的产生

（一）客户关系管理产生的背景

客户关系管理（Customer Relationship Management，CRM）是企业为提高核心竞争力，利用相应的信息技术以及互联网技术协调企业与顾客间在销售、营销和服务上的交互，从而提升其管理方式，向客户提供创新式的个性化的客户交互和服务的过程。在全球经济迅速发展和科学技术突飞猛进的今天，无论是制造型还是服务型行业，其企业数量日益增加，产品和服务质量也不断提高并趋于完善。这样的大环境必然导致的一个结果就是在全球市场中，供给不断增加的同时，同业企业间的竞争也在日趋激烈，产品的同质化现象越发明显。在这样的大背景下，加之现代管理和营销理论的不断发展，使得众多商家逐渐意识到客户的重要性——谁能把握住客户的需求，谁就能把握住市场，把握住企业的未来。实际上，类似的营销理论很早就有，但是当时所有的商家都没有把客户看作企业的资源。直到20世纪80年代末，一些企业才开始真正思考应该如何有效地管理客户。

20世纪90年代初期，许多美国企业为了满足日益竞争的市场需要，开始开发销售力量自动化系统（SFA），随后又在1993左右着力发展客户服务系统（CSS）。可以说这是CRM发展的第一个阶段。1996年以后一些公司开始把SFA和CSS两个系统合并起来，加上营销策划（Marketing）、现场服务（Field Service），在此基础之上再集成CTI（计算机电话集成技术）形成集销售（Sales）和服务（Service）于一体的呼叫中心（Call Center）。可以理解为这就是CRM的第二个阶段。从20世纪90年代后期开始直到现在，在呼叫中心的基础之上，进一步加强整个系统的数据管理能力和分析能力的同时，添加新功能模块，才逐步形成了今天我们所熟知的CRM，这是CRM的第三个阶段。

严格地说，CRM的理念全面在中国传播始于1999年。1999年8月6日，朗讯科技（中国）公司商业通信系统部在北京举办了以"营造完美电信呼叫中心"为主题的研讨会，介绍了其全新的客户关系管理（CRM）解决方案，并强调指出，商业部门必须着眼于客户关系，提供独具特色的个性化服务，才能在网络经济时代立于不败之地。1999年9月27日，《计算机世界》报连载甲骨文公司（Oracle）细说客户关系管理（CRM）文章。2000年3月27日，Oracle公司首次在全球举行的电子商务大巡展活动，分别在北京（3月27日）、上海（3月30日）、长沙（4月3日）、深圳（4月7日）、福州（4月10日）、成都（4月17日）、西安（4月20日）和沈阳（4月24日）举行。在这些会议上，Oracle公司介绍了其Internet平台产品Oracle8i和包括客户关系管理系统（CRM）、企业资源规划管理系统（ERP）、供应链管理系统（SCM）、战略性企业管理系统（SEM）、Portal-To-Go在内的全面集成的电子商务解决方案，以及典型的Oracle电子商务成功应用，全方位展示了Oracle包括平台、应用、服务在内的电子商务策略。

铺天盖地的宣传让无数的企业都将CRM当作无所不能的法宝，认为有了CRM就有了一切。CRM就像神话一样，它能让企业起死回生，能为企业带来源源不断的客户和资金。于是众多的软件供应商纷纷怀着满腔热血投入到CRM的行列当中，希望能在未来的CRM市场上占有一席之地。2001年，国内在短短三年多时间进入CRM领域的企业由原来的三五家猛增到500多家。一方面，连CRM本质都没有搞清楚的供应商面对着中国年收入总量只有2亿多人民币的时候，都傻了眼。绝大部分企业只能眼睁睁看着资金消耗殆尽，离盈利的梦想越来越远。同时，国外投资人的财务危机和投资紧缩，使不少CRM企业不得不面临倒闭的边缘。另一方面，做着发财梦的没有理论根基、没有经验的供应商一次又一次地勇创项目失败率新高，给很多本来对CRM怀有梦想的企业泼了一盆冷水。当然这只是当时中国市场的情况，不否认有很多企业做得还是不错的，像联成互动、用友

（TurboCRM）、创智等都是国内不错的专业厂商。

这种情况一直延续到 2001 年年末。在此期间，中国的 CRM 市场并没有出现实质性的成长，用户、产品、厂商都很不成熟。然而，这一阶段又是不可缺少的，是对中国 CRM 有着重要意义的阶段，它是中国 CRM 的萌芽期或者说是 CRM 概念的导入期。一方面，先进的厂商肩负着教育、培养市场的责任，进行了大量的市场引导工作；另一方面，失败使人们思索，使人们成长，这些经验是宝贵的，是未来供应商、市场和用户企业真正走向正规所必需的。

（二）客户关系管理产生的原因

一方面，很多企业在信息化方面已经做了大量工作，收到了很好的经济效益；另一方面，一个普遍的现象是，在很多企业，销售、营销和服务部门的信息化程度越来越不能适应业务发展的需要，越来越多的企业要求提高销售、营销和服务部门日常业务的自动化和科学化。这是客户关系管理应运而生的需求基础。本书将客户关系管理产生的原因归纳为以下三点。

1. 企业内部需求的拉动

随着时代的进步，企业对自身不断发展壮大有了新的要求，企业需要进一步扩大市场面，不断地增加客户数量，特别是优质客户的数量。企业内部需求的不断扩大，是促进客户关系管理产生的因素。

2. 企业管理理念和营销观念的更新

在过去，企业是以产值为中心，即追求产量和收益。伴随着新兴经济的发展和社会的进步，企业管理理念逐步由"产值中心论"过渡到"客户中心论"，即要以客户为中心，要不断满足客户的需求，提升客户的满足感。正是这种理念和观念的更新，促使了客户关系管理的出现。

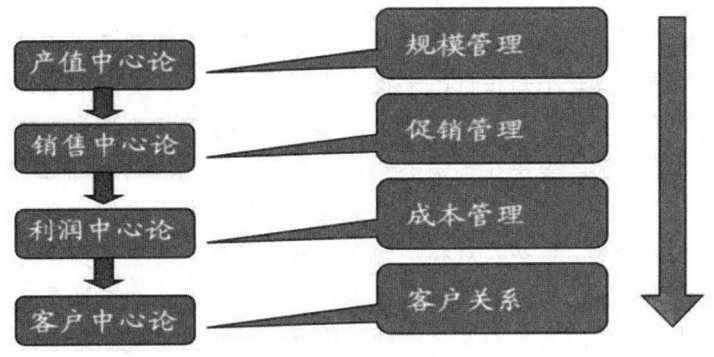

图 1-2　"客户中心论"成为客户关系管理的核心

3. 技术的推动

计算机、网络、数据库等信息技术的发展，使得企业可直接面对客户，很容易获得、分析客户信息。对市场活动、销售活动的分析能力也较从前有很大提高。

企业能够从不同角度提供成本利润、生产率、风险率等信息，并对客户、产品、职能部门、地理区域等进行多维分析。

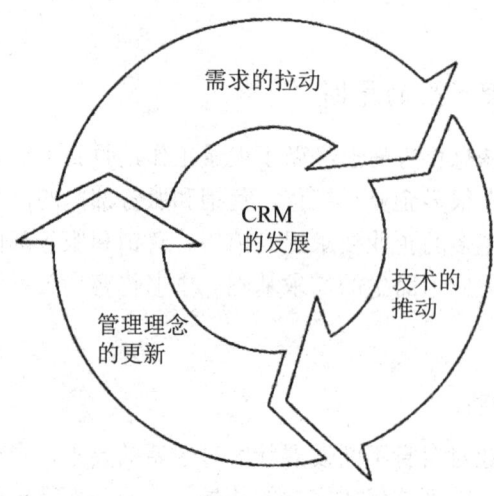

图 1-3　CRM 产生的原因

来自……的抱怨

仔细地倾听一下，我们会从顾客、销售、营销和服务人员、企业经理那里听到各种抱怨。

来自销售人员的声音。从市场部提供的客户线索中很难找到真正的顾客，我常在这些线索上花费大量时间。我是不是该自己来找线索？出差在外，要是能看到公司电脑里的客户、产品信息就好了。我这次面对的是一个老客户，应该怎样给他报价才能留住他呢？

来自营销人员的声音。去年在营销上开销了 2000 万。我怎样才能知道这 2000 万的回报率？在展览会上，我们一共收集了 4700 张名片，怎么利用它们才好？展览会上，我向 1000 多人发放了公司资料，这些人对我们的产品看法怎样？其中有多少人已经与销售人员接触了？我应该和那些真正的潜在购买者多多接触，但我怎么知道谁是真正的潜在购买者？我怎么才能知道其他部门的同事和客户的联系情况，以防止重复地给客户发放相同的资料？越来越多的人访问过我们的站点，但我怎么才能知道这些人是谁？我们的产品系列很多，他们究竟想买什么？

来自服务人员的声音。其实很多客户提出的电脑故障都是自己的错误操作引起的，很多情况下都可以自己解决，但回答这种类型的客户电话占用了工程师的很多时间，工作枯燥而无聊；怎么其他部门的同事都认为我们售后服务部门只是花钱而挣不来钱？

来自顾客的声音。我从企业的两个销售人员那里得到了同一产品的不同报价，哪个才是可靠的？我以前买的东西现在出了问题。这些问题还没有解决，怎么又来上门推销？一个月前，我通过企业的网站发了一封E-mail，要求销售人员和我联系一下。怎么到现在还没人理我？我已经提出不希望再给我发放大量的宣传邮件了，怎么情况并没有改变？我报名参加企业网站上发布的一场研讨会，但一直没有收到确认信息。研讨会过几天就要开了，我是去还是不去？为什么我的维修请求提出一个月了，还是没有等到上门服务？

来自企业经理的声音。有个客户半小时以后就要来谈最后的签单事宜，但一直跟单的人最近辞职了，而我作为销售经理，对与这个客户联系的来龙去脉还一无所知，我该向谁求助？有三个销售员都和这家客户联系过，我作为销售经理，怎么知道他们都给客户承诺过什么？现在手上有个大单子，我作为销售经理，该派哪个销售员才让我放心呢？这次的产品维修技术要求很高，我是一个新经理，该派哪一个维修人员呢？

【思考】销售人员、营销人员、服务人员、顾客和企业经理为什么会有这些抱怨？

二、客户关系管理的发展趋势

CRM理念的发展趋势：

（1）CRM向XRM转变——对CRM中的"C"的理解，将扩展客户的理解范围，包括员工和伙伴等其他关系对象，也就是说，任何一个人或组织，只要他们对企业的发展有贡献（现实的或潜在的），都称之为客户，这样建立的"企业关系管理"概念，已不再限于传统概念上的客户。"X"改为客观对象。将客户的内涵覆盖更大范围的管理对象。

（2）CRM向CMR转变——CRM是以企业利益为中心的，而CMR（客户管理的关系）的主要论点，就是要切实地将客户当作一个"尊敬的关系主体"邀请到关系管理的过程中，而不是目前大多数CRM项目的企业所采取的试图利用新技术应用，"驱赶式"地对待那些显得不那么重要的客户的方式。

第二节　客户关系管理的内涵

一、客户及客户关系的定义

（一）客户的定义

《现代汉语词典》（第7版）对于客户的解释有两种，分别是：①旧时指外地迁来的住户；②工商企业或经纪人称来往的主顾；客商。那么对于企业来说，客户到底是谁？

客户的概念具有广义和狭义之分。广义的客户不仅包括企业产品的终端消费者，还包括与企业经营相关的一切组织和个人，如产品的原料、生产加工设备供货商、经销商、企业的内部客户（员工）、广告商、银行、中介等，此外，还包括对企业经营产生重要影响的特殊利益集团成员，如政府、行业协会、小区、新闻媒体等。

狭义的客户是指消费者，即购买最终产品与服务的零售客户，通常是个人或家庭，他们构成消费者市场。企业客户是指将购买企业的产品或服务附加在自己产品上一同出售给另外的客户，或者附加到他们企业内部业务上以增加盈利或服务内容的客户，企业客户构成企业市场。

确定客户的定义，做好客户的定位，就等于确立了研究对象。对此进行深入分析和研究，就能找到客户关系管理的着力点。本书研究的不是企业所有的客户，不是以市场营销的客户开发为重点，而是着力于企业已有的客户，将已有的现实客户如何通过建立良性的客户关系，将其转化为能为企业带来更多价值的忠诚客户。

（二）客户关系的定义

《现代汉语词典》（第 7 版）中对"关系"一词的解释为：①事物之间相互作用、相互影响的状态；②人和人或人和事物之间的某种性质的联系；③对有关事物的影响或重要性；等等。

企业为了实现其经营目标，与客户间建立起的某些联系就是客户关系。企业与客户之间，最常见的关系有买卖关系、优先供应关系、合作伙伴关系和战略联盟关系等。

1. 买卖关系

一些企业与客户之间的关系维持在买卖关系水平，企业对于客户而言只是一个普通的卖主，知名度低，价值不高，双方只有较低层次人员间的接触，交易以外的沟通少，企业所获取的客户信息有限，企业只向客户提供标准产品。

对于双方而言，维护关系的成本与关系创造的价值都很低。因此，无论是企业损失客户还是客户丧失这一供货渠道，对双方的业务并无太大影响。

2. 优先供应关系

处于此种关系水平的企业，销售团队与客户企业中的许多关键人物都有良好的关系，企业与客户间信息共享的范围扩大了，可以获得许多优先的甚至独占的机会，在同等条件下甚至竞争对手有一定优势的情况下，客户仍对企业有所偏爱。

在这一关系水平上，企业需要投入大量资源维护客户关系，主要包括给予重点客户销售优惠政策、优先考虑其交付需求、建立团队加强双方人员交流等。企业通过使用这些方法，使客户由于销售优惠、关系友好而紧紧依靠企业这一供应商，从而达到长期交易的目的。

然而，对于客户而言，是否结束与企业间的关系并不会影响它的核心竞争力，因此，此关系的核心是价值在供应商与客户之间的分配比例和分配方式。

3. 合作伙伴关系

处于此种关系水平下，企业与客户的最高管理者之间有着较为频繁的互动交流，双方在产品与服务方面的认知高度一致，交易长期化、稳定化。企业深刻地了解客户的需求并进行客户导向的投资，双方人员共同探讨行动计划，企业对竞争对手形成了很高的进入壁垒，客户认识到企业的产品和服务对于他们来说有着重要的意义，因此忠诚度极高。

在此关系水平上，价值由双方共同创造，共同分享，关系的核心由价值分配转变为新价值的创造。

【案例分析】

宝洁和沃尔玛

众所周知，宝洁与沃尔玛是两家实力强大的公司，彼此之间斗争了几十年，最终从竞争走向了合作，获得了双赢的结果。以往宝洁以强大的实力控制了与其零售商之间的大部分贸易关系，在零售商采用能收集客户信息的 POS 系统之前，它们对宝洁的客户数据分配和交易控制不敢有任何争议。而沃尔玛开始执行向供应商直接订货的政策，取消了所有销售中介的协议，沃尔玛仅仅与愿意投资于其专用的电子数据交易系统，并在产品包装上使用条形码的生产企业进行交易活动。沃尔玛凭借其强大的势力，使制造商不得不服从其条件。

在 21 世纪初的前十年，宝洁和沃尔玛这两大巨人却建立了牢固的伙伴关系，它们相互持股，利息共享，风险共担，成为制造商与零售商关系的标准，成为渠道冲突处理的典范。这一关系基于双方的依赖度：沃尔玛需要宝洁的品牌，而宝洁需要沃尔玛的客户通路。

如今，宝洁与沃尔玛之间通过电子数据交换系统连接起来。这一网络系统使宝洁能够监控沃尔玛商场的存货管理。通过卫星传送，宝洁连续收到来自众多独立的沃尔玛商场销售其各种不同规格产品的即时销售、存货数量和价格信息。这一信息使得宝洁公司可以预测产品的销量，决定货架的空间、需求量并自动传送订单。整个交易循环使用电子发票传输和电子货币传送，由于订单处理周期缩短，沃尔玛在产品卖给最终消费者之后的结算非常迅速。

这种伙伴关系为客户创造了巨大的价值，客户可以轻易地以最低的价格获得他们喜欢的宝洁公司的产品。通过双方的合作，使诸如订单的处理、结账等过程中的多余活动得到了简化；销售代表也无须经常对商场进行访问；文书工作和出错概率也大大减少了。即时订货系统使得宝洁公司得以按需生产，也减少了存货。此外，沃尔玛也成功地减少了存货和空货架的可能性，为双方避免了销售的损失。

4. 战略联盟关系

战略联盟是两个或两个以上的企业或跨国公司为了实现共同的战略目标而采取的相互合作、共担风险、共享利益的联合行动。战略联盟既为大型跨国公司所采用，也适用于小规模经营的企业。但是,由于产品的特点、行业的性质、竞争的程度、企业的目标和自身优势等因素的差异,企业间采取的战略联盟形式也呈现出多样性。比如,联合技术开发、合作生产与后勤供应、分销协议、合资经营等。

二、客户关系管理的相关概念

(一)客户关系管理的定义

CRM 最早产生于美国,是由 Gartner Group 首先提出的。20 世纪 90 年代以后,伴随着互联网和电子商务的迅速发展,不同学者和商业机构对 CRM 的概念都有不同的看法。

这个概念的原创者认为,CRM 是一种商业策略,它按照客户的分类情况有效地组织企业资源,培养以客户为中心的经营行为以及实施以客户为中心的业务流程,并以此为手段来提高企业盈利能力、利润以及顾客满意度。

国际商业机器公司(IBM)认为,CRM 通过提高产品性能,增强顾客服务,提高顾客交付价值和顾客满意度,与客户建立起长期、稳定、相互信任的密切关系,从而为企业吸引新客户、维系老客户,提高效益和竞争优势。

数据处理中的系统、应用系产品公司(SAP 公司):CRM 系统的核心是对客户数据的管理,客户数据库是企业重要的数据中心,记录企业在市场营销与销售过程中和客户发生的各种交互行为,以及各类有关活动的状态,提供各类数据模型,为后期的分析和决策提供支持。

在总结以上经典的 CRM 概念的基础上,从销售理念、业务流程和技术支持三个层次,本书将 CRM 定义为:CRM 是现代信息技术、经营思想的结合体,它以信息技术为手段,通过对"以客户为中心"的业务流程的重要组合和设计,形成一个解决方案,以提高客户的忠诚度,最终实现业务操作效益的提高和利润的增长。

无论如何定义 CRM,"以客户为中心"将是 CRM 的核心所在。CRM 通过满足客户个性化的需要、提高客户忠诚度,达到缩短销售周期、降低销售成本、增加收入、拓展市场、全面提升企业盈利能力和竞争能力的目的。任何企业实施客户关系管理的初衷都是想为顾客创造更多的价值,即实现顾客与企业的"双赢"。

【案例分析】

聪明人的杂货铺

一位男士在下班回家的路上,走进附近的一家杂货店,拿起一瓶酱油,看了看说明及价格,然后放了回去;三分钟后他又回到这家杂货店,拿起那瓶酱油又看了看。这时如果您是杂货店的老板,会怎么做?

这家商店的老板通常会走向那位先生然后告诉他,"张先生,您太太平常买的就是这种酱油，它含有丰富的豆类成分，味道更香。另外，您太太是我们的老客户，可以用记账消费月结，而且享有 9.5 折优惠。您太太距离上次买酱油大概也有一个月了，应该快用完了，您只要签个名就可以顺道带回去，您太太一定会非常高兴。"

从这个案例中我们可以看出，其实客户关系管理早就不知不觉地被人们所实践。只是一个具有一定规模的企业还能像案例中杂货店老板那样记住每一个相熟顾客的详细信息，并采用相应的服务策略吗？如果您的企业也想拥有本案例表述的良好的顾客关系，那么客户关系管理对您的企业无疑大有裨益。

（二）客户关系管理的特点

1. 直接性

客户关系管理的直接性是指获取信息的直接性。众所周知，现代社会，谁掌握了及时、准确的信息，谁就获得了通向成功的优先权。客户关系管理吸纳客户直接参与企业的经营管理活动，直接聆听客户的建议和意见，会得到及时、准确的第一手详细资料。交流的直接性。良好的关系建立在直接、便利的交流基础之上，人们在交流过程中形成认识、了解和态度，这种认识、了解和态度是持久的、不易改变的。在客户关系管理中，企业无须借助任何工具，就可以与客户建立方便、快捷的沟通通道，因为客户从管理的客体变为既是客体又是主体的双重身份。这种身份的置换，必将大大提高客户交流的主动性。

2. 稳定性

企业营销管理工作的重点，是与客户建立长期稳定的关系，逐步引导客户的消费行为，培育其成为忠诚客户。然而，关系的稳定得益于双方的合作和努力，客户关系管理的一个重要转变是跳出单方管理关系的范围，而关注客户在关系管理中的重要作用，因此，有利于提高关系的稳定性和长期性。

3. 双赢性

企业与客户存在利益上的互补，共同管理关系，维护关系的长久、稳定，不仅是企业单方面的愿望，也是客户的要求。因为通过关系的协调，了解双方的利益需求，寻找利益的共同点，会使他们双双获利。对企业而言，首先，可以快速、有效地搜集信息，降低沟通成本。其次，能够更好地、有针对性地提供产品和服务，提高客户的满意度，增加顾客保留，培育客户忠诚。再次，有利于各项工作的改进。客户关系管理更便于客户发表意见，进行投诉，提出建议。最后，能够调动内部员工的积极性。虽然企业是关系管理的主体，但出面予以推进关系的总是企业内部的各个部门和其员工。员工对客户关系的关心程度和积极性，直接影响关系的稳定。客户关系管理要求员工参与日常工作中，并与客户进行双向交流，以此开展本职工作，使员工工作目标明确，积极性提高。对客户而言，不仅可以得到称心如意的产品和服务，而且，由于企业重视其态度、理解其需求，而获得了心理满足。这种心理满足，是竞争强度大、心理负担重的现代社会人人所需要的。

4. 动态性

客户关系管理的动态性有两个方面的意思：营销策略应随着内外部环境的变化而调整，以保证客户关系管理的有效性；客户与企业在管理双方关系时，既考虑当前利益，更注重长远利益。

5. 学习性

随着知识经济时代的来临，人类创造的知识急剧膨胀，知识更新的速度日渐加快，市场信息瞬息万变。在这种动荡不安的形势下，不断适应变化，具有比竞争对手更高的学习效率和更强的学习能力，就意味着最坚实的竞争优势。彼得·圣吉在《第五项修炼：学习型组织的艺术与实践》中指出：在新的经济背景下，企业要持续发展，必须增强企业的学习力。客户关系管理把客户引入管理主体，从顾客那里学习，使学习的内容扩大，组织的学习性特点更为突出。

【案例分析】

泰国的东方饭店

泰国的东方饭店堪称亚洲饭店之最，几乎天天客满，不提前一个月约定是很难有入住机会的，而且客人大都来自西方发达国家。泰国在亚洲算不上特别发达国家，但为什么会有如此诱人的饭店呢？大家往往以为泰国是一个旅游国家，又有世界上独有的人妖表演，是不是他们在这方面下了功夫。错了，他们靠的是真功夫，是非同寻常的客户服务，也就是现在经常提到的客户关系管理。东方饭店非常重视培养忠实的客户，并且建立了一套完善的客户关系管理体系，使客户入住后可以得到无微不至的人性化服务。迄今为止，世界各国约 20 万人曾入住过那里。用管理者的话说，只要每年有十分之一的老顾客光顾饭店就会永远客满。这就是东方饭店成功的秘诀。

（三）实施客户关系管理的意义

客户关系管理对于现代企业来说具有重要意义，主要表现在以下的几个方面。

1. CRM 可以全面提高企业的运营效率

CRM 通过整合企业的全部业务环节和资源体系，使企业的运营效率大大提高。它可以向企业渠道的各个方向伸展，既可以综合传统的电话中心和客户机构，又可以结合企业门户网站、网络销售、网上客户服务等电子商务内容，构架动态的企业前端，它还可以逐步地渗透至生产、设计、物流配送和人力资源等部门，整合 ERP、SCM 等系统。资源体系的整合，实现了企业范围的信息共享，使业务处理流程的自动化程度和员工的工作能力大大提高，使企业的运作更顺畅，资源配置更有效。

2. CRM 可以使企业保留老顾客，吸引新顾客

一方面，通过对客户信息的整合，帮助企业捕捉、跟踪、利用所有的客户信息，在全企业内部实现资源共享，从而使企业更好地管理销售、服务和客户资源，为客户提供快速优质的服务。另一方面，客户可以选择自己喜欢的方式同企业进行交流，并得到更好的服务。客户满意度得到提高，就能帮助企业留住更多的老顾客，并有效地吸引新顾客。

3. CRM 可以减少企业成本

做好客户关系管理可以大大地减少企业成本，尤其是广告费用。广告费用在信息技术发达的今天占了企业成本的很大比例，客户关系管理帮助企业有明确的投资计划，不至于盲目地投入广告费用而收不到预期效果。通过客户关系管理，系统对产品和顾客进行了细分，针对不同的顾客群投放不同的广告，有选择性地进行广告宣传。不仅如此，还根据顾客的需要生产个性化产品，这样既可以减少成本，又可以吸引消费者。

4. CRM 可以使企业不断拓展市场空间

企业通过新的业务模式扩展销售和服务体系，扩大经营活动范围，及时把握新的市场机会，占领更多市场份额。

总之，客户关系管理是现代企业赢得顾客，获得发展所不可或缺的，是企业的必然选择。

【拓展阅读】

实施 CRM 给中小企业带来的好处

实施 CRM 给中小企业带来的好处是显然而见的，总结起来大致有：

一、显见的投资回报。事实证明，CRM 给中小企业带来了正面的投资回报。该系统所收集的通信、采购与互动信息加深了企业对客户的了解，简化了知识管理，并运用这些知识来提高销售，扩大回报。

二、大幅改善销售流程。CRM 改善了中小企业的销售流程，为销售活动的成功提供了保障。它缩短了销售周期，加强了潜在客户的机会管理，杜绝了以往由于潜在客户管理不当而造成的损失。信息更加集中，销售人员也更加有的放矢。通过分析这些客户交易信息，未来交易的成功率得到大幅提高。

CRM 能让中小企业更加简便快捷地预测销售业绩，测量企业绩效。它能更深入地挖掘横向与纵向销售机会，创造一个评估销售流程的平台，识别出现的问题、最新的趋势及潜在的机会，直接或间接地增强了企业的盈利能力。

三、客户知识共享。CRM 为中小企业员工访问共享知识库提供了一个绝佳的途径。它便捷、有效地向员工提供了客户的相关信息，帮助他们进行正确的决策，同时也巩固了企业与客户之间的联系，及时判别出客户未来的需求，并设法满足这些需求。借助这一数据

库中的客户历史数据，企业能更好地了解客户行为，分析客户喜好，从而有针对性地提供更优质的产品及服务。

四、提高企业营收。CRM 可让中小企业了解哪些渠道将会帮助他们提高营收，如何把公司中的各种设施、技术、应用、市场等有机结合在一起。作为一种关键的 CRM 组件，销售队伍自动化（SFA）能直接或间接地挖掘客户购买潜力，提高企业盈利。

此外，CRM 还能帮助中小企业增进客户满意度，打造更多忠诚客户，加强自己的竞争优势。CRM 显著地降低了中小企业的经营成本，节省了时间与可用资源。

第三节　客户关系管理职位的分析与描述

众所周知，各行各业都需要面对市场开展客户关系管理，因此，学好本门课程对于将来走向相关专业岗位，有很大的帮助。那么与客户关系管理这门课程直接对口的职位有哪些呢？总的来说，包括客户关系管理总监、客户关系管理经理、客服专员、客户信息主管、客户俱乐部经理、客户俱乐部专员等。

1. 客户关系管理总监职责

（1）负责持续改善客户满意度，推进相关部门改进，完成满意度目标。

（2）负责监督和改善客户维系、客户管理、回访、集客登记、CRM 使用、线上营销、客户再营销、客户俱乐部活动等工作执行效果。

（3）组织相关部门对客户投诉进行处理，对于重大投诉，共同协调处理。

2. 客户关系管理经理职责

（1）负责销售/售后的回访标准的建立、回访过程监控，质量改进工作。

（2）负责将回访中用户反馈信息、满意度调查结果等信息传递给相关部门，负责推动相关部门给予解决和改进。

（3）负责搭建经销商客户满意度调查体系，并监督实施情况。

（4）负责销售和服务满意度调查结果的分析、推进相关部门改进，完成满意度目标。

（5）组织相关部门对客户投诉进行处理，对于重大投诉，共同协调处理。

（6）负责配合公司市场活动，并将客户沟通信息反馈给市场部。

3. 客服专员（销售）职责

（1）负责对新客户回访工作，并在系统中记录回访结果。

（2）负责收集回访中用户反馈信息（需求、购买意向、投诉、抱怨等）。

（3）负责将用户反馈信息的处理结果告知客户。

（4）编制回访报告，定期对回访工作进行总结，对回访问卷、应答话术等提出修改建议。

（5）负责经销商的销售满意度调查的实施及总结。

（6）负责配合公司市场活动的信息传递、客户邀请等工作。

（7）负责下载网络平台上的潜在客户信息并传递至销售经理，跟踪潜在客户成交状态并反馈给公司。

4. 客服专员（服务）职责

（1）负责对老客户回访工作，并在系统中记录回访结果。具体包括日常提醒、预约、老客户回访、服务营销活动邀请等。

（2）接听服务来电，记录来电客户信息并受理客户预约。

（3）负责收集回访中用户反馈信息（需求、意向、投诉、抱怨等）。

（4）负责将用户反馈信息的处理结果告诉客户。

（5）编制回访报告，定期对回访工作进行总结，对回访问卷、应答话术等提出修改建议。

（6）负责经销商的服务满意度调查的实施及总结。

（7）负责配合公司市场活动的信息传递和客户邀请等工作。

5. 客户信息主管职责

（1）负责对集客数据整理分析，录入系统，提供给市场部作为市场分析的依据，同时对数据完整性进行评价并反馈至销售总监。

（2）负责对系统的使用情况进行监控，推动其他部门进行有效使用。

（3）负责客户档案信息维护和录入，并准确、及时地上传，保证客户档案有效性。

（4）负责书面客户档案（合同、维系记录、任务委托书、结算单等相关文件）存档。

（5）负责客户流失率统计、分析。

（6）对其他相关业务部门提供客户档案数据支持。

（7）及时提报各项 CRM 工作数据。

6. 客户俱乐部经理职责

（1）制定并优化俱乐部发展战略。

（2）制定俱乐部章程，编写会员管理手册。

（3）积极发展新会员。

（4）根据会员级别及特征等信息，制定相应的会员维系方案。

（5）协调公司资源，开展俱乐部活动。

（6）对会员推荐的潜在客户跟进情况进行监控，定期统计并反馈客户再营销成果。

（7）开辟多种举措以满足会员多样化需求。

（8）编写俱乐部运营报告。

7. 客户俱乐部专员职责

（1）负责会员卡办理、挂失、补办等工作。
（2）根据俱乐部章程和会员管理手册，进行俱乐部会员积分及级别管理。
（3）负责积分换礼工作。
（4）组织开展俱乐部会员活动。
（5）俱乐部会员日常维系举措实施。
（6）收集会员推荐的潜在客户信息，并传递给销售部。

【拓展阅读】

江苏米多装饰工程有限公司客户经理的职务说明书

1. 任职资格

（1）教育背景：本科以上学历，市场营销专业或硕士以上学历更佳。
（2）经验：有销售管理工作 5 年以上经验，有 2 年以上客户拓展、客户关系维护、客户服务等方面的经验。出任同等级别职务至少 1 年。
（3）技能与素质。
① 具有较强的组织、计划、协调、人际交往能力和沟通技巧。
② 善于维护客户关系，能够提高客户满意度，有能力带领团队进行高效工作。
③ 对本行业的销售渠道及区域特点有深刻的理解。
④ 能够独立管理客户关系，并对相关人员进行培训和督导。
⑤ 英语听写说能力强，熟悉计算机操作。
（4）个性特征：具有较强的客户管理能力和问题解决能力，具有良好的团队建设能力与敬业精神。

2. 工作内容

（1）制订客户拓展计划，负责市场开发。
（2）与客户签订合作项目，挖掘与客户之间的潜在合作机会。
（3）定期进行客户拜访，接待客户，维护客户关系。
（4）处理客户疑问，提高客户满意度。
（5）管理客户关系部预算及相关人力计划。
（6）为客户提供售后服务，解决客户的问题。
（7）协助销售总监制订各项客户关系管理计划。
（8）撰写客户分析报告，并向管理层提供客户发展建议。
（9）客户关系管理部工作任务的布置、监督与管理。

（10）对下属进行指导培训，提高从业人员素质。

3. 权力范围

（1）有对客户关系管理费用支出的控制权。
（2）有对客户关系维护计划的制订及修改权。
（3）有根据客户合作情况，对产品与服务的销售渠道及销售指标管理的建议权。
（4）有按照制度对内部员工的奖惩权。
（5）有按计划审批客户关系管理部工作中所需资金，并对超出计划资金提出方案，向销售总监的报批权。
（6）有对下属人员的考核权。

4. 工作关系

汇报工作：销售总监。
监督：客户关系管理部下属员工。
合作者：各部门经理。
外部关系：与各类客户、经销商、零售商、代理商的公共关系。

课 后 练 习

一、选择题

1. "金字塔最上层的金牌客户，是在过去特定的时间内，销售收入或利润最多的前1%客户。"这是对（　　）的描述。
   A. VIP 客户　　　　　　　　　　B. 主要客户
   C. 普通客户　　　　　　　　　　D. 小客户
2. 对客户关系管理描述不正确的是（　　）。
   A. 电子商务通过 CRM 实现了客户与企业的双赢
   B. "获得并管理用户关系信息"是客户关系管理的职能之一
   C. 狭义的客户是指产品和服务的最终使用者或接受者
   D. CRM 的理念全面在中国传播始于 2009 年
3. 下列属于对客户关系管理产生原因的正确描述是（　　）。
   A. 企业管理理念的更新　　　　　B. 内部需求的拉动
   C. 技术的推动　　　　　　　　　D. 以上答案全部正确

二、简答题

1. 什么是客户？
2. 客户的分类及特点有哪些？
3. 客户关系管理产生的原因有哪些？

三、案例分析

黄女士决定买一辆好车。最初，她定下的目标是一辆日产车，因为她听朋友说日产车质量较好。

在跑了大半个北京城、看了很多售车点并进行反复比较后，她最终走进了她家附近一个新开的上海通用汽车特约销售点。接待她的是一个姓段的客户服务员。一声亲切的"你好"，接着是规范的请坐、递茶，让黄女士感觉相当热情。仔细听完黄女士的想法和要求后，段先生陪她参观并仔细地介绍了不同型号别克轿车的性能，有时还上车进行示范，请黄女士体验。对于黄女士提出的各种各样的问题，段先生都耐心、形象、深入浅出地给予回答，并根据黄女士的情况与她商讨最佳购车方案。

黄女士特别注意到，在去停车场看车、试车的路上，天上正下着雨，段先生熟练地撑起雨伞为黄女士挡雨，自己却淋在雨里。在看车、试车的过程中，黄女士不仅加深了对别克轿车的了解，还知道了别克轿车的服务理念，她很快就改变了想法，决定买一辆"别克"。

约定提车的那一天，正好是中秋节。黄女士按时前来，但她又提出了新问题：由于自己从来没有开车上路的经历，况且又是新车，不知如何是好。段先生想了想，说："我给您开回去。"由于是中秋节，又接近下班时间，大家都赶着回家，路上堵车严重。短短的一段路上，竟花费了近两个小时，到达黄女士家时已经是晚上6点半了。在车上，黄女士问："这也是你们别克销售服务中规定的吗？"段先生说："我们的销售服务没有规定必须这么做，但是我们的宗旨是要客户满意。"黄女士从聊天当中得知，送完自己段先生还要赶往住在颐和园附近的女朋友家吃饭，所以到家后给他钱，让他赶紧打车走。段先生怎么也不肯收，嘴里说着"没事，没事"一会儿就不见踪影了。

一段时间后，黄女士发现汽车的油耗远大于段先生的介绍，每百公里超过了15升，她又找到了段先生询问原因。段先生再一次仔细讲解了别克车的驾驶要领，并告诉她节油的窍门，还亲自坐在黄女士旁边，耐心地指导她如何操作。一圈下来，油量表指示，百公里油耗只有11升。

之后，黄女士和其他别克车主一样，与段先生成了熟悉的朋友。她经常接到段先生打来询问车辆状况和提供咨询的电话，以及上海通用汽车按时寄来的季刊《别克车主》。黄女士逢人便说：别克车好，销售服务更好！

从上述案例中看出段先生有哪些可取之处？

第二章 客户关系管理的相关策略

【导入案例】

把梳子卖给和尚

把梳子卖给和尚,正如把冰卖给爱斯基摩人,把防毒面具卖给森林中的马鹿一样,推销的都是客户并不需要的产品,看上去都是不可能完成的任务,对大多数推销员而言,更是难上加难。但是,对于推销高手与销售精英而言,正是类似不可能完成的任务和超越自我的挑战,让他们将幻想变成理想,将理想变成现实,将所有不可能通过努力和技巧变成一种实实在在的可能!且看一段推销高手推销实务的精彩案例:

从前,有张三和李四两名推销员,每天走街串巷,推销梳子。有一天,二人结伴外出,无意中经过一处寺院。望着人来人往的寺院,张三大失所望,"唉,怎么会跑到这个鬼地方,哪有和尚会买梳子呢?"于是打道回府。(点评:轻易放弃推销机会是普通推销员经常犯的错误)

刚刚看到寺院的招牌,李四本来也是心里一凉,非常失望,但长期以来形成的职业习惯和不断挑战自我的精神又告诉自己"既来之,则安之,不行动怎么会有结果呢?事在人为嘛!"(点评:同样是一枝玫瑰花,悲观者看到的是刺,乐观者看到的是花,不同心态与心智模式会导致不同的结果与命运,而推销高手必备的素质就是积极的心态,即使只有一线希望,也要全力以赴去争取)于是,径直走进了寺院,待见到方丈时心里已想好了沟通的切入点。(点评:反应迅速,行动敏捷)

见面施礼后,李四先声夺人问道:"方丈,您身为寺院住持,可知做了一件对佛大不敬的事情吗?"(点评:摸准沟通对象的心理特点,可以尽快找准切入点,迅速引起对方注意和好奇)

方丈一听,满脸诧异,诚惶诚恐地问道:"敢问施主,老衲有何过失?""每天如此多的善男信女风尘仆仆,长途跋涉而来,只为拜佛求愿。但他们大多满脸污垢,披头散发,如此拜佛,实为对佛之大不敬。而您身为寺院住持,却对此视而不见,难道没有失礼吗?"(点评:针对老和尚宽容仁和的品质,讲话语气略重,并无不妥,反而会引起对方充分重视)

方丈一听，顿时惭愧万分，"阿弥陀佛，请问施主有何高见？"（点评：客户主动询问解决方案时，已经很好地介入了销售环节，此时就是销售的良机）

"方丈勿急，此乃小事一桩。待香客们赶至贵院，只需您安排盥洗间一处备上几把梳子，令香客们梳洗完毕，干干净净，利利索索拜佛即可！"李四答道。（点评：合理的解决方案可以让对方紧张的情绪得到放松，购买的欲望得以提升）

"多谢施主高见，老衲明日安排人下山购梳。"（点评：成功的推销应该让客户感觉购买决定是自己做出的，而非外人强加的）

"不用如此麻烦，方丈，区区在下已为您备好了一批梳子，低价给您，也算是我对佛尽些心意吧！"（点评：成交绿灯闪现，立刻顺水推舟，很快进入合作签约主题）

经商讨，李四以每把3元的价格卖给了老和尚10把梳子。

李四满头大汗地返回住所，恰巧被张三看到，"嗨，李四，和尚们买梳子了吗？"张三调侃道。

"买了，不过不多，仅仅10把而已。"

"什么！10把梳子？卖给了和尚？"张三瞪大了眼睛，张大的嘴巴久久不能合拢。"这怎么可能呢？和尚也会买梳子？向和尚推销梳子不挨顿揍就阿弥陀佛了，怎么可能会成功呢？"（成功者找方法，失败者找借口）

于是李四一五一十将推销过程告诉了张三。听完以后，张三顿觉恍然，"原来如此，自愧不如啊，佩服佩服！"嘴上说着，心里暗想"为什么我会放弃这个好机会呢？老和尚真是慷慨啊，一下子就买10把梳子，自己还有没有机会卖出更多的价格更高的梳子呢？"（点评：摔倒爬起来抓把沙，推销员不怕犯错，只要能从失败中吸取教训，学到东西）张三脑筋一转，计上心来，（点评：多动脑筋，少走弯路）当天晚上便与梳子店老板商量，连夜赶制了100把梳子，并在每把梳子上都画了一个憨态可掬的小和尚，并署上了寺院的名字。（点评：个性化的新产品会引起客户更多的需求，带来更多的销售机会）

第二天一早，张三带着这100把特制梳子来到了寺院，找到方丈后，深施一礼，"方丈，您是否想过振兴佛门，让我们的寺院声名远播、香火更盛呢？"（点评：新的切入点，仍然围绕客户的心理做文章）

"阿弥陀佛，当然愿意，不知施主有何高见？"

"据在下调查，本地方圆百里以内共有五处寺庙，每处寺庙均有良好服务，竞争激烈啊！像您昨天所安排的香客梳洗服务，别的寺庙早在两个月前就有了。要想让香火更盛，名声更大，我们还要为香客多做一些别人没做的事情啊！"（点评：从竞争角度入手，更易令客户产生浓厚兴趣）

"请问施主，我院还能为香客们多做些什么呢？"

"方丈，香客们来也匆匆，去也匆匆，如果能让他们空手而来，有获而走，岂不妙哉？"

"阿弥陀佛，本寺又有何物可赠呢？"

"方丈，在下为贵院量身定做了100把精致工艺梳，每把梳子上均有贵院字号，并画可爱小和尚一位。拜佛香客中不乏达官显贵，豪绅名流，临别以梳子一把相赠，一来高僧赠梳，别有深意，二来他们获此极具纪念价值的工艺梳，更感寺院服务之细微。如此口碑相传，很快可让贵院声名远播，更会有人慕名求梳，香火岂不愈来愈盛？"

方丈听后，频频点头，张三遂以每把 5 元的价格卖给方丈 100 把梳子。(点评：更多产品，更高价格，用心就可以将事情做得更好)

张三大功告成，兴致冲冲地回来向李四炫耀自己的成功推销。李四听完，默不作声，悄悄离开。(点评：有启发，有思考，就有更好的结局)

当晚，李四与梳子店老板密谈。一个月后的某天清晨，李四携 1000 把梳子拜见方丈。双方施礼后，李四首先问了方丈原来购买张三梳子的赠送情况，看到方丈对以往合作非常满意，便话锋一转，深施一礼，"方丈，在下今天要帮您做一件功德无量的大好事！"(点评：切入点升级，以求引起对方更高兴致)

待方丈询问原因，李四将自己的宏伟蓝图向方丈描绘：寺院年久失修，诸多佛像已破旧不堪，重修寺院，重塑佛像金身已成为方丈终生夙愿，然则无钱难以铭志，如何让寺院在方丈有生之年获得大笔资助呢？李四拿出自己的 1000 把梳子，分成了两组，其中一组梳子写有"功德梳"，另一组写有"智慧梳"，比起以前方丈所买的梳子，更显精致大方。李四对方丈建议，在寺院大堂内贴有如下告示"凡来本院香客，如捐助 10 元善款，可获高僧施法的'智慧梳'一把，天天梳理头发，智慧源源不断；如捐助 20 元善款，可获方丈亲自施法的'功德梳'一把，一旦拥有，功德常在，一生平安等等"。如此一来，按每天 3000 名香客计算，若有 1000 人购"智慧梳"，1000 人购"功德梳"。每天可得善款约 3 万元，扣除我的梳子成本，每把 8 元，可净余善款 1.4 万元。如此算来，每月即可筹得善款 40 多万元，不出一年，梦想即可成真，岂不功德无量？(必要时的数字与逻辑说明，会更具说服力)

【思考】把梳子卖给和尚是很不容易的事情。因此，案例中的主角都是很优秀的销售人员。从他们完成任务所采取的方式我们能学到什么呢？请大家分享。

本章主要介绍客户关系管理的理论基础，其中包括关系营销、数据库营销和一对一营销。

第一节　关系营销

一、关系营销产生的原因和背景

1983 年，美国学者贝瑞（Berry）在美国市场营销学会出版的论文集《服务营销中的新概念》中，首先提出了关系营销的概念。他认为，企业营销的目的，不仅是争取更多的消费者，更重要的是保持现有的消费者。争取一个新客户比保持一个客户的成本要高。也可以说，保持客户为导向的营销是一种比争取新客户为导向的营销管理更为有效的营销活动。1984 年，菲利普科特勒（Philip Kotler）提出了"大市场营销"的概念，指出当企业在国际市场营销中面临各种贸易壁垒和舆论障碍时，要打开封闭的市场，除了需要运用 4P

（产品，product；价格，price；促销，promotion；渠道，place）营销策略外，还必须有效运用政治权力和公共关系这两种营销工具。1998年，欧洲管理论坛主席克芬斯·思布提出了企业伙伴理论。这一理论对从战略高度认识企业的伙伴关系及关系营销有重要作用。他认为企业之间建立战略伙伴关系是未来经济社会的一大方向。也就是说，不同的企业可能从长远利益出发建立战略伙伴关系，在产品开发、营销组合等方面建立合作关系，以提高其竞争力和适应力。

关系营销理论是在传统营销理论的基础上，融合多个社会学科的思想建立起来的现代营销理论。系统论是20世纪各门学科方法论的结晶，它用整体的、非线性的思考方法对某一特定系统进行分析、综合、归纳，正在被广泛地应用于研究企业内部子系统之间的关系和企业与环境的关系。协同学中的役使原理向读者展示了系统维持自身运转的自组织能力。传统营销主要使用大众传播，而人际传播是关系营销的必要工具。现代信息技术的革命也为关系营销带来了极大便利，并为关系营销的高效实施提供了更稳健的平台。

传统观点认为，市场营销的内核是一种交换过程。在此过程中，两方或多方互换价值以满足彼此的需求。可以说，营销的过程就是创造和消除交换关系的过程。这种观点可以称为"以交易为基础的营销观"，其战略焦点是，识别潜在买主，把他们变成客户，然后完成产品或服务的交易。

交易型营销倾向于遵循如下过程：寻找潜在客户、谈判、交货付款、结束交易。这种交易方式往往是一次性的。在交易过程中，双方都尽可能地为己方争取最大限度的利益，压低对方的利益。

此种营销方式很容易给交易双方造成大量的遗留问题，如售后服务质量降低。因而，最近几年它越来越多地受到质疑，短期交易的想法日益被长期关系的概念所取代。换言之，企业与客户之间相互作用的重点正在从交易转向关系。这就是西方营销理论与实践中"关系营销"（Relationship Marketing）产生的基础。

应该说，关系营销的产生具有较为深刻的时代背景，并且可以认为是后工业社会市场经济和人类文明高度发达的客观要求，具体如下：

1. 竞争多元化

随着市场经济的进一步发展，物质产品的日益丰富，市场形态已经明显转向买方市场，企业之间的竞争更加激烈，竞争手段也更加多元化。但是一个统一的趋势是：对消费者的研究更加深入，更注意从消费者的要求出发并同消费者形成一种持久良好的关系，同时企业之间的交流也因为竞争的加剧而更显必要。

2. 消费观念现代化

由于人们的消费观念向外在化、个性化、自然化的方向发展，精神消费和心理消费的程度越来越高，这就迫切需要企业与顾客之间以更多的交流来相互实现各自的需要与利益。与此相适应的是生产方式的转变，同样需要营销方式的转变。工业社会的生产主要表现为少品种、多产量的生产，企业之间的竞争形式基本上表现为争夺顾客的"零合竞争"，企业为了获取竞争的优势把更多的注意力放在竞争者身上，而忽视了同竞争者之间的情感交流。

相反到了后工业社会，由于计算机、机械及制动方面的各项高新技术的广泛应用，生产工艺更加柔性化和敏捷化，对市场的细分也就更加深入，生产形式更多地表现为多品种、少批量的生产。企业之间的竞争形式转向"win-win game"（双赢游戏）并且企业更加注重消费者的实际要求。

3. 信息全球化

全球信息化作为不可阻挡的历史趋势以及电子通信工业、交通邮电等行业的迅猛发展，使得人与人之间的时空距离相对缩短。企业之间，企业与顾客之间的依赖性、相关性也就越来越强，彼此之间越来越注意相互情感的倾诉。作为企业，对这种时代特征不可漠然视之，尤其是在营销策略方面，要处理好这种"互动关系"，形成持续发展的基础和动力，达成企业战略目标。

当然，不可否认营销理论本身发展的作用。尤其是战术营销向战略营销的方向转变，使得公共关系、政治壁垒、人的内在感情需求以及营销整体环境都成为营销的战略问题。

二、关系营销的概念和特点

（一）关系营销的概念

关系营销，是把营销活动看成是一个企业与消费者、企业、分销商、竞争者、政府机构以及其他公众发生互动作用的过程，其核心是发展同他们的良好关系。

关系营销的指导思想是怎样让用户成为自己长期的顾客，并共同谋求长远战略发展，其核心在于消费者与企业间一种连续性的关系。查理斯·古德曼曾指出："公司不是创造购买，它们要建立各种关系。"关系营销的目的在于同顾客结成长期的、相互依存的关系，发展顾客与企业产品之间的连续性的交往，以提高品牌忠诚度和巩固市场，促进产品持续销售。

对于"关系营销"，主要掌握6I原则概念：

（1）客户的信息（Information）。企业必须努力获得关于客户的可靠信息，可靠的信息是下一步对客户进行产品介绍的基础。

（2）对客户的投资（Investment）。必须选择那些值得投资的客户。因此，客户价值的计算十分重要。面对客户，不能只想着这一单做成，我们的提成是多少。我们要根据客户的不同情况，对客户进行投资。

（3）根据个性化特征定制给客户的产品和质量（Individuality）。定制一个既充满个性化，又使成本最小的项目。

（4）与客户交流（Interaction）。与客户的系统化交流促使双方相互了解，建立良好的感情基础。

（5）与客户的整合（Intergration）。将客户与客户整合进行价值创造，密切商业关系。

（6）建立独特关系的意愿（Intention）。有主动建立起独特关系的意愿，是进行有效关系营销的基础。

综合以上 6I 原则，对于关系营销的内涵，我们可以得出这样的认识：关系营销是由许多管理"关系"的一系列活动所构成的一个社会性过程；关系营销的重点在于利益各方相互之间的交流，并形成利益稳定、相互信任的关系；关系营销的最终实现要靠产品或价值的成熟、顺利、高质量的交换；关系营销的一系列活动都是为了实现一定的营销目标。

从实践意义上讲，关系营销已经完全突破简单的企业与消费者之间的关系这一点，延伸到供应商、中间商及其他与企业直接、间接联系的社会团体、政府职能部门及个人等各方面。

【案例分析】

安利公司的关系营销

关系营销最成功的案例是美国的安利公司。安利公司是一家直销形式的日用品公司，是美国及全球最早开展直销的标志企业，而且发展迅猛，经济实力雄厚。靠关系营销，安利成功地在全球进行扩张，特别是在中国市场，创造了一个关系营销的经典案例。1998年4月18日，国务院颁布了《关于禁止传销经营活动的通知》，对传销活动全面禁止，这对安利公司可谓是致命打击。可是安利公司通过关系营销，很快得到中央政府及对外贸易部和国家工商管理局的支持。同年，安利宣布企业转型成功，由传销转变为直销，成了"转制"成功的代表，继续在中国拓展业务。为了能在中国扩大业务，安利公司一方面靠政治手段和经济手段，对中央政府及主管部门进行公关，安利公司总裁温安洛以美国商会主席的身份访华，使安利公司与中国政府的关系，上升到中美关系的高度。正是安利公司的公关工作，才有了中国政府答应三年内为直销立法的承诺。另一方面安利公司加大了在中国的公益事业和广告的投入，不断改善营销环境，改变公司形象，使公司在非常困难的环境下，仍然能够生存和发展。

此外，靠关系营销而闻名于世的企业和案例还有很多。例如，英国最著名的马狮公司，靠关系营销被誉为"英国盈利能力最强的跨国集团"；可口可乐公司靠关系营销平息可乐污染危机等。不注意公共关系，在营销上只看重眼前利益，丧失市场机会和损害品牌形象的案例也有许多。例如，德国耐克毒衫事件，在中国市场本应回撤其产品，但该公司为了减少损失，借口没收到健康损害报告，没有履行其回撤义务，影响了该品牌在中国消费者心中的形象。

不论是成功经验还是失败教训，总会带给人们启示，引发人们思考。一个企业要生存要发展，要从国内发展到国外，自始至终离不开关系营销。以上案例分析给我们的启示主要有以下几个方面：

（1）要处理好企业内部的关系。员工的信任、支持和理解是企业生存的基础；内部员工对企业、对产品的信任，是让广大消费者信任的基础。员工的利益应该与企业的利益休戚相关，越是在困难的时候，越要考虑员工的利益，牺牲员工的利益，也是间接失去企业的利益。

（2）必须处理好与供应商、中间商等相关联企业的关系。企业要保持稳定持续的发展，应对瞬息万变的环境变化，离不开与供应商、经销商等其他企业的合作。越是在困难时刻，或突发事件时越能考验合作企业的忠诚度，离开合作伙伴的支持，是很难壮大的。这就要求企业随时考虑合作或关联企业的利益。

（3）要处理好与政府的关系。企业根据自身情况，量力而行处理好与各级政府的关系。大型企业不但要处理好与地方政府的关系，还要处理好与中央政府的关系，争取政府的政策支持和扶持。在国际上办厂、开公司卖产品还要注意与所在国政府的关系，政府的主管行政部门更是公关的工作重点。安利公司在中国的成功案例，充分说明了处理好这种关系的重要性。

（4）处理好与竞争对手的关系。企业在同行业中，避免存在竞争对手。但是，同行之间不一定是敌对关系，与对手求同存异、互助互利，开展各种形式的共谋发展，才是最佳选择。

所以，企业在市场细分、产品定位等方面也要考虑竞争对手的情况和利益，尽量避免两败俱伤，浪费经济资源，才能在行业中建立良好的关系，树立企业形象。关系营销运用不仅在国内重要，在开发国际市场上尤其重要。关系营销是企业生存和发展之本，企业若处理不好面临的各种关系，就不会有良好的生存环境，更不会发展壮大。企业在国内市场竞争环境下，公共关系非常重要，但是，国内的宏观环境和微观环境相对平稳，企业间的竞争和冲突有政府宏观调控，相对也比较温和。在国际市场环境下，涉及国家利益、民族利益、地区利益、行业利益、财团与各企业利益、市场上的经济竞争，背后体现着政治斗争，体现着国与国之间的竞争，稍有疏漏，就会给竞争对手可乘之机，往往关系到企业的生死存亡。所以说关系营销在开发国际市场上尤其重要。

（二）关系营销的特点

关系营销的本质特点可以概括为四点：沟通、合作、双赢、控制。

1. 以双向为原则的信息交流（沟通）

前文中说过，关系营销是企业与消费者、竞争者、供应商、分销商、政府机构和社会组织发生互动作用的过程，其起点是与上述人员的沟通，广泛的信息交流和信息共享，可以使企业赢得支持与合作。交流应该是双向的，既可以由企业开始，也可以由顾客或其他被营销方开始。如果仅仅是顾客联系企业，那么顾客往往会认为这种交流与沟通不够充分和坦率地表达他们的意见及看法，因而也无法和某一特定企业建立特殊关系。如果由企业主动和顾客联系，进行双向交流，对于加深顾客对企业的认识、察觉需求的变化、满足顾客特殊需求以及维系顾客等有重要意义。

2. 以协同为基础的战略过程（合作）

关系的存在状态按性质可分为对立性的关系状态和合作性的关系状态两类。对立性的关系状态是指企业组织与相关者之间为了各自目标、利益而相互排斥或反对,包括竞争、冲突、对抗、强制、斗争等;合作性的关系状态是指关系的主客体双方为了共同的利益和目标而采取相互支持、相互配合的态度和行动。企业与相关者之间的对立与统一是并存的,但关系营销倾向于统一,即合作。它不仅要与顾客建立良好的关系,也强调企业与其他相关部门的关系,因为一个规模再大的公司,其资源和能力还是有限的,必须与其他公司进行合作分享。同行企业之间的过度竞争往往会产生一些负效应,从而增加企业的生产成本和营销成本,降低企业收益,进行某种形式的合作营销则可以避免上述情况。例如,新加坡航空公司、瑞士航空公司和美国三角洲航空公司合作,制定共同的定票系统和维护系统,统筹安排营运时间,建立统一的行李运输等地勤服务制度,通过对核心资源的共享,大大降低了企业成本,提高了工作效率。协同是一种保持集体性的状态和趋势的因素,因而使系统保持和具有整体性、稳定性。

3. 以互利互惠为目标的营销活动(双赢)

随着社会的发展,企业越来越受到政府这只"看不见的手"的宏观调控,一家公司不再仅仅是经济实体,同时也成了社会实体。根据企业与公众关系的特点,分为以下三种基本形式的利益关系:

(1)"共享"式。关系双方在根本利益上没有任何冲突,出于共同利益,双方可以通过交流相互满足对方的需要。

(2)"折中"式。双方利益带有冲突的性质,任何一方的行为都会给对方利益带来损失,但只要双方以平等的态度考虑各自的利益和需要,双方都可获一定程度的满足,两者间的冲突是可以调和的。

(3)"妥协"式。关系双方之间有相互冲突的利害关系,而且这种冲突是不可调和的,往往需要一方作出让步。

关系营销发生的最主要原因是买卖双方相互之间有利益上的互补。企业用产品或服务从消费者那里获取利润,消费者用货币从市场上得到企业提供的自己所需的产品和服务。如果没有各自利益的实现和满足,双方就不会建立良好的关系;良好关系建立在互利的基础上,使双方在利益上取得一致,并使双方的利益得以满足,这是关系赖以建立和发展的基础。真正的关系营销,是达到关系双方互利互惠的境界。因此,关系协调的关键在于了解双方的利益需求,寻找双方的利益共同点,努力实现共同利益。从某种角度来讲,可以将企业利益分为实质利益和关系利益。关系营销的基本目标是为赢得公众的信赖、好感与合作。因此,当关系双方的利益相冲突时,企业只能舍弃实质利益,换来的则是宝贵的关系利益。双赢策略不致引起报复行动,故较能持久。

4. 以反馈为职能的管理系统(控制)

建立良好的关系,需要一个反应灵敏的管理系统,用以追踪顾客、经销商以及营销系统中其他参与者的态度。因此,关系营销必须具备一个反馈的循环,用以联结关系的双方,公司由此可以了解到环境的动态变化,根据合作方提供的反馈信息,以改进产品和技术。

三、关系营销的层次

如何逐步建立起与客户的良好关系，美国营销学家贝瑞和帕拉苏拉曼根据建立的难易程度，归纳了三种建立顾客价值的方法，即关系营销的三个层次。

（一）一级关系营销

1. 阶段特点

一级关系营销在顾客市场中经常被称作频繁市场营销或频率市场营销。这是最低层次的关系营销，它维持顾客关系的主要手段是利用价格刺激增加目标市场顾客的财务利益。

2. 具体做法

商家运用最多的就是频繁市场营销计划。所谓频繁市场营销计划，是指对那些经常购买或大量购买的顾客提供奖励，建立长期的、相互影响的、增加价值的关系，保持和提升来自老客户的收入。企业在实施频繁市场营销计划时，可以在企业之间联合进行。例如，新加坡发展银行有限公司、VISA 和高岛屋公司联合发起的忠诚营销，智能卡持有者能享受免费停车、送货服务、抽奖活动等一系列优惠。

一级关系营销的另一种常用形式是对不满意的顾客承诺给予合理的财务补偿。例如，新加坡奥迪公司承诺如果顾客购买汽车一年后不满意，可以按原价退款。

财务层次的营销是最低层次的营销，无法与竞争者真正拉开差距，因为这一层次的营销策略极易被模仿，难以培养消费者对企业的忠诚度。此外，如果企业频繁使用该营销策略会产生额外的成本负担。

【思考】

小李是一名小学老师，其丈夫是税务局的一名公务人员。家中有公公、婆婆两位老人，还有读小学三年级的儿子和学前班的女儿。一家人其乐融融。全家人晚上都有睡前喝牛奶的习惯。小李因数十年如一日订购某品牌的牛奶，现在已经成为该品牌的超级 VIP，享受八五折的老客户折扣。

同学们，你身边是否有因为频繁购买而享受到财务奖励的小例子呢？请与大家分享，并思考，如果是金融保险行业，你的角色是理财顾问，你将如何利用一级关系营销呢？

（二）二级关系营销

1. 阶段特点

关系营销的第二种方法是既增加目标顾客的财务利益，同时也增加他们的社会利益。在这种情况下，营销在建立关系方面优于价格刺激，公司人员可以通过了解单个顾客的需要和愿望，并使服务个性化和人格化，来增加公司与顾客的社会联系。

2. 具体做法

二级关系营销的主要表现形式是建立顾客组织。以某种方式将顾客纳入企业的特定组织中，使企业与顾客保持更为紧密的联系，实现对顾客的有效控制。客户组织分为有形和无形两种。

有形的顾客组织是企业通过设立会员制、顾客俱乐部、顾客联盟等形式来与顾客保持长久的联系。这种顾客组织化的方法在许多大型企业都已采用，特别是在重复性消费比较多的行业，如百货业、旅游业、酒店业、高尔夫俱乐部、健康俱乐部等。例如，日本的任天堂电子游戏机公司建立了任天堂俱乐部，吸引了200万会员，会员每年付16美元会费，每月可以得到一本任天堂杂志，先睹或回顾任天堂游戏，赢者有奖，还可以拨打"游戏专线"电话询问各种问题。又如，哈莱·戴维森公司建立了哈莱所有者团体，拥有30万会员，向会员提供一本杂志（介绍摩托车知识，报道国际国内的骑乘赛事）、一本旅游手册、紧急修理服务、特别设计的保险项目、价格优惠的旅馆，经常举办骑乘培训班和周末骑车大赛，向度假会员廉价出租哈莱·戴维森摩托车。第一次购买哈莱·戴维森摩托车的顾客可以免费获得一年期的会员资格，在一年内享受35美元的零件更新。目前，该公司占领了美国重型摩托车市场的48%，市场需求大于供给，顾客保留率达95%。

无形的顾客组织与有形的顾客组织不同，有形的顾客组织更多的是通过线下沟通和各种活动来密切与顾客的关系，无形的顾客组织则主要借助互联网、移动终端等现代设备，通过论坛、官方微博、网上社区等平台来发布商品信息，举办各类活动，吸引顾客参与交流，提升用户黏性，培养忠诚客户。无形的顾客组织利用企业与客户以及客户与客户之间的积极互动，使客户获得了经济利益以外的满足，很好地提高了客户的忠诚度。

当竞争对手也开始采用相似的财务层次营销策略时，社交层次营销就可以有效地帮助企业来保留客户。但在面临激烈的价格战时，社交层次营销可能会收效甚微，因为该层次的营销策略只能支持价格的小幅变动。

【案例分析】

有一种车叫FJ，有一群人叫飞行军

20世纪60年代，丰田FJ40连续23年在北美市场长盛不衰，成为一代经典。丰田越野车也相继从BJ到landcruiser，经历了55、60、70、80、90、100、120等一系列经典车型，最后迎来了Fj CRUISER。这款复古的设计延续了FJ40的外观，硬朗的车身加上圆滑的边角，既生猛又可爱。丰田公司并不擅长利用自己的优势去造神，它只是在时代的变迁中留下内外兼修的越野利器，它只是让有相同爱好的人聚在一起，去探索大海和星辰。从2008年开始，飞行军正式成立，这些疯子从此便有了归宿。

（三）三级关系营销

1. 阶段特点

第三种方法是增加结构纽带，与此同时，附加财务利益和社会利益。结构性联系要求提供这样的服务：企业对关系客户有价值，且该价值只能由该企业提供，而不能通过其他

来源得到。

2. 具体做法

三级关系营销的主要表现形式建立特有的结构纽带，如建立起独特的品牌价值和品牌形象等一系列做法。例如，我们在喝牛奶的时候会想到"蒙牛""伊利"，听相声的时候会想到"德云社"，买房子的时候会想到"万科""华润"，这就是品牌形象所带来的营销力量。

良好的结构性关系将提高客户转向竞争者的机会成本，同时也将增加客户脱离竞争者而转向本企业的利益。

【案例分析】

德国工业巨子西门子每年销售额高达500亿美元，在世界各地的供应商总数超过12万个，其中有2万个被认为是"第一选择供应商"，西门子与其建立了结构纽带关系。这种关系的确立基于两个原则，供应商的竞争优势（主要根据产品和技术的复杂度以及寻找替代供应商的难度）和供应商对公司利润的影响，目的是促进共同发展。通过互派工作人员，对双方企业的工作流程和信息系统进行相应的改进和适应调整，西门子与"第一选择供应商"建立了密切的、长期战略合作伙伴关系，双方也取得了共同的发展和进步。

财务层次营销、社交层次营销、结构层次营销这三种与客户建立关系营销手段，在实际操作过程中应根据企业情况灵活运用。如果企业规模较小，在企业与顾客建立关系的过程中，可以只采取财务层次营销手段，也可以将财务层次营销、社交层次营销两种手段并用；如果企业规模较大，可以综合运用这三种关系营销手段使顾客成为企业长期合作的伙伴，让企业在激烈的市场竞争中立于不败之地。

第二节 数据库营销

一、数据库营销的概念

所谓数据库营销（Database Marketing Service，DMS），就是指企业通过收集和积累的用户或消费者的信息，经过分析筛选后，有针对性地使用电子邮件、短信、电话、信件等进行客户深度挖掘与关系维护的营销方式。

【案例分析】

三次与同一品牌信息的邂逅

人物：48岁的约翰是美国爱荷华州的一个农场主，饲养了200头牛，种植了大约150英亩的玉米。每年他赞助《农业新闻》《农业杂志》《成功农业》三份杂志，同时是所在地农业署的一名成员，每年会定期参加爱荷华州的交易会。

第一次，他在浏览《成功农业》时，看到一篇文章介绍一种新的草料管理产品——节土剂。

第二次，一周后，他收到一份关于节土剂的邮件。那份传单越往后看越引起他的兴趣，但是他觉得价格贵得太离谱，就扔在一边了。

第三次，那个周末，他接到当地农业消费合作社一名职员打来的电话，他们正在销售这种节土剂，而且对在即将到来的播种季节愿意试用这种产品的前十位农民给予特别优待。

经过10分钟的讨论，约翰答应成为节土剂的一名使用者。

看似巧合的三次邂逅，所有的一切都是由数据驱动的，目的是创造增值效应和影响潜在顾客。那就是：杂志的读者个人情况数据库；中西农场超过100英亩的数据库；当地消费者合作社的顾客数据库。

二、数据库营销的内容

数据库营销包括DM（直接邮寄广告）、EDM（电子邮件营销）和移动营销。

1. DM（直接邮寄广告）

即通过邮寄、赠送等形式，将宣传品送到消费者手中、家里或公司所在地。

DM除了用邮寄以外，还可以借助其他媒介，如传真、报纸、杂志及直销网络、柜台散发、专人送达、来函索取、随商品包装发出等。

2. EDM（电子邮件营销）

即通过发送广告或相关宣传资料到客户的电子邮箱，如图2-1所示。EDM成本低，受众广，可以一次发给很多客户。

但是，很多客户在读取邮件时，会直接删除自己认为没有用的垃圾邮件，所以如果不加选择地发送邮件效果并不好。相反，如果根据客户的具体情况有针对性地以资料的形式发送，效果会好很多。

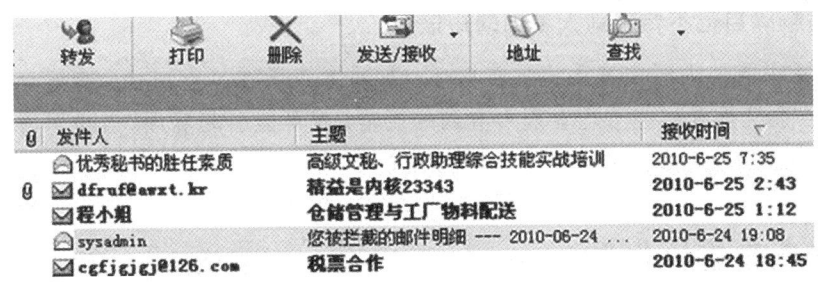

图 2-1　EDM（电子邮件营销）

3. 移动营销

移动营销是指以手机为传播平台进行的更加精准的营销方式和策略。多表现为短信、微信、电话营销。

电话营销是现在数据库营销的主流形式。很多保险公司、银行信用卡销售部门，都是采用这种营销模式。前期对电营人员进行话术、专业知识等相关方面的培训，上岗后，根据客户数据库提示通过电话进行金融产品销售。

【拓展阅读】

短信小常识

1. 发短信一定要署名

短信署名既是对对方的尊重，也是达到目的的必要手段。例如，元旦前一天工作关系繁多的秦先生收到了 70 多条祝福短信。其中有 60 条是不署名的，好多短信的内容还相同。秦先生也搞不清楚这些人都是谁。这种祝福短信发了等于没发。如果是正事，不署名就可能造成严重后果。

2. 短信祝福一来一往足矣

每逢节日，人们都会发短信祝福。来而不往非礼也，所以别人发来短信，自己就要回一个短信。接到对方短信回复后，一般就不要再发致谢之类的短信。就祝福短信来说，一来一往足矣，二来二往就多了，三来三往就成了繁文缛节。

3. 有些重要电话可以先用短信预约

工作中有时要给地位高或身份重要的人打电话，知道对方很忙，可以先发短信："您好，有事找您，是否方便给您打电话？"如果对方没有回短信，说明不方便，可以耐心等待一段时间再拨打电话。

4. 及时删除自己不希望别人看到的短信

日常生活中有些人经常把手机放在桌上，如果本人不在，也许就会有好奇之人顺手翻看短信。一旦手机里有一些不适宜别人看到的短信，就可能引起麻烦。若被对方传播出去，后果会更严重。因此，不便让别人看到的短信应及时删除。

三、数据库营销的作用

1. 选择和编辑顾客数据

收集、整理顾客的数据资料，构建顾客数据库。收集顾客的数据应包括顾客个人资料、交易记录等信息。

2. 选择适当的消费者

有针对性地进行沟通，提高反馈率，增加销量，从而降低营销成本。例如，某重庆本土开发商找到广告运营商，想投放一支小户型房产广告，但开发商只提交一些图片和介绍文字。该广告运营团队经过分析策划，认为采用"H5+预约有惊喜"的方式，更符合小户型房产的目标客户群——年轻人。在实际投放时，广告运营团队通过腾讯大数据后台，勾选了"重庆某区、某商圈""25～35岁""商务标签"等腾讯系用户定向条件，进行精准投放。在投放过程中，实时对各项数据进行分析和灵活调整。又如，2015年刷爆朋友圈的微信广告——宝马、Vivo、可口可乐，也采用相同的逻辑。依托大数据分析，微信先为4亿用户画像，再进行精准投放。其精准度如何？网上流传的段子可以验证："收到宝马广告是土豪，Vivo智能手机意味着中产阶级，可口可乐意味着屌丝。"

3. 实现跟踪服务和自动服务

数据库还能强化跟踪服务和自动服务的能力。例如，金百利公司的折价券是带电脑条码的，公司凭此折价券可记录和跟踪顾客的购买情况及变化情况，并且可根据"形势"需要提供相应的服务。又如，亚马逊网上书店的销售一直保持高速增长，与其不断改进的服务质量和顾客关系有关。当顾客在该网上书店购买图书时，它的销售系统就会自动记录书目，生成有关顾客爱好的信息，当顾客再次进入书店时，销售系统会识别其身份，并依据其爱好推荐书目。顾客与书店的接触次数越多，系统了解顾客信息就越多，服务也就越好。

4. 提供个性化服务，强化客户忠诚

利用数据库可进行"一对一"式的个性化服务，如在某个纪念日前，送上适当的礼物、折扣券、贺卡或两张电影票，也可寄一份有切身关系的报告给客户，如"如何治疗失眠"的报告（当然是客户正为失眠困扰），给客户一个惊喜，以强化客户对企业的忠诚。

【案例分析】

尚品宅配：4.0时代的定制化

尚品宅配集合了全国重点城市约2000家楼盘的10万个房型数据，囊括了数百家家居企业及数千名第三方设计师的素材。设计师只需要上门量尺寸和输入数据，房型库就自动找到匹配方案，再根据消费者需求微调，无须每一个案例都从头开始做设计。通过云端数据，尚品宅配还可以对不同消费者，各种空间产品进行相关性分析，预测未来订单趋势，为原材料采购进行预测。

在工厂中，尚品宅配通过"数字标签"技术把一件产品从选材、生产、仓储、物流及安装等环节自动联结管理。每一个零件通过二维码扫描，可以实现机器自动按照需求进行加工，由此相同的机器可以同时生产不同规格的板材，大规模的定制化生产变为现实。通过数码化的生产管理流程，消费者在下单后才生产，尚品宅配可以做到工厂库存为0，大大提升了营运效率。

5. 为分析顾客提供帮助

数据库中有三个神奇的要素：最近一次消费、消费频率、消费金额，是客户分析的最好指标。最近一次消费是指上一次购买的时间，是维系客户的一个重要指标，可反映客户的忠诚度。一般来说，最近才买你的商品、服务或是光顾你商店的客户，是最有可能再向你购买商品的客户；要吸引一个几个月前上门的客户购买，比吸引一个一年前来过的客户要容易得多。如果最近一次时间很远，说明客户长期没有光顾，就要调查——客户是否已经离我们而去？最近一次消费（R）还可监督公司业务进展情况——如果最近一次消费的客户人数增加，则表示公司稳健发展；如果最近一次消费的客户人数减少，则表明该公司的业务可能滑坡。消费频率（F）是客户在限定的期间内所购买的次数。可以说，最经常、最频繁购买的客户，也是满意度最高的客户，忠诚度显然也最高。消费金额（M）是客户购买金额的多少。通过比较客户在一定期限内购买数量，可以知道客户购买态度的变化，如果购买量下降，则要引起企业的重视。

根据客户流失的可能性，再从消费金额角度来分析，就可以把重点放在消费金额高且流失机会也高的客户上，进行重点拜访或联系。

根据最近一次消费（R）消费频率（F）消费金额（M）的变化，可推测客户消费的异动状况；将最近一次消费（R）消费频率（F）结合起来分析，可了解客户下一次交易的时间距离现在有多久；将消费频率（F）消费金额（M）结合起来分析，可计算出客户为企业创造的利润。

【案例分析】

吉之岛的 RFM 分析法

广州吉之岛从 2008 年开始推广会员卡，并根据客户的消费金额把卡分成了金卡（年消费 2.4 万元以上）、银卡（年消费 1.2 万～2.4 万元）和普卡（年消费 1.2 万以下）三类会员。第一年，会员数量发展到了 10 万人。商场的高层管理人员希望在会员数据的基础上，用 RFM 分析模型开展客户关系管理。

虽然面对会员客户，吉之岛只用了消费金额（M）作为级别划分的主要依据，但在吉之岛的 RFM 分析模型里，根据消费金额（M）指标划分的客户却有 5 级，M5 是消费金额最高的金卡会员。

吉之岛根据消费频率（F）也将客户划分了 5 个级别，F5 是最忠实的会员，对 F 值较高的会员，吉之岛会结合会员的住址信息和所购商品信息，以便在促销期间加强对此部分会员的联系。但在最近消费时间（R）上，吉之岛采用了把消费频率（F）和最近消费时间（R）相结合的方法进行评估，如果客户的最近一次消费时间与到店频率偏差很大，吉之岛会在客户关系管理系统里产生客户流失预警标识。

而把 RFM 的三个指标相结合，则使吉之岛有了更具针对性的会员营销策略。对三个值都很低的会员，营销部门会把他们定义为"边缘会员"并减少相关的营销预算。对消费频率（F）值低但消费金额（M）值高的会员，结合他们的最近一次消费（R），会被定位为"团购会员"，吉之岛在春节、端午、中秋等重要节日前，都会特别强化与这部分会员的联系。而母亲节前，吉之岛又会先根据会员的人口特征信息把相关年龄层次会员筛选出来，再根据消费金额（M）和消费频率（F），把最有购买倾向的客户挖掘出来。结合客户所购商品的特点，吉之岛还会基于 RFM 模型选择精准的目标会员，推出如"文具节"或"泰国食品节"等各种主题促销。

在每一次促销活动结束后，吉之岛会通过 CRM 系统里所收集到的会员消费数据，进行促销活动效果评估。如果定位的目标客户在促销期内并没有消费足够数量的预期商品，则说明促销主题对会员没有吸引力，营销部门要根据评估效果调整下一步的营销策略。

除此之外，RFM 指标还可以结合客户的商品购买信息，来观察了解会员到店购买的都是什么商品，本月与上月的变化在哪里，最有价值的客户是哪些，他们买的商品口味是什么，这些信息可以用来指导吉之岛调整商品的采购。

事实上，RFM 信息的获得，依赖于会员刷卡频率的提升。吉之岛把每个月的 20 号和 30 号定为会员日，顾客在这两天的消费可以得到两倍的积分奖励；在店庆和主题促销期间，公司会临时指定会员日并为会员提供会员价。在会员生日当天，吉之岛会发出生日祝贺短信，并可凭会员卡去服务台领取生日礼物。年底前，吉之岛会提前一个月通过网站广告、户外广告、手机短信和广播等多种方式，提示会员年度有效积分换购和清零，这对带动年底的会员消费也有很大作用。

四、客户隐私

隐私是不愿让他人知道自己的个人生活的秘密，中国公民依法享有不愿公开或不愿让他人（一定范围之外的人）知悉的不危害社会的个人秘密的权利。

在生活中，每个人都有不愿让他人知道的个人生活的秘密，这个秘密在法律上被称为隐私，如个人的私生活、日记、照相簿、生活习惯、通信秘密、身体缺陷等。自己的秘密不愿让他人知道，是自己的权利，这个权利就叫隐私权。在中国，用户隐私被盗用早已泛滥。例如，我在淘宝搜索过的一个东西，在浏览网页时就会被推送出来；你在微信上跟好友聊及的商品，各大电商平台立马就会推荐给你相关产品。甚至，骚扰电话、垃圾短信连你和你家人朋友的姓名、住址、身份证号码、银行卡号都能知道。这也是网络诈骗猖狂的原因。

中国著名的法学学者——中国人民大学法学院张新宝教授把侵犯隐私权的行为总结为以下十类：

（1）未经公民许可，公开其姓名、肖像、住址和电话号码。

（2）非法侵入、搜查他人住宅，或以其他方式破坏他人居住安宁。

（3）非法跟踪他人，监视他人住所，安装窃听设备，私拍他人私生活镜头，窥探他人室内情况。

（4）非法刺探他人财产状况或未经本人允许公布其财产状况。

（5）私拆他人信件，偷看他人日记，刺探他人私人文件内容，以及将它们公开。

（6）调查、刺探他人社会关系并非法公诸于众。

（7）干扰他人夫妻性生活或对其进行调查、公布。

（8）将他人婚外性生活向社会公布。

（9）泄露公民的个人材料或公诸于众或扩大公开范围。

（10）收集公民不愿向社会公开的纯属个人的情况。

在国家的制度设计层面，2017年6月1日施行的《中华人民共和国网络安全法》加强了对个人信息的保护。该法共有7章79条，其中针对个人信息泄露问题规定：网络产品、服务具有收集用户信息功能的，其提供者应当向用户明示并取得同意；网络运营者不得泄露、篡改、毁损其收集的个人信息；任何个人和组织不得窃取或者以其他非法方式获取个人信息，不得非法出售或者非法向他人提供个人信息。

2018年5月，国务院办公厅印发的《2018年政务公开工作要点》明确指出，要依法保护好个人隐私，除惩戒公示、强制性信息披露外，对于其他涉及个人隐私的政府信息，公开时要去标识化处理，选择恰当的方式和范围。

【案例分析】

2018年8月15日下午，小米公司董事长雷军在微博发布了一条微博，整理了3000万用户与"小爱同学"间聊得最多的是什么内容。内容分为两个部分，一部分是"聊得最多的10个对话"，这下面大多是一些指令内容，像"声音小一点""打开微信"。另一部分则是"撩得最多的10个对话",而这里面更多地涉及一些稍显私密的内容,比如"怎么样才能追到吴亦凡""不想上班怎么办""我帅吗",如图2-2所示。

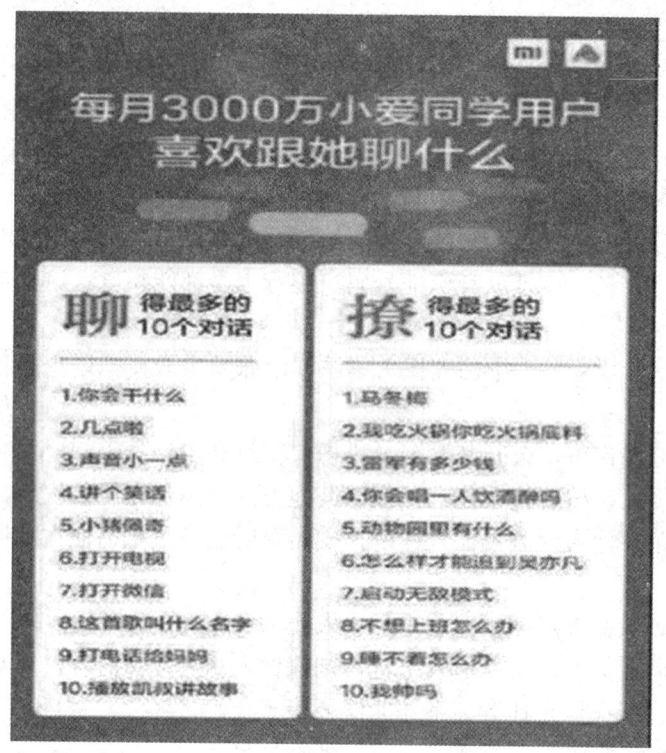

图2-2 3000万用户与"小爱同学"间聊得最多的内容

诚然,雷军发布的这张图是来自于"小爱同学"产生的大数据,其中也没有透露出个体用户的信息。但"小爱同学"是一个时时刻刻都放在家里的内容,随时随地都有唤醒的可能,而使用的场景是复杂多变的。"小爱同学"记录下了与用户较为私密的对话,又作为一条数据被纳入了语料库,让人以后在使用"小爱同学"时,不得不多留一个心眼。

在使用"小爱同学"前,每个用户都会收到是否加入"用户体验计划"的提醒,用户一旦参与该计划,也就默认了接受隐私政策里的内容。而隐私政策中,也明确指出了小米会将用户信息(其中可能包含个人信息)用于语音识别、语义判断、文字转音频功能。

从理论上来说,"小爱同学"在保证信息安全性的前提下,记录与用户的对话,并没有什么问题。但关键是,隐私政策里提到用户信息中可能会包含个人信息,而这并不合理。

有些产品打着大数据的幌子,大肆收集用户个人信息,用于商业用途,而"小爱同学"记录的数据,暴露出小米离用户隐私这条"安全线"已经很近了。

前车之覆,后车之鉴。搜狗和亚马逊都在用户隐私上碰壁,而作为小米同业竞争对手的苹果在解决用户隐私问题上给出了相当漂亮的答案。雷军确实应该好好考虑下,如何做好用户隐私保护,起码不要像这次一样,泄露用户跟"小爱同学"之间的"情话"。

8月15日深夜,雷军删除了这条微博。

第三节　一对一营销

一、一对一营销的含义

（一）一对一营销的定义

1990年，唐·佩珀斯（Don Peppers）先生在美国发表了著名的一对一营销演讲，受到了商界的广泛重视和推崇，《纽约时报》更是为此开辟了专栏。随后几年内，佩珀斯先生和马莎·罗杰斯（Martha Rogers）博士一道撰写出版了一对一营销的奠基巨著《一对一未来：一次一个顾客地建造关系》等多部专著。可以说，一对一营销开创了当今的客户关系管理潮流。

【案例分析】

积分卡的问题解决

现在很多人钱包里都塞满了各种卡，比如工商银行的牡丹卡、交通银行的太平洋借记卡、南方航空公司的明珠卡、美容中心的会员卡、酒店的白金卡以及各种名目的优惠卡打折卡。

会员卡有什么用？会员卡一定有用吗？

研究发现，虽然已经有了很多会员方案，但还是有非常大比例的客户随时在转移消费店家，并没有保持忠诚。为什么有些企业实施了会员卡方案，结果客户还是不忠诚？怎样设计和改进会员方案，才更为有效？40%的受访者不认为这些会员方案有价值。虽然这些会员方案中大部分都提供折扣，但却有30%～50%的会员从来也不曾利用过这项优惠。

班克斯公司的客户方案：依据客户的个别需求来提供个人化的会员方案，回馈给客户真正有需求的东西。这个会员方案经过特别设计，以表达出真正了解客户，也真正关心客户。

细节决定一切——那么如何把握好细节？

班克斯公司的做法：

不管营销人员选择以什么样的方式表达他们对客户的关心，都必须考虑到个别客户的偏好与情况（一对一），才能让这些客户觉得有意义。

这种用心的态度并不是光靠提供折扣、优惠或免费赠品的方式就能让客户感受到的，也不光是通过互联网提供送货更快、品质更好、价钱更便宜的商品就够了的。

首先要让客户认同你的回馈,再提供优惠。

结论:没有最好的,只有最合适的回馈方案——一切以客户为中心,为客户量身定做。那么如何创造最合适的回馈方案?——一对一营销。

所谓一对一营销(One to One Marketing),就是指企业通过与客户进行一对一的沟通,了解并把握每一位目标客户的需求,提供个性化的产品和服务来满足他们的需要,从而更好地实现企业利益的活动过程。

(二)一对一营销的核心理念

1. 提高客户份额(Customer Share)

客户份额就是一个客户的钱包份额,即企业在一个客户的同类消费中所占份额的大小。一对一营销就是考虑如何提高客户份额,增加顾客群的整体价值。

2. 与每个客户进行个性化交流

3. 与客户建立持久的、长远的学习型关系

建立学习型关系有两个必备的要求:

(1)企业必须是一个成功的、具有成本效益的量身定制者,具备有效的设计接口和精确的顾客规格记忆。这样可以通过一种方便又准确的方式使顾客确切地说明他的需求。而且,不得要求顾客为同一件事再一次向你说明。咖啡师(Barista Brava)咖啡连锁店的一名领班连续招待了 28 位顾客,而未曾问过其中任何一位他想要什么。因为他知道要把顾客招待好,最简单、最直接的方法就是把顾客的个人口味记住,而不必烦劳他们再次说明。这就是 Barista Brava 正在抢夺星巴克顾客的最重要因素。

(2)顾客必须付出努力,才能把这些规格要求提供给公司。如果顾客付出努力提供给公司需求信息的回报,是更加个性化的满意的产品或服务,那么这种行为可以促使顾客更忠诚,会更加愿意付出努力来提供给公司他更加个性化的需求。顾客的主动权越大,对话就越丰富和有益。

二、一对一营销的战略流程

行销专家唐·佩珀斯与玛莎·罗杰斯提出了 IDIC 运作模型——客户识别(Identify),差异性分析(Differentiate),与客户保持互动(Interactive),提供个性化产品或服务(Customize)。

(一)识别顾客

"销售未动,调查先行。"获得每一位顾客的详细资料对企业来说相当关键。可以这样认为,没有理想的顾客个人资料就不可能实现一对一营销。这就意味着,营销者对顾客

资料要有深入细致的调查和了解。对于准备实行一对一营销的企业来讲，关键的第一步就是能直接挖掘出一定数量的企业顾客，而且大部分是具有较高服务价值的企业顾客，建立自己的顾客库，并与库中的每一位顾客建立良好关系，最大限度地提高每位顾客的服务价值。

1. 深入了解比浮光掠影更重要

仅仅知道顾客的名字、住址、电话号码或银行账号是远远不够的，企业必须掌握包括消费习惯、个人偏好在内的其他尽可能多的信息资料。企业可以将自己与顾客发生的每一次联系都记录下来，如顾客购买的数量、价格、采购的条件、特定的需要、业余爱好、家庭成员的名字和生日等。

2. 长期研究比走马观花更有效

仅仅对顾客进行某次调查访问不是一对一营销的特征，一对一营销要求企业从每一个接触层面、每一条能利用的沟通渠道、每一个活动场所及公司每一个部门和非竞争性企业收集的资料中，去认识和了解每一位特定的顾客。

当然，不能狭隘地将一对一营销的对象认为是仅指产品或服务的最终消费者。比如，一家专门从事制造业的企业，并不直接销售自己的产品，但是它完全可以遵循一对一营销的原则，与营销渠道中的企业和产品需求链中的每一个成员建立起一对一的关系。

（二）顾客差别化

一对一营销较之传统目标市场营销而言，已由注重产品差别化转向注重顾客差别化。从广义上理解，顾客差别化主要体现在两个方面：一是不同的顾客代表不同的价值水平；二是不同的顾客有不同的需求。因此，一对一营销认为，在充分掌握了企业顾客的信息资料并考虑了顾客价值的前提下，合理区分企业顾客之间的差别是重要的工作。

顾客差别化对开展一对一营销的企业来说，首先，可以使企业的一对一工作有的放矢，集中企业有限的资源从最有价值的顾客那里获得最大的收益，毕竟企业不可能有同样的精力与不同的顾客建立服务关系，也不可能从不同的顾客那里获取相同的利润；其次，企业也可以根据现有的顾客信息，重新设计生产行为，从而对顾客的价值需求做出及时的反应；最后，企业对现有的顾客库进行一定程度的差别化，将有助于企业在特定的经营环境下制定适当的经营战略。

乐高集团就是根据顾客各自的特定需求来划定顾客，进行个性化营销的。据调查，7岁男孩玩相同的乐高玩具是出于两种不同的原因：一是角色扮演，喜欢把自己装扮成他刚刚用积木建好的"宇宙飞船"的"船长"；二是建造，喜欢根据随附的参考示意图想出如何搭建。鉴于此，乐高对"角色扮演者"提供与其乐高玩具配套的录像带和故事书；为"建造者"提供更多的参考图，甚至单独提供一套参考图书目录。

在这一过程中，企业应该选取几家准备每年与之有业务往来的客户，将他们的详细资料输入企业的顾客资料库；针对不同的顾客以不同的访问频率和不同的通信方式来探询目标顾客的意见；根据评估顾客终身购买本企业的产品和服务使企业获得的经济收益的现值，将企业顾客划分为 A、B、C 三个等级，以便确定下一步双向沟通的具体对象。

（三）与客户保持互动

与客户保持互动乃是一对一营销发挥现实意义的关键一步。保持互动最重要的就是要做到"双向沟通"，要求企业与顾客之间的沟通保持互动的连续性而不受时空的限制，即企业与顾客的联系上次在哪里结束，这次就应该从哪里开始。此外，企业应建立投诉和建议制度、建立监督系统、优化客户体验，加强感情交流。

【思考】加强企业与客户的互动，其中很重要的方面就是对客户定期回访。有一位客户在家电卖场买了一台热水器，为了加强彼此之间的互动，挖掘该客户的价值，你准备采取哪些行动？

（四）提供个性化产品或服务/定制

一对一营销的最后一步是提供个性化产品或服务/定制。企业的最终目标是要针对不同客户提出的特殊需求来调整自己的营销过程，甚至可能包括调整前期的设计、生产制造等过程，以提供个性化的产品和服务。

这可能会涉及大量的客户化工作，而且调整点往往并非在于客户直接需要的产品，而是这种产品"周边"的某些服务，诸如提交发票的方式、产品的包装样式等。例如，松下自行车制造公司将不同顾客所需的特定规格、式样传真到工厂，工厂 3 分钟后绘制出自行车蓝图并在两周内制作完成。松下公司可以提供 199 种颜色、18 种型号、11231862 种变化给顾客，而且尺寸还可以因人而异。自行车价格每辆 545 美元到 3200 美元不等。

【案例分析】

李维斯的个性化方案

李维斯公司（Levi Strauss &Co.）崛起于 20 世纪 60 年代，该公司生产的服装被视为时髦的象征。当时的消费者最注重个性，独立、自我表达胜过其他一切。李维斯的牛仔裤在那个时代成为年轻人的热裤。

李维斯曾经借助一些简单的技巧使它的服装千变万化，从而满足当时年轻人的要求。但是，在随后的发展中，李维斯发现，只是保持这种一成不变的方式，并不能进一步使客户满意，而且市场竞争越来越激烈。

鉴于当时美国婴儿潮的到来，李维斯开始重新思考传统的大众营销以及重新定位。

公司通过调查决定：进行大规模定制，为新的年轻市场创造新的产品。

persona pair 方案：这是一项针对女性客户的个性化方案，为女性制造尺寸刚好的牛仔裤。在北美的 56 家专卖店中，女性可以试穿不同的牛仔裤型。

在专卖店的电脑里,存储着成百上千的预先设计好的部分或元件(颜色、拉链或纽扣、布料、裤管、膝盖的宽度、装饰性配件等),以配合个别的需求组合出"独特的"产品。当订单进来时,选择出最适合的设计。这样,女性甚至可以自己搭配款式。搭配后的款式会立即通过内网传输到工厂。再确定尺码,然后将结果由电脑传送到工厂,进行实时生产。

由于 personal pair 的成功,使它的售价比其他 Levis 牛仔裤要高出 20%。

公司发现,persona pair 一经推出,许多客户在第一次成为 persona pair 的客户之后,会立刻拿起电话再订购 3 件。

当今的年轻市场流行着喇叭裤、窄管裤、紧身裤、半合身、宽松、休闲式。牛仔裤的想象极限考验着零售商的仓管能力。与此同时,追求流行的现象为李维斯公司提供机会扩展定制方案,吸收不同类型的新客户。

三、一对一营销的局限性

当然,一对一营销也并非十全十美,它的局限性表现在以下方面。

(一)实施营销的条件要求偏高

按照一对一营销理论,通过顾客数据库中反映出的顾客过去的偏好,就能判断出顾客将来的需求,这就要求企业与客户有较为密切的互动。对于老客户,企业可以通过分析数据提供更好的服务和产品提高其忠诚度;但是对于还没有重复购买行为的客户,企业就很难在掌握充足客户数据的情况下再根据不同客户定制决策。因此,一对一营销需要足够有价值的客户忠诚作为起点,这就使实施条件在实践中常常难以达到。

(二)客户导向难以把握

一对一营销认为,企业的一切活动都以满足从顾客数据库中挖掘出的每个顾客的需求为目的。顾客需要什么,我们就生产什么,我们就提供什么。然而,在企业与顾客的互动过程中,无论是根据顾客的购买历史数据,还是顾客的投诉、建议等,反映的都是老顾客言明的需求、表现出的偏好和对现存产品与服务的态度。

营销学家斯蒂芬·布朗曾批评过对顾客明示的需求亦步亦趋的企业,他认为顾客都是短视的,甚至他们根本不知道自己究竟想要什么,因此,他们的需求只有企业充分发挥创造性才能挖掘出来。

管理学家哈默和普拉哈拉德也说过,企业的未来会维系在顾客没有表达出来的模糊需求上,特别是那些潜在顾客的模糊需求上,探求这些顾客需求并满足他们才是真正的顾客导向。正是这些顾客数据库中不可能存在的东西,才能指引企业的未来之路,保证企业的长久持续发展。

如果企业一味在客户数据库中追求客户导向,一旦有竞争对手以非凡的远见,销售超出顾客现有期望的产品,企业就会陷入老顾客背叛的险境。

（三）受企业现有能力的制约

无论是根据个体顾客的定制产品和服务，还是交叉销售，一对一营销都没有充分考虑企业能力的限制，似乎任何个性化的顾客需求企业都能够满足；只要是老顾客要求的，任何领域企业都能够延伸。

事实上，企业要满足超出企业现有经营范围的顾客需求，必须扩展自己在现有价值链上的能力，甚至打造全新的价值链。这决不是随心所欲可以做到的，因为企业受到有限资源的限制，并面对着各种技术壁垒与资金壁垒。

按一对一营销的要求，企业难免分散资源于价值链的多个环节，这样就难以培育核心竞争力，掉进一对一营销的能力陷阱，企业就不可能获取竞争优势。

（四）数据库应用的有限性

一对一营销认为，信息技术的发展足以保证企业从顾客数据中挖掘到准确的顾客偏好与需求。这里有这样一个逻辑基础：历史总是重复自身。按顾客过去偏好设计，无须再创新和突破？但研究消费者行为的学者已经证明，顾客的许多购买行为是冲动的，并不具备重复性。

消费者求新求变，根据顾客过去的需求特点设计未来的产品和服务，企业可能会陷入失去活力的境地，最终会被顾客背弃。影响顾客购买的因素非常多，无论信息技术如何发达，把这些海量数据全部纳入数据库，借以分析顾客的消费行为，都只能是天方夜谭。可见，顾客数据库并不是万能的，顾客的购买行为规律难以从中准确挖掘出来。

（五）数据获取难度加大

要透彻地了解客户的购买习惯、偏好，需要大量的数据，但目前世界各国对于个人隐私保护的日益加强，限制了企业获得这些信息并把这些信息用于经营的权利。如果企业利用各种信息技术挖掘客户生活习惯的所有细节，客户容易产生抵制情绪，致使客户数据获取的难度加大。另外，"不请自来"的商业电子邮件、商业短信息四处泛滥引起了很多人的抵触情绪。欧盟已经全面禁止向个人发送事先未征得收件人同意的商业广告性质的电子邮件。

诚然，一对一营销并不是放之四海皆准的理论，它有自身的适用范围和条件，对于不同行业、不同企业和不同产品来说，在具体实施一对一营销时也会存在较大差异。

【实训练习】

学生每三人一组展开活动，活动中设"客户""服务人员""观察员"三个角色，服务人员通过与客户一对一的沟通来了解客户的需求。具体角色设计如下，各个小组可从中选择一个情景或自行设计情景：

（1）游客和旅行社服务人员；
（2）家电商场的客户和家电商场的工作人员；
（3）饭店的客户和餐饮业服务人员；
（4）略（可以自行设定角色）。

每组除客户和服务人员外，设置观察员，观看和倾听两方的表演，并判断服务人员沟通的技巧和效果如何。

活动时间由观察员控制，建议角色表演时间如下：角色准备 10 分钟，角色表演 5 分钟，讨论和反馈 10 分钟。

课 后 练 习

一、选择题

1. （　　）于 1983 年提出了"关系营销"的概念。
   A. 贝瑞　　　　　　　　　B. 吉拉德
   C. 王健林　　　　　　　　D. 李嘉诚

2. "在顾客市场中经常被称作频繁市场营销或频率市场营销。这是最低层次的关系营销，它维持顾客关系的主要手段是利用价格刺激增加目标市场顾客的财务利益。"这是对（　　）关系营销的描述。
   A. 一级　　　　　　　　　B. 二级
   C. 三级　　　　　　　　　D. 四级

3. 关系营销的本质特点是（　　）。
   A. 沟通　　　　　　　　　B. 合作
   C. 双赢　　　　　　　　　D. 控制

二、简答题

1. 什么是关系营销？
2. 什么是数据库营销？
3. 数据库营销有哪些作用？

三、案例分析

Guinness（健力士）是世界上最大的啤酒制造商之一。Guinness 黑啤是爱尔兰最畅销的啤酒之一，几乎在爱尔兰全国各地都可以看到 Guinness 的招牌，它被称作"爱尔兰的啤酒之魂"。Guinness 黑啤在世界上 50 多个国家销售，并且占据全球 80%的市场份额。21 世纪之初，Guinness 黑啤进入了中国市场。

但是 Guinness 在中国市场面临着如下问题：

（1） 竞争越发激烈，高贵优质的 Guinness 受到更有价格优势的其他品牌的强烈冲击；

（2） 市场业绩呈下滑趋势；

（3） Guiness 感觉到不能留住客户。

作为公司的营销顾问，请问您如何设计一套方案来提高客户的忠诚度（请采用三级关系营销理论）。

第二篇

客户关系的建立与维护

第三章　客户开发与信息管理

【导入案例】

老太太怎么在 1 分钟卖出 20 件产品

一个旅游团早上等大巴,一个老太太拿着一包雨伞向游客兜售。老太太说:"孩子们,黄山顶上经常下雨,上黄山都得备雨伞!"之后她拿出当地地图,地图上的旅游须知里提醒要带雨具。紧接着老太太又说:"你们马上要出发了,路上没得买,山顶上买是很贵的!"话音刚落,大家一拥而上,5 块钱一件,卖出去近 20 件。

【总结与收获】

老太太并不懂这些原理,但她能在短时间内完成销售,一定是做对了什么。其实,说服一个人很简单,开发客户很简单,让客户掏钱也很简单!

第一步,建立亲和力信赖感。

我们都觉得老人不会骗人,老太太利用年龄,很容易取得信赖感。她叫客户"孩子们",亲和力瞬间散发出来。

第二步,找伤口。

这个环节老太太比较厉害,直接给客户创造了伤口,告诉客户需要雨伞,否则被淋感冒会影响到旅行,紧接着她又拿出地图,解决了信念问题,让大家相信她说的是真的。

第三步,撕伤口。

老太太不懂这个环节,没有撕伤口的动作,否则一件雨伞的价格至少还能翻一倍。比如说山上温度低,下雨淋湿了会感冒,没法开心地玩了,等等。一旦伤口撕开了,客户就肯付高价了。

第四步,解除抗拒。

老太太没学过"回应术",但也碰巧用了一点点。"现在不买省 5 块钱,但到山上可能要付出几倍的代价",利用你相信的信念——旅游区里的东西肯定比外边贵,一句话解除客户抗拒。

第五步,价值交换。

老太太让大家感觉是交换价值,最后很高明地对时间和空间进行限制——"你们马上出发，不买没时间了"，收网成交。

由此可见，顶尖的销售人员其实只需要具备两项素质，就是同理心（顾问式，帮助客户解决问题）和自我驱动力（进取，抗压能力）。你要站在客户的立场上为客户解决问题，分析客户的处境，有针对性地调整沟通策略。

我们在客户开发的过程中每次说话之前，不妨扪心自问："怎么说话才能快速建立信任感？我说话的目的是什么""我为什么要说"，或者"人家为什么要我说""为什么我说的一定会达成目标"等。只有明确了目的，才知道利用自身的优势，采取何种语体风格，运用哪些技巧，才能够有的放矢，临场应变。若目的不明确，不顾场合地信口开河、东拉西扯，对方就会不知所云，无所适从。

在学习客户关系管理的基本概念后，我们从这一篇开始就要了解客户关系的建立和维护。客户的开发，正如上述案例表明，是一个非常重要的任务，它直接关系到企业新客户的数量多少。而客户信息的保存和维护，能够帮助企业更好地通过这些信息数据的分析，为目标客户提供具有针对性的产品和服务，从而提高客户的满意度和忠诚度。

第一节　客户开发管理

无论是新企业还是旧企业，对于他们来说，要想取得长足发展，必须想尽办法吸引源源不断的新客户。据相关调查显示，每年企业客户流失率约为10%～30%，因此，企业在维持老客户忠诚度的同时，必须把客户开发管理作为一项重要任务。开发尽可能多的新客户，不仅可以弥补客户流失带来的损失，还可以壮大企业的客户队伍，提高企业的综合竞争力，增强企业的盈利能力，实现企业的长足发展。

本书把客户开发管理分为以下三个步骤来阐述。

一、寻找新客户

寻找新客户是企业扩大市场份额的重要方法之一。如何寻找新客户或者是将潜在客户变为现实客户，企业要熟练掌握和灵活运用一些技巧。

1. 逐户访问法

逐户访问法是指推销人员在所选择的目标客户活动范围内，对目标客户进行逐户上门访问的方法。采用此方法的时候，访问的人数越多，成功开发的客户数量越大。因此，想要开发更多的客户，就必须访问更多的人。

【案例分析】

创业者艰辛的拜访之路

李辉与4名同学一起注册了一家销售机电产品的公司。创业之初,公司采取全员销售制度,并将销售业绩作为主要的考核指标。李辉创造的销售纪录连续6个月无人打破,他究竟是怎样做到的呢?我们不妨从李辉一天的工作说起。

早上8点,李辉准时赶到公司,开始充满挑战和机遇的一天。首先熟知当天的销售目标与客户信息等,半小时后,他已经调整好状态,准备拜访第一个目标客户。每日他都有销售拜访的任务,至少要拜访10个客户,而最关键的是有效拜访数量达到4个。中午,李辉不回办公室,而是就近找一家快餐店,用完午餐后在桌旁稍事休息,从下午1点开始继续拜访。到晚上6点,李辉会按5人的约定回到公司,进行1小时的销售夕会,一同分享当天成果、得失和挑战,并对一些销售难点进行演练。夕会结束,李辉要把拜访结果录入自己设计的Excel表格中,接下来还要继续查找潜在客户,确定第二天的拜访路线。正是凭着坚强的毅力和从不偷懒的拜访流程,公司快速赢得客户并抢占市场,顺利走上规模发展的快车道。

逐户寻找法虽然陈旧,但比较可靠,它可以使推销员在寻访客户的同时,了解市场和客户。具体来说,推销员应该根据自己所推销商品的各种特性和用途,进行必要的推销工程可行性研究,确定一个比较可行的推销地区或推销对象范围。如果推销员毫无目标,胡冲乱撞,则犹如大海捞针,难得找到几位顾客。如果推销员有所选择,例如到大学校园推销大学生用的教材或其他文化用具,或者到医院推销医药品,或者向家庭主妇推销肥皂,则可能找到更多的新顾客。因此,在开始逐户访问之前,推销员应该先确定理想的推销范围,制定必要的访问计划。

逐户访问法的优点:

(1) 可以借机进行市场调查,能够比较客观和全面地了解顾客需求情况。这是因为推销员原来不认识顾客,顾客可以毫不客气地表明自己的真实看法,而且此法接触面比较广,推销员可以听到各方面的意见。

(2) 可以扩大推销商品的影响,使顾客形成共同的商品印象。

(3) 可以积累推销工作经验,尤其对新推销员来说,这是必经之路。

逐户推销的缺点:

(1) 最大的缺点就在于它的相对盲目性。由于推销员对客户的情况不了解,访问中针对性差。客户事先也不知道推销员来访,对其推销的产品不了解,往往采取拒绝的态度。

(2) 在许多情况下,人们大多不欢迎不速之客。由于在运用此法之前,推销员一般难以事先通知顾客,拜访是在顾客毫无心理准备的情况下进行的,顾客往往表示拒绝接见,从而给推销工作带来阻力,给推销员造成精神负担。

总之,此法是现代推销员最常用的寻找顾客的技术之一。在运用这种方法寻找顾客时,推销员必须做好必要的选择和准备工作,并且在推销行动开始之后适时调整行动方案。由于这种方法固有的缺陷,推销员最好配合使用其他方法,发起立体攻势,随机应变。这样,才能取得理想的推销效果。

【案例分析】

某高职院校 2013 级工商管理学院大学生黄晨曦是一名积极向上的青年。大学生活的丰富多彩将他带进了一个新的世界,他参加了轮滑兴趣班,加入了无人机协会,还谈了一个漂亮的女朋友,各种兴趣学习班和朋友交往令他花费不少。但是自小就孝顺的小黄不愿意再向辛苦工作的父母伸手要钱,他想做一些事情以解燃眉之急。经过几天的思考和观察,头脑灵活的小黄很快就想到一个好点子。他发现由于学校位置偏僻,距离市区较远,周边商铺少,男女生买不到时尚的装饰品,而这些恰恰是这个年龄段男女生的"必备品"。

说做就做,黄晨曦带着自己的女朋友去市区的饰品批发市场逛了一圈,购入一批个性饰品带回学校,在班级里通知大家可以到宿舍来选购,很多同学主动上门选择自己喜欢的小饰品。创业之初便品尝了小胜的喜悦,这让做小买卖的小黄开心不已。但是一段时间之后,他发现自己每天都要守在宿舍,并且零零散散的购买浪费了他很多时间。这时他又想到了主动出击,去其他宿舍上门推销。但在推销过程中,他发现,很多同学对他们推销的产品感兴趣,可"围观"之后并没有实际购买。这让他们疑惑不已,于是他们向工商管理学院市场营销系徐老师咨询。徐老师了解情况后说,推销也是一门学问,你们应当选择合适的方法并运用一定的技巧,才能增加成功率。回来后,他们对自己的推销方法和方式进行了改进,推销成功率大大提高。这让他们深刻体会到推销并不是"耍嘴皮子",也有大学问。

2. 会议寻找法

会议寻找法是指销售人员利用参加会议的机会,与其他与会者建立联系,从中寻找客户的方法。

各行各业召开的会议很多,如各种研讨会、说明会、展览会、洽谈会、培训会等,特别是一些精英人才的大小型聚会。总之,凡是已获得的大小会议(活动)信息都不要放过,要珍惜这样的机会,要千方百计去参加。因为会议期间人群集中,各种层次、各个领域的人都有可能认识。这样就能够在比较短的时间内,快速地建立起大量的人脉关系,建立起一些高层的、各个行业的人脉关系。不但如此,还能够充分利用这样的机会,获得各方面的资讯和信息,同时还可以提高自己的社会知名度。所以,有人将出席各种会议称为"泡会",不免有其贬义。但从另一方面看,"泡会"确实是一个最省钱、最快速、最有效的获取潜在客户关系的好办法。

糖 酒 会

　　糖酒会的全称是"全国糖酒商品交易会",始创于 1955 年,素有中国食品行业的"风向标"和"晴雨表"之称,因其规模大、影响大而被业界誉为"天下第一会"。糖酒会就像一座桥梁,将两端的参展商和采购商联结起来,为其提供一个展示、沟通的平台。

　　说到糖酒会的参展企业,国内知名白酒企业肯定是要去的,毕竟有一定的社会地位和知名度,甚至有种"骑虎难下"的感觉,该走的流程还是要走的。往年都有参展,如果今年不参展,老客户会怎么想?行业地位怎么办?其他知名酒企都参展我不参展不太好吧?对于这些企业来说,糖酒会就是一场变相的经销商大会,借由糖酒会之机会,将全国各地的经销商组织在一起开一场经销商大会,向经销商们展示企业实力的同时,也是会会新老客商,与各级经销商联谊的好机会。有的企业去糖酒会亮相,则是为了证实自己还"活着",刷一下存在感,让行业、经销商、消费者知道还有这么一个企业。顺便联系一下老客商,看看是否能让老客商们怀旧一把,让消费者为情怀买一下单。

　　而中小企业,参加糖酒会大多是为了给企业贴金,借机大肆宣传,意图让其经销商以及消费者对自己有信心,以及寻求机会结识更多经销商。有些则是为了获取同行的包装、销售政策、渠道政策、营销机密等信息,以求得到来自同行的某些启发。

3. 俱乐部寻找法

　　物以类聚、人以群分,每个人都有自己的小圈子,有自己特定的活动场所。而现在许多销售人员(如寿险推销人员)光凭一张嘴两条腿,让人敬而远之。如果能够进入客户的社交圈子,就容易让他们接受你,自然生意好办许多。

【案例分析】

只说他关心的事

　　纽约有一家高级面包公司,叫杜维诺父子公司。创办人杜维诺先生,一直想把面包卖给纽约的某家饭店。连续 4 年,他每天都给这家饭店的总经理打电话。他还在饭店订了个房间,住在那儿,以便随时成交这笔生意。但无论他以怎样的方式想和对方谈判,都以失败而告终。

　　杜维诺决定改变策略。通过一系列调查,杜维诺发现,饭店的总经理原来是"美国旅馆招待者"组织的一员,同时还被选为"国际招待者"的主席。不论会议在什么地方举行,他一定会出现，哪怕远在千里之外。

杜维诺再次见到这位总经理的时候，开始谈论他的那个组织。事先，杜维诺知道这个组织即将举办活动，而且已经掌握了活动的全部信息，说起来头头是道。让杜维诺吃惊的是，这位总经理就这件事情，与他谈了足足半个多小时，言谈之间满是热忱与期盼。

在杜维诺离开办公室时，这位总经理居然还"卖"了组织的一张会员证给他。杜维诺根本没提面包的事，但很快，饭店的采购部打来电话，让他把面包的样品和价目表送过去。

采购部经理见到杜维诺，说："你真是一个厉害的家伙，真想不出你是如何说服他的。"杜维诺微微一笑："事实上，我只是说了他所关心的事情，并且告诉他一些他所不知道的活动而已。"

4. 资料查询法

资料查询法是推销人员通过查阅各种现有的信息资料来寻找客户的方法。在国外，很多发达国家拥有非常完善的情报资料系统，为推销人员查阅各种信息资料提供了方便，因而资料查询法是西方国家推销员寻找客户的一种常用方法。而在我国，各类信息资料的收集、整理和汇编还较为欠缺，现阶段尚未形成较为系统化的情报资料网络，可供推销人员查阅的资料比较有限，如表 3-1 所示，主要有：工商企业名录、统计资料、产品目录、工商管理部门公告、信息书报杂志、地方信息黄页、电话簿等。

表 3-1　资料查询法的客户信息来源

资料名称	主要内容
工商企业名录	内容包括：单位名称、详细地址、邮政编码、联系电话、企业负责人、产品名称（或经营范围、职能范围）、所属行业、职工人数等
统计资料	内容包括：统计部门或单位进行工作所收集、整理、编制的各种统计数据资料等
产品目录	内容包括：产品编号、产品名称、产品包装、产品价格等
地方信息黄页	内容包括：地方信息港、企业黄页信息、分类供求信息等
信息书报杂志	内容包括：新公司成立信息、新商店开业信息、公开招标、产品信息、配套服务等
电话簿	内容包括：单位名称、个人姓名、地址、职务、电话号码等

5. 他人介绍法

他人介绍法是指通过他人的介绍来寻找有可能购买该产品的客户的方法。思路是依靠每个人都有的关系网进行客户开发：把产品卖给 A，A 再把产品介绍给 B 和 C，B 和 C 再分别把产品介绍给他们的朋友，以此类推……重复 12 次，就可以通过一个客户而得到 8400 名客户。

他人介绍法的优点有：信息比较准确、有用，介绍人知道什么时候、哪位朋友可能需要这样的产品，这就减少了开发客户过程中的盲目性；能够增强说服力，由于是熟人介绍的，易取得信任，成功率较高。这种方法一般适用于寻找具有相同消费特点的客户，在销售群体性较强的商品时采用。

【案例分析】

乔·吉拉德

乔·吉拉德，是美国著名的推销员。他是吉尼斯世界纪录大全认可的世界上最成功的推销员，从1963年至1978年总共推销出13001辆雪佛兰汽车。连续12年荣登世界吉尼斯纪录大全世界销售第一的宝座，他所保持的世界汽车销售纪录：连续12年平均每天销售6辆车，至今无人能破。

世界顶级销售大师乔·吉拉德对外人透露："我每天都卖出6辆汽车，有一个最主要的绝招，这个方法为我贡献了80%以上的业绩。"

这个方法是主动建立第三人介绍系统。客户买了我的车，如果他再向亲朋好友介绍，信任度极强，成交率也会非常高，可媲美任何有价值的广告，我觉得这就是一个活广告。

问题来了，客户为什么会心甘情愿地为我转介绍？他跟我很熟吗？他为我介绍有什么好处？

其实答案非常简单，总结起来就两点：利益驱动+人情做透。

先说第一点，利益驱动。客户如果跟咱们不熟，想要获得他的转介绍，就必须给他某种好处，最直接的就是分钱，让每个人都能做一回老板。乔·吉拉德的做法是：跟自己成交的客户，就分一些自己的名片，让客户当场在上面签上他们的名字，比如客户姓王，就写"王××"，以后只要有人拿着"王××"的签名名片来找乔·吉拉德买车，都可以享受一定的优惠，同时乔·吉拉德也会打给"王××"25美元。三方都获益了，皆大欢喜。介绍人根本不需要费多大力气，只需要动动嘴角称赞乔·吉拉德一番就能有一笔不错的收入，何乐而不为？如果遇上大客户，比如说一些企业领导，乔·吉拉德即使不赚钱，也想方设法把他们发展为自己的介绍人，要知道他们手里的客户资源可是非常值钱的，有时他们介绍一个人就相当于其他多个订单。

第二点人情做透也很重要。乔·吉拉德最直接的做人情方式很简单，每当自己有生活方面的某种需要时，他会主动照顾这些介绍人的生意来加深彼此之间的感情。比如想要换窗帘，就去介绍人当中寻找；牙疼了，就去找介绍人当中的牙医。自己如果没有需要，乔·吉拉德也主动推荐他的朋友去照顾这些人的生意。

乔·吉拉德每年都要向介绍人支付少量费用，当然，跟这些人帮自己介绍的客户相比，简直不值一提。据统计，这些人带来了大约自己总业绩的80%以上。

6. 电话访问法

电话访问法是指营销人员按照电话簿上刊载的用户电话资料，采用随机抽取样本的方式，找出潜在受访户，再打电话进行访问的一种市场调查方式。电话访问法由于用途广泛，且时间经济，使用非常普遍。电话访问法通常应注意以下问题：

（1）应在电话访问前先将访问问卷寄达被访问者，然后打电话向其确认后再预约访问的大致时间。

（2）由于电话付费关系，访问者一是不要向被访问者的手机打电话；二是在预约时间主动打电话给被访问者，如果正遇对方不方便交谈时，应礼貌地再预约时间。

（3）在进行电话访问时，应耐心地等待对方把话讲完，不应插话或打断对方。

7. 网络搜寻法

网络搜寻法是指营销人员运用各种现代信息技术与互联网通信平台，来搜索潜在客户的方法。它是信息时代的一种非常重要的寻找客户的方法。

近些年来，随着互联网技术的不断发展与完善，各种形式的电子商务和网络推销也逐渐盛行起来，市场交易双方都在利用互联网搜寻客户。互联网的普及使得在网上搜索潜在客户变得十分方便，营销人员借助互联网的强大搜索引擎，如谷歌、百度、雅虎、搜狐、有道等，可以搜寻到大量潜在客户。

与传统方法相比较，网络搜寻法具有以下几个优点：

（1）网络搜寻法是一种非常便捷的顾客搜寻法。推销人员可以在相关商业网站，通过各种关键词，快速寻找目标顾客，从而节约时间，避免盲目的市场扫荡，提高推销工作效率。

（2）可以降低推销成本和市场风险。

（3）可以较全面地搜寻到有关准顾客的资料。

网络搜寻法的局限性：

（1）由于网络信息更新较快，在一定程度上会影响推销人员在网上所检索到的目标准顾客资料的准确性。

（2）出于信息安全的考虑，一些重要资料并不在网上公布。例如，目标准顾客及其相关资料，以及一些官方资料、企业内部信息资料等，推销人员在网上并不是完全能够查到的。

（3）网络是个虚拟的世界，推销人员在运用互联网这一现代化信息手段查找资料时，难免会遭遇假情报的干扰，不能完全保证目标准顾客资料的真实性和可靠性。

8. 中心开花法

中心开花法是指在某一特定的客户开发区域内首先选择有影响的人物，使其成为自己的客户，目的是在其帮助和协作下，将更广泛的销售对象转化为现实客户。该法的关键在于巧妙地借助名人的影响力来扩大本企业及商品的影响力——易让客户买账。缺点是完全将开发客户的希望寄托在某一个人或组织上，风险可能较大；这个中心人物或组织是否愿意合作以及后期的表现同样会影响其介绍的客户的忠诚。

【案例分析】

霍兰是一位经验丰富的推销员,他总是带着长达好几页的顾客名单,那些名字都是顾客的亲笔签名。他把名单放在桌上。"我们很为我们的客户骄傲,你是知道的。"他说,"你知道高等法院的霍莱斯特法官吗?""哦,我知道!""这上面有他的名字,你也听说过全国制造公司的董事长安诸瑞德吧?"他兴致勃勃地谈论着这些名字,然后说:"这是那些受益于我们产品的各类型的人。人们喜欢……"他又读了更多的有威望的人名:"你知道这些人的素养和判断力,我希望能把你的名字同霍莱斯特法官及布莱思市长列在一起。"

案例中霍兰运用的是中心开花法。他利用有较大影响力的顾客的亲笔签名来为自己吸引和争取更多的普通顾客,同时也满足了顾客购买时崇尚名牌名人的心理。运用这种方法推销员只需集中精力做好中心人物的推销工作,然后利用中心人物的名望和影响力提高产品的声望及美誉度。这样就避免了推销员重复地向每一个潜在客户进行宣传与推销过程,因而节省了大量的时间和精力。

运用中心开花法的关键是寻找更多的中心人物。其次是争取中心人物的信任与合作。最后利用中心人物的影响力争取更多的顾客。

9. 短信或微信寻找法

短信或微信省略了电话的客套,不分远近都低价,能够打破地域限制;信息只要不删除,就一直保留在客户的手机里,随时可以提醒他,客户还可就一些感兴趣的问题与我们交流。

以短信或微信的方式问候客户,可增强与客户的感情。便捷、便宜、互动性强是短信或微信开发客户的优势。

【拓展阅读】

如何通过微信寻找客户

1. 社交媒体用户导入

比如微米、陌陌、比邻等社交工具,还有微博群、行业网站及论坛用户导入。常见的还有百度贴吧、微群、微吧等。这些平台上集合的都是有共同属性的用户群体,虽然数量有限,但忠诚度极高。

2. 传统介质和载体推广

通过宣传单、海报、产品包装、名片等形式,可将公众账号二维码进行很好的展示及传播。

3. 微信个性签名+查找附近的人

通过微信个性签名可以设置微信自身广告宣传，商家可以利用这个免费的广告位为自己做宣传，打广告。

4. 善于用朋友圈

5. 通过有共同话题的群寻找客户

微群是有着共同话题的用户组成的群体，如果这些用户讨论的话题刚好与你的产品或服务相关，那么这些用户就是你的潜在客户。另外，在微博上通过搜索#话题名称#的形式，就可以找到参与这个话题讨论的人群。

6. 通过目标圈子找客户

找到目标客户的圈子，从线上的圈子到线下的圈子要全部打通，然后形成数据库。

7. 任意定位，搜索更多的用户

主要是通过定位类的软件，任意定位一个目标地点，之后软件会根据你所定位的地点搜索出这个目的地附近的微信用户。

二、评估新客户

要真正实现"以客户为中心"的客户关系管理，就必须建立一套比较全面的客户评估方案。特别是针对采用以上开发方法挖掘的新客户，更是要对其进行价值评估。一般而言，客户价值包括两方面：一是客户对于企业的价值；二是企业为客户所提供的价值。前者是从企业角度出发，根据客户消费特征、行为特征、人口社会学特征等测算出客户能够为企业创造出的价值，它是企业进行客户细分的重要标准。后者是从客户角度出发，对企业提供的产品和服务，客户基于自身的价值评价标准而识别出的价值。这一价值在营销学中通常称为客户让渡价值或客户识别价值，它是决定客户购买行为的关键因素，是企业进行营销活动需要关注的核心内容之一。对新客户的价值进行评估，主要考虑客户对于企业的价值，一般从以下几个要素进行评估。

1. 金钱价值

客户能够为企业带来多少利润。

2. 客户类别

年龄、性别、收入、职位、行业类别、企业规模等，不同类别的客户对利润的贡献往往不同。

3. 客户利润贡献度

获取客户身上的利润，作为企业需要投入的成本是多少。

4. 客户终身价值

客户在整个生命周期内对企业利润的贡献有多大。

通过新客户价值的评估要素，我们可以看到，在评估新客户对于企业的价值时，不仅要考察新客户当前的实际价值表现，而且要预测新客户未来的潜在价值。

由此，我们可以建立新客户价值的评估系统框架，即新客户的当前价值和潜在价值。新客户的当前价值是企业感知客户价值的一个重要方面，而新客户的潜在价值则是客户在整个生命周期内的价值，它直接关乎企业的长远利润、科学发展，是企业决定是否继续投资于该顾客的重要依据。

【案例分析】

金葵花银行客户

在业内将客户按资产分类是招商银行率先提出的。在 2002 年，招商银行提出"金葵花理财"的服务体系，为金融资产在人民币 50 万元以上的客户群提供专业的金融服务。2004 年招商银行在全国首次推出代表高端客户身份的卡片金葵花卡。2006—2010 年，招商银行连续五年荣获国际权威杂志《亚洲银行家》颁发的"中国最佳零售银行"称号。经过多年的打造，"金葵花"已经成为招商银行零售银行业务的金字招牌，也成为高端客户身份的象征。

"金葵花"品牌服务的客户群体为金融资产超过人民币 50 万元的新贵人士，除了为此类客群提供个性化和高品质的理财服务之外，丰富可选性极强的产品线以及提供高价值的增值服务，都将成为未来招商银行财富管理的重点。像全球机场贵宾登机，免费 800 热线服务，全球通行消费取现，境外紧急救援服务，个性卡号自主选择等。

招商银行还针对"金葵花"客户提供六项尊贵服务：

（1）一对一的理财顾问。

（2）优越专属的理财空间。

（3）"金葵花"在贵宾窗口优先办理业务，不用排队，不用等候。

（4）丰富及时的理财资讯。

（5）特别享受的超值优惠。"金葵花"客户可享受招商银行及国际组织提供的各种超值优惠：减免多种交易手续费，特约商户优惠消费折扣等。

（6）星级酒店预订和 VIP 服务。

三、接近新客户

企业想要获得持续快速的增长，就必须不断想办法接近新客户。接近新客户是每个营销人员都会面临的任务，更是必须完成的首要任务，因为这是企业业绩持续增长的前提，同时，还要重视维护与现有客户之间的关系。

（一）接近新客户的"六步论"原则

1. 建立潜在客户数据库

这是接近新客户最常见的方法。由于企业的营销人员与IT部门之间的沟通问题，可能会导致潜在客户数据库的建立工作出现滞后现象，甚至得不到解决。这样，就需要营销人员先分析自己手头上现有客户的一些信息。

2. 找到现有最佳客户的特征

最佳客户散落在各个角落，如何用更好的方法将散落在各个区间的客户集中起来，这需要找到最佳客户的特征表现。一般来说，可以从年龄、地址、交易金额等方面进行分析。

3. 根据特征扩充潜在客户数据

根据第二步的客户特征所收集的客户信息，在这一阶段对其进行分类整理，然后对客户数据库进行扩充。

4. 策划有针对性的营销活动

这个步骤出现在营销活动设计阶段，按照前面几个步骤依次实施下来，会有相当一部分客户出现在营销人员潜在客户名单上。为了更好地吸引这些潜在客户，我们需要开展一些有针对性的营销活动来获取他们的青睐。

5. 吸引、转化符合条件的潜在客户

通过营销活动的实施，会有一部分潜在客户表现出自己对公司的产品或服务的满意态度，营销人员需要将这部分被吸引的客户转变成自己的目标客户。

6. 把结果反馈到数据库中，形成一个漂亮的闭环

将前面几个过程的数据依次反馈到客户数据库中，并对数据进行分析，以便为下一次获取新客户的时候提供一定的指导方法。

（二）"六步论"实施过程中的技巧

企业在实施六步论接近新客户的时候，还要注意采取各种手段将客户牢牢地吸引在身边。譬如，企业可以通过提供适当的产品或服务，并且制定适当的价格，同时采用合适的分销模式和一定的促销技巧等。

1. 适当的产品或服务

企业提供给客户的产品或服务，要在功能、质量、外观规格甚至品牌、包装、商标等

方面都能够满足客户的实际需要。

2. 适当的价格

客户在购买产品或服务的时候都有一个期望的价格，当企业的定价高于客户的期望价格时，客户就会考虑是否一定要购买；而当产品或服务的价格低于客户的期望价格时，客户又会因为"便宜没好货"的心理而不购买。因此，制定适当的价格也是接近吸引客户的一大手段。

3. 合适的分销模式

是指采用适当的销售渠道使客户方便地购买企业的产品或服务。

4. 一定的促销技巧

企业可以通过采用适当的促销方式将产品或服务的信息传递给目标客户，并与目标客户进行沟通，刺激客户的购买欲望。

第二节　客户信息管理

一、客户信息的来源与分类

（一）客户信息的来源

对于一个企业来讲，它有很多机会找到并获取相关的客户信息。这些信息一般可以通过购买、租用或是合作的方式来收集。以下是企业客户信息来源的一些常用方法。

1. 向数据公司租用或购买

数据公司专门收集、整合和分析各类客户的数据和客户属性。专门从事这一领域的数据公司往往与政府及拥有大量数据的相关行业和机构有着良好而密切的合作关系。一般情况下，这类公司都可以为企业提供成千上万的客户数据列表。在北京、上海、广州、深圳等国内大中城市，这类公司发展非常迅速，已经成为数据营销领域的重要角色。

2. 向目录营销与直复营销组织购买

这类组织平时直接给消费者打电话或邮寄产品目录，它们往往掌握客户最新的联系方式和信息，只要有合适的价格或目的安排，这类公司都愿意分享它们的数据列表。

3. 从零售商处获取

一些大型的零售公司拥有丰富的客户会员数据，企业可以从他们那里收集客户信息。

4. 请专业调查公司调查

在消费品行业、服务行业及其他一些行业中，有许多专注于产品调查的专业调查公司。公司可以与这些专业调查公司合作，一方面利用这些公司长期积累的客户数据库，另一方面请他们帮忙，对客户信息进行有针对性的调查。

5. 向消费者研究公司购买

消费者研究公司往往已经分析并构建起复杂的客户消费行为特征，为不同行业的不同客户描绘了各自的客户特征，这类客户信息可以通过购买获取。

6. 与其他相关行业的企业交换

可以通过与有大量客户数据的公司进行合作或以交换的方式获取客户信息。

7. 通过杂志和报纸获取

一些全国性或区域性的杂志和报纸媒体也有大量的客户订阅信息与调查信息。

8. 通过政府机构获取

在国内，政府部门往往拥有最完整而有效的数据。以前这些信息并没有很好地应用于商业用途。政府部门已经在大力加强基础信息数据库的建设工作，在数据基础越来越好、数据管理和应用越来越规范的市场趋势下，政府部门也开始有意识地开放这些信息用于商业用途。例如，官方人口普查信息、结合政府资助的调查和消费者研究信息，都有助于丰富企业的客户数据列表。

政府的行政机关和研究机构往往也有大量的客户信息，如公安户政部门的户政数据、税务机关的纳税信息、社保部门的社会保险信息等。

（二）客户信息的分类

客户信息主要分为描述类信息、行为类信息和关联类信息三种类型。下面简单介绍这三种客户信息的特点。

1. 描述类信息

客户描述类信息主要是用来理解客户基本属性的信息，如个人客户的联系信息、地理信息和人口统计信息，企业客户的社会经济统计信息等。这类信息主要来自于客户的登记信息，以及通过企业的运营管理系统收集到的客户基本信息。

这类信息的内容大多是描述客户基本属性的静态数据，其优点是大多数的信息内容比较容易采集到。但是一些基本的客户描述类信息内容有时缺乏差异性，而其中的一些信息往往涉及客户的隐私，如客户的住所、联络方式、收入等。对于客户描述类信息最主要的评价要素就是数据采集的准确性。在实际工作中，经常有一些企业知道为多少客户提供了服务，以及客户购买了什么，但是往往到了需要主动联络客户的时候，才发现缺乏能够描述客户特征的信息和与客户建立联系的方式，或是这些联络方式已经失效了。这都是因为企业没有很好地规划和有意识地采集与维护这些客户描述类信息。

2. 行为类信息

客户的行为类信息一般包括：客户购买服务或产品的记录、客户的服务或产品的消费记录、客户与企业的联络记录，以及客户的消费行为、客户偏好和生活方式等相关的信息。

了解客户行为类信息的主要目的，是帮助企业的市场营销人员和客户服务人员在客户分析中掌握及理解客户的行为。客户的行为信息反映了客户的消费选择或是决策过程。行为类数据一般都来源于企业内部交易系统的交易记录、企业呼叫中心的客户服务和客户接触记录，营销活动中采集到的客户响应数据，以及与客户接触的其他销售人员与服务人员收集到的数据信息。

有时企业从外部采集或购买的客户数据，也会包括大量的客户行为类数据。客户偏好信息主要是描述客户的兴趣和爱好的信息。比如，有些客户喜欢户外运动，有些客户喜欢旅游，有些客户喜欢打网球，有些客户喜欢读书。这些数据有助于企业了解客户的潜在消费需求。企业往往记录了大量的客户交易数据，如零售企业就记录了客户的购物时间、购物商品类型、购物数量、购物价格等信息。电子商务网站也记录了网上客户购物的交易数据，如客户购买的商品、交易的时间、购物的频率等。对于移动通信客户来说，其行为信息包括通话的时间、通话时长、呼叫客户号码、呼叫状态、通话频率等。对于电子商务网站来说，点击数据流记录了客户在不同页面之间的浏览和点击数据，这些数据能够很好地反映客户的浏览行为。

与客户描述类信息不同，客户的行为类信息主要是客户在消费和服务过程中的动态交易数据与交易过程中的辅助信息，需要实时地记录和采集。在拥有完备客户信息采集与管理系统的企业里，客户的交易记录和服务记录非常容易获得，而且从交易记录的角度来观察往往是比较完备的。但需要认识到的是，客户的行为信息并不完全等同于客户的交易和消费记录。客户的行为特征往往是对客户的交易记录和其他行为数据进行必要的处理和分析后得到的信息汇总和提炼。

3. 关联类信息

客户的关联类信息是指与客户行为相关的，反映和影响客户行为与心理等因素的相关信息。企业建立和维护这类信息的主要目的，是更有效地帮助企业的营销人员和客户分析人员深入理解影响客户行为的相关因素。客户关联类信息经常包括客户满意度、客户忠诚度、客户对产品与服务的偏好或态度、竞争对手行为等。

这些关联类信息有时可以通过专门的数据调研和采集获得，如通过市场营销调研、客户研究等获得客户的满意度、客户对产品或服务的偏好等；有时也需要应用复杂的客户关联分析来产生，如客户忠诚度、客户流失倾向、客户终身价值等。客户关联类信息经常是客户分析的核心目标。以移动通信企业来说，其核心的关联类信息就包括了客户的终身价值、客户忠诚度、客户流失倾向、客户联络价值、客户呼叫倾向等。

关联类信息所需的数据往往较难采集和获得，即使获得了也不容易结构化后导入业务应用系统和客户分析系统。规划、采集和应用客户关联类信息往往需要一定的创造性，而采集与应用也不是简单的技术问题。很多企业没有采集过这类信息，而对于高端客户和活跃客户来说，客户关联类信息可以有效地反映客户的行为倾向。对于很多企业来讲，尤其是服务类企业，有效地掌握客户关联类信息，对于客户营销策略和客户服务策略的设计与实施是至关重要的。一些没能很好地采集和应用这些信息的企业，往往会丧失竞争优势和客户资源。

二、建立客户数据库

客户数据库是指收集的资料有助于今后实现利润、资格认证、产品和服务销售、客户关系维持等营销目标，是一个有组织地收集起来的、关于个人或潜在顾客的综合性信息集合。

（一）客户数据库的分类

1. 依据客户对交易的态度，可以分为积极和不积极客户资料库

积极客户资料库包括客户的购买习惯、第一次购买的时间、购买频率、购买的数量与金额、对商品和服务的偏好、客户获取信息的渠道等。确认积极的客户群体可以帮助企业找出某种产品的目标消费者，以便企业将营销活动的重点放在最有可能获利的客户身上。此外，企业还可以从以下几个方面着手加强他们的行为：促使他们购买相关产品；增加购买数量及频率；请他们介绍新的准客户；维持这些客户对企业的忠诚度。

不积极客户是指那些曾经购买或咨询过本企业的产品，但一段时间内没有购买行为的消费者。不积极客户资料库包括客户没有购买行为的时间；以前购买行为的具体情况，如时间长度、消费模式等；在对本企业消极购买期间对其他企业产品的购买行为。企业可以通过分析这些信息并采取针对性营销策略，重新调动这些客户的购买积极性。

2. 依据资料来源，可以分为自有资料库和外部资料库

自有资料库是企业对以往有交易往来的客户资料进行有效、持续的收集、整编而成的。企业可以让销售人员在销售时记录顾客的详细个人资料，通过设立对外咨询电话服务热线等登记顾客的反馈信息和顾客疑问，通过举办有奖销售、免费试用等促销活动有针对性地收集顾客的相关信息，通过发放会员卡等形式获得有关消费者的详细资料，通过问卷调查等市场调研方法获取本企业和竞争对手的消费者的资料。

外部资料库是企业从外界获得的客户资料。企业可以从专门的政府部门、行业协会、相关的企业等购买相关数据，利用各种目录和黄页、商业杂志订阅者名单、网上资料库等，也可以与竞争企业结成同盟互享对方的信息。

此外，依据客户资料的内容可以分为基本资料库、交易资料库和促销资料库等。

（二）客户数据库的建立原则

1. 尽可能完整地保存客户资料

现在的资料库具有非常强大的数据处理能力，但是无论怎样处理，原始数据总是最宝贵的。有了完整的原始数据，随时可以通过再加工获得需要的结果。但如果原始数据缺失严重，数据处理后的结果也将失去准确性和指导意义。

2. 区分通过经营过程与通过其他渠道获得的客户资料

客户资料可以分为企业经营过程中获得的资料和从企业外部获得的资料。

企业内部资料主要是一些销售记录、客户购买活动的记录，以及促销等市场活动中获得的直接客户资料。这些资料具有很高的价值，具体表现在：首先，这些资料具有极大的真实性；其次，这些资料产生于企业产品的直接消费者，他们对公司经营的产品已经产生了理性的认识。

外部数据资料是指企业从数据调查公司、政府机构、行业协会、信息中心等机构获得的数据资料。这些数据资料最重要的特征是其中记载的客户是企业的潜在消费者，所以它们是企业开展营销活动的对象。但是，这些数据存在真实性较差、数据过时、不能回答企业要求的问题等情况，需要在应用过程中不断地修改和更正。

3. 确保资料库管理的安全性

企业应确保记录在计算机系统中的资料库安全地运行，如果这些数据意外损失或者外流，将给企业造成难以估量的损失。因此，需要加强安全管理，建立资料库专人管理和维护机制。

4. 随时更新与维护

资料库中的数据是死的，而客户是动态的，因此，客户的信息资料也应该是活的。

企业要想充分享受资料库带来的利益，千万别怕浪费精力和金钱，一定要及时更新客户资料，将新鲜的数据录入资料库中，这样才有意义。

三、客户信息统计与分析

公司要发展壮大，提升销售业绩，必须不断收集信息，开发新客户。那么面对庞大的内外市场，如何对客户信息进行分析和梳理呢？

（一）客户地区分析

在特定区域内寻找企业的潜在客户。客户来源分析是根据目标客户范围的大小和特点进行客户地区划分。例如，将国内市场划分为华北、华东、华中等客户区，中小公司则可以根据省份、城市划分客户区。需要分析客户经营规模、采购规模、行业性质和企业性质，以及每个区域不同年度的客户数量等。

【案例分析】

进行客户地区分析

某水处理剂生产公司想要开拓新的市场区域，于是请来了咨询公司。咨询公司带来了一幅中国地图，把该公司所有客户的地址都在地图上标示出来，以了解公司客户的密度。公司老总看完地图后说："大家看，华中地区实在是太拥挤了，东北地区的客户寥寥无几，华南和新疆地区完全是空的。"然后，大家开始讨论下一步的扩展计划。

你可以通过企业名录、企业黄页了解这个区域的行业结构和企业状况，以及潜在客户的相关信息，进而选定潜在客户。进行行业分析：利用客户所在行业的相关数据和信息，分行业发掘潜在客户。进行特定线索分析：按地域相似性、经济水平相似性、消费能力相似性、消费习惯相似性、产品用途和使用条件相似性确定潜在客户。进行地毯式梳理：可以采用直投邮件、电子邮件、电话等方式，像"撒网"一样，把产品信息直接传递给潜在客户。

（二）客户盈利分析

对所有客户需要详细记录客户名称、所采购的产品、不同年份销售业绩（数量、金额、销售比例、同期增减情况）、销售额排名等信息，进而对其做出评价，确定需要采取的措施。

（三）极端情况分析

需要列出总量排名、销售增长和下滑比较靠前的客户，并记录其销售额、排名变化情况和需要采取的应对措施。

【案例分析】

进行客户盈利分析

销售主管金峰去拜访一位老客户。讨论后续项目时，双方很快将焦点集中到了价格环节。该客户此前已经与金峰所在的公司合作了3年，每次的项目金额都超过百万元，因此，客户希望金峰可以给他打个折。金峰本想给予该客户一定的照顾，但他没有权限，只能跟客户说需要向公司老总请示。

金峰将写好的折扣申请报告递交给公司老总。老总边看边皱眉，说："这个客户并不是公司的VIP客户，我们不能给他8折。"金峰一脸疑惑地说："客户给公司贡献了如此多的利润，怎么还不算VIP呢？"老总解释道："这个客户确实给公司做出了很大贡献，但是他的项目难度大、周期长，人力成本和时间成本投入高，而且经常拖延付款，我们实际的利润已经非常低了，要是再给他折扣的话，我们就要赔钱了。"

20%的大客户给公司带来了80%的收入，他们对于公司来说是至关重要的客户群，因此更要对他们进行详细的分析，排除案例中的那种"大客户"。

你需要建立大客户信息档案，记录大客户的基本信息、销售业绩（如总金额、占销售额的比重和同期增减情况等）、销售潜力、排名、行业或区域影响力和主要应对措施，从而判定该客户的重要程度，并据此对客户进行规划，调整接触策略和销售政策。

（四）客户信誉分析

通过信誉分析，了解客户资金资产、投资融资、信用限度、销售能力、盈利能力、稳定性、发展性、客户质量、交易愿望、货品周转、同业评价、银行评价、本公司信用历史等信息。信用调查可以通过金融机构、专业资信调查机构、客户或行业组织调查以及业务员与客户交流进行。

课 后 练 习

一、选择题

1. "需要列出总量排名、销售增长和下滑比较靠前的客户，并记录其销售额、排名变化情况和需要采取的应对措施。"这是对（　　）的描述。
   A. 极端情况分析　　　　　　　　B. 客户信誉分析
   C. 客户盈利分析　　　　　　　　D. 客户地区分析
2. 下列属于客户类别的是（　　）。
   A. 年龄　　　　B. 性别　　　　C. 收入　　　　D. 职位
3. 通过信誉分析，可以了解客户资金资产、投资融资、信用限度、销售能力和（　　）。
   A. 盈利能力　　B. 稳定性　　　C. 客户质量　　D. 交易愿望

二、简答题

1. 客户开发的方法有哪些？
2. 客户分析从哪几方面进行？
3. 客户信息如何分类？

三、案例分析

阅读以下案例，谈谈你对案例中客户开发方法的理解。

某保险公司客户开发的具体策略

（一）加强维护银行渠道进行客户开发

目前，某保险公司营业部的银行合作渠道是建设银行和民生银行，积极寻求与其他银行的合作模式。关于银行渠道的选择可以从以往合作基础好的银行、客户质量好员工执行力强的银行、高档写字楼附近的银行、未与其他券商合作过的银行等方向考虑，合作方式可以多样化。

银行本身拥有很广的网点布局体系，对于客户的拓展是优势资源。因此，银行是不应当放弃的合作伙伴。利用银行这一平台，可以与之进行资源置换，从而展开更有深度的合作。对银行来说，也是渠道和市场拓展的有效模式。可以从以下几个方面入手。

1. 分级开发，层层对接

银行渠道开发建设的三个阶段：

第一驻点：我方经纪人驻点。开发银行的普通客户。

第二促点：通过适当方式，开发掌握在银行理财中心经理手中的 VIP 高端客户。一般而言，银行的分理处主任和大堂经理是银行分支网点最重要的两个人物。

第三巡点：这是银行渠道建设的较高境界。是指银行渠道建设发展到一个成熟的阶段、银行渠道建设比较完善时，我公司相关人员在各银行网点之间进行巡回。

2. 联合举办各类活动

可以与银行网点合作举行宣传活动来拓展市场。比如，联合举办理财座谈会、讲座、科普活动等。还可与社区展开活动，进行社区营销。活动的内容和方式应当结合参与对象的性格特点及需求来设计。在合作关系中，保险公司的员工应当定期与银行保持联系，维持良好的互动。渠道的开发需要周期，渠道的维护更需要时间。

3. 银保互助，共同发展

营销经理向银行理财经理转介绍潜在客户，帮助对方完成业绩指标。通过银行微信群、交流会展示专业水平，协助银行做好客户服务工作，填补理财经理保险知识的短板，拓宽银行客户服务维度。

（二）通过企业事业单位的相关组织进行客户开发

与企业事业单位的工会、团委、物管等组织联系，了解双方进行渠道合作的可能性。如需要，可考虑给予其一些必要的费用，以便其业务的开展。营业部在资讯、理财讲座、投资者报告会等方面给予其支持。

（三）积极利用学校的各种资源进行客户开发

通过学校的学生会、社团等学生组织，开发在读本科生、研究生、博士生等潜在客户。了解学校教职员工的理财需求，举办各种形式的理财讲座、投资报告会等活动。在举办 MBA、EMBA 班的学校，可以考虑与学校联系，增加一至两堂保险、理财实践技战术方面的课程，由公司资深人士为学员主讲。

公司还应当与信托公司、私募企业进行多方合作，因为后者的客户资源也十分强大，并且有不少机构客户。

（四）挖掘社区渠道进行客户开发

社区的特点是客户集中，基数庞大，难度较低。在进行社区拓展方面，重点是要根据社区客户的需求和特点制定有效的活动宣传策略。在合作模式上，应当尽量与社区机构，如社区委员会、街道办、物业管理公司等单位和企业建立联系，能够取得事半功倍的效果，因为他们掌握着最全面的客户信息。在联合的基础上举办有吸引力的活动，如社区球赛、书法大赛等活动，可以进一步拉近目标客户，获得客户的信任。

在具体执行层面，以某个活动为切入点，如"理财进社区"活动。在以往的工作基础上，整合各项资源和创新服务方式，在小区现场搭设咨询服务点，以持续、固定的形式为社区居民提供保险理财方面的信息服务。前期可以采取无偿方式，后期则可以逐渐引入有偿的服务项目。关键是要通过持续的信息服务，培养居民保险、理财的习惯。

不同社区居民的投资习惯、理财意识、收入水平是不同的，因此要做好前期的市场调研，精准定位居民的理财诉求，并提供有针对性的理财信息服务，从而抓住居民的心理习惯。在不同社区开展理财活动的形式是不同的，在高端小区可以以沙龙等形式来开展，同时联合汽车、按摩、香水等高端人群生活方式来吸引客户。在普通社区，则可以通过优惠、奖品等活动形式来吸引客户。活动的时间和内容则要根据群体特点来确定。同时，相应的产品和服务也要提前制定，在信息咨询过程中，自然向客户进行销售，如针对青年人的个人理财、针对家庭的教育理财等。

在进行社区宣传方面，因为居民都相对集中，要在短时间内吸引客户，可以通过张贴海报、悬挂彩旗条幅等形式来吸引客户眼球。在活动正式开始之前，可以与物业联合，在电梯、走廊、布告栏等平台进行活动的发布和造势，为活动的开展蓄积人气。

（五）利用网络进行客户开发

1. 整合优化企业网站

通过企业网站的建立，为客户深入了解企业提供窗口，在某种程度上也能促进公司产品或服务的推广，利于企业形象的传播。整合公司互联网金融产品，依托企业网站实现各类产品的线上化集成，借助第三方支付等渠道，实现并丰富公司互联网线上产品销售。

2. 在网络平台投入适量的网络广告

借助互联网平台引流，共享客户资源，实现双赢；对接其他互联网平台或其他行业平台，制定合作方案并组织实施。企业网站虽然有一定的传播力，但如果企业本身的知名度较低，能够吸引的流量就有限。为此，与传统广告的形式一样，互联网平台也要发布广告。通过与其他流量大的网站，如视频网站、新闻网站合作，发布有关活动和产品介绍的相关页面，可以在短时间内获得较高的点击率，从而快速地拓展市场。

3. 开展各类网络促销活动

为扩大公司市场影响力、增加销售数量、应提升微信关注度。

第四章　客户价值与分类管理

【导入案例】

来自一位客户经理的自白

根据客户的价值不同进行分类维护与营销是客户经理日常的工作重点。维护着几百个客户，每个客户都是不一样的，但时间久了你会发现来来回回客户不外乎几种类型，为了便于管理我将客户进行分类管理。

我习惯将客户分为以下几种类型。

企业老板：资金经常周转，投资周期短，很多有贷款需求，来银行少，一般要上门拜访或与财务联系。

退休阿姨阿伯：时间充裕，比较稳健，不喜欢时间太长投资产品。

家庭主妇：时间充裕，缺乏安全感，孩子，美丽话题。

港澳台人士：理财知识丰富，对服务要求高，注重细节。

企业员工：时间宝贵，素质较高，对投资有自己的想法。

专业炒股型：有自己的投资见解，背后操作，资金量较大。

再按照熟悉程度，将客户分为 A、B、C 类型：

A 型属于非常熟悉客户；

B 型属于见过，但不是很熟悉客户；

C 型属于不熟悉客户。

我们俗称养客户，将 C 类客户养成 B 类客户，将 B 类客户养成 A 类客户，再将他们进行分类管理。针对不同群体客户的特性进行维护，管理起来既有序又节约时间。

1. VIP 客户借用财富中心力量维护

对于钻石客户及私人银行客户，尽量说服客户开钻石卡或私人银行卡。因为我们考核是双算的，让财富中心的专业投顾帮你一起维护客户，两个人一起拜访这类客户，销售产品以后算两个人的业绩。这种考核制度双赢。对于新申请的客户，一般我会及时地先给他打电话，告知客户我是他的理财经理，了解一下客户的基本信息，如来银行麻烦可以找我，我们对于新客户会有礼品赠送。以礼品为噱头增加与客户见面的机会。

2. 活动营销与维护

客户活动非常多，经常会有针对性地组织客户活动，一般以支行为单位做的客户活动较多。客户活动是维护客户关系非常好的方式，用共同的一段相处，拉近彼此间的距离。一般分为几种类型：

（1）与保险公司等合作的沙龙活动。设计抽奖环节、银行理财知识讲座，保险理念及产品介绍。与基金公司或证券公司合作，请专家过来讲宏观经济及A股市场，推荐基金产品。

（2）类似少儿绘画大赛之类的主题类活动。选择一个目标小区，吸引小区家长带孩子过来参加，同时邀请客户一同参加。与专业绘画机构合作，他们协助你策划整个活动。以家庭为单位做月饼，培养孩子动手能力等。

（3）邀请客户参加荔枝节，摘荔枝，吃农家乐。邀请客户度假泡温泉等。这类活动纯属维护客户，从头到尾不提产品。我记得有一位阿姨，之前总约她见面，她很抵触。一次参加我们活动，晚上一起聊天，后来跟我说，你看我的钱做些什么投资比较好，什么时候需要存款跟我说。

3. 其他一些细节

因为所在的支行有过搬迁史，有一部分客户在网点旧址周围。这类客户他们是不会经常来网点的，除了过年过节逐一派送礼品外，有活动时邀约，平常也会找机会定期与他们接触。我记得当时我经常到了老网点周围，开始逐个打电话，找借口说来这边办事，有时间顺便过来拜访您一下。

在维护客户过程中自己有一种体会，有时候客户让你帮一些忙，可能在银行看来是违规的操作，你也知道是无法帮他解决的，但你不要马上拒绝他，而是帮他找领导申请，找相关负责的主管，可能最后还是无法帮他解决，他会不好意思地跟你说："没关系，算了，谢谢你。"如果你直接拒绝他，可能他会开骂了。让客户感受到你是在尽力为他解决问题，你非常重视他，用你的积极态度去博得客户的认同感。

每个人都喜欢自己被重视，对于一些稀缺产品，我会跟客户说这个产品是不对外销售的，专门为您留了额度。这个活动邀请的客户非常少，知道您平常比较喜欢这类活动，专门为您申请了一个名额等。服务好的口碑在业界被广泛传播，在维护客户的过程中，自己也深深体会到服务好客户受益的是自己。

记得有一次在大堂，一位客户正向大堂经理咨询业务，大堂经理回答得不清不楚，爱理不理。眼看客户脸色将变，我赶忙迎上去，耐心地帮客户解决了问题，之后这个客户每次有问题都只咨询我，把他其他银行的钱都转了过来，购买了理财、保险、基金。当时我们常说的一句话就是"做好服务，服务做好了，营销业绩自然也就来了"。

在结束客户开发管理的学习后，本章进一步阐述客户关系建立与维护的第二个关键点：客户价值及分类管理。

第一节　客户价值管理

一、客户价值的含义

明确客户价值的概念时，主要有两个方向：企业为顾客创造并提供的价值（顾客视角）、顾客为企业创造的价值（企业视角）。

企业视角的客户价值指的是客户提供给企业的价值，即企业把客户看成是企业的一项重要资产，侧重研究顾客及顾客关系能够给企业带来的价值。

如果把企业与客户的关系放在客户与企业关系开始到结束的整个客户生命周期中，那么，可以认为客户价值就是在这一过程中客户对企业提供的直接贡献和间接贡献的总价值，即客户生命周期价值或客户终身价值（Customer Lifetime Value，CLV）来衡量客户为企业创造的价值。这会在后文详述。

客户视角的客户价值指的是企业提供给客户的价值，是顾客在消费过程中期望或感知到的产品和服务给他带来的价值，也称为顾客价值。这可以参考后文的顾客让渡价值理论。

【案例分析】

价值是立身之本

有一家"共享雨伞"公司，在某城市的街头巷尾投放了 3 万把雨伞。没想到半个月后，这些共享雨伞被"洗劫一空"——没有一个用户将伞归还。网友评论：好好的共享经济败给了低素质，共享经济领域又多了一位"先烈"。

谁知道，这家公司的 CEO 却说："这个事，其实很多人没看懂。"因为公司不仅没亏，还赚得不少！用户使用共享雨伞需要缴纳 19 元押金和 9 元充值费，共计 28 元，而一把雨伞的成本仅为 9.9 元。共享雨伞在没有任何门店铺设、品牌建设、渠道费用、人工成本的情况下，半个月就"销售"了 3 万把，利润为 54.3 万元。

当共享经济概念兴起后，涌现出一大批共享模式，比如共享睡眠、共享金融等。而这些企业中的大多数，最后不是沦为笑谈，就是像"共享雨伞"一样走向"小聪明"。而与之类似的商业模式还有：卖假鞋的店主承诺假一赔二，在用户下单后直接寄过去三双鞋，此乃清库存大法；滞销的养鸡场放话，鸡场旁边的鱼塘 100 元一天随便钓，钓不到的送只鸡，最后老板大赚，因为鱼塘根本没鱼……

看上去，这些企业都赚到了一笔钱。但实际上，我们从中只看到了投机取巧的心理和短期逐利的行为。

用户价值是企业的立身之本，近年来商界蹿出的黑马、独角兽企业，无一不是绞尽脑汁为用户提供全新的价值。具体而言，可以分为两大路径。

第一，改良固有市场。消费者的一些"痛点"，在现有市场没有太好的解决方案，而这恰好是企业商业模式创新的价值点。

从产品层面考量，用户希望用更低的价格获取更好的商品，于是网易严选诞生了。通过与大品牌的代工厂合作，消费者能够以便宜很多的价格买到和大牌质量相当的产品。

从用户体验层面挖掘，过去人们解决出行"最后一公里"的问题时只有两个选择，等车或者步行，两者都需要付出时间成本。共享单车的出现节省了用户的时间，随用随取，用完即停，效率的提升就是共享单车的价值。

从文化层面出发，中国的酒桌文化有不少糟粕，"不喝就是不给面子"。洞悉这一"痛点"的江小白推出了"青春小酒"，一瓶只有100毫升，瓶子小，负担也小……

第二，切入全新市场。如果说第一条路径是通过对目标市场上的已有产品，进行从无到有的改良，第二条路径就是从无到有地创造价值。

共享充电宝为什么能40天融资12亿元？因为手机断电，忘带充电宝，周围又没有充电插座的情况每个人都会遇到，而市场上没有商家为此提供解决方案。即使是一个弱需求，共享充电宝的价值也是独创的，其他企业无法替代。

再如，迷你KTV之所以一夜之间红遍全国，是因为在它出现之前，用户想唱歌时只能花几百元去KTV。而迷你KTV提供了"利用碎片时间满足娱乐需求"的方案，用户在商场排队、等人的间隙，花上20元就能唱几首。

可以说，商业社会中还没被挖掘的大大小小的价值点，就是企业创新的基点。能否为用户提供价值，决定企业能否立足；为用户提供价值的大小，决定企业竞争力的强弱。

二、客户价值理论

（一）企业视角——客户终身价值理论

广义的客户终身价值，是指在客户生命周期里客户为企业带来的直接利润和间接利润的净现值综合。直接利润的计算相对容易，即使客户未来行为具有不确定性，问题也尚不突出。难点在于间接利润的计算。当一个客户向另一个客户赞扬或抱怨时，这一情绪会在客户的关系网络中扩散开来，影响其他客户的品牌决策，并且影响程度随着传递层次的扩大而减弱。

狭义的客户终身价值，是指在整个客户关系生命周期里因客户自身消费而提供的利润净现值。客户终身价值模型认为，根据客户购买的历史记录和年龄、收入、爱好等特征，估计客户能够与企业保持关系的生命周期长度，并测算在每一单位时间长度内客户为企业带来的利润，加上一个贴现因素，就可以得到该客户的终身价值。

（二）客户视角——顾客让渡价值理论

一讲到顾客价值，一个非常重要的定义就不得不提——顾客让渡价值。顾客让渡价值是菲利普·科特勒在《营销管理》一书中提出来的，他认为，"顾客让渡价值"是指顾客总价值（Total Customer Value）与顾客总成本（Total Customer Cost）之间的差额。其中，客户总价值是指顾客为购买某一产品或服务所期望获得的一组利益，它主要包括产品价值、服务价值、人员价值和形象价值等。

1. 产品价值

产品价值是由产品的功能、特性、品质、品种与式样等所产生的价值。它是顾客需要的中心内容，也是顾客选购商品的首要因素，一般情况下，它是决定顾客购买总价值大小的关键和主要因素。产品价值是由顾客需要决定的，因而在分析产品价值时应注意两点。

（1）在经济发展的不同阶段，顾客对产品的需要有不同的要求，构成产品价值的要素以及各种要素的相对重要程度也会有所不同。例如，在住房短缺时代，我们关心的是有没有房子住，"居者有其屋"；但随着国家经济的发展，人们生活水平的提高，这时我们对住宅的要求也更高更多了，不但考虑产品的使用、设计，还要求住宅的小区环境和配套都要满足我们的需求。

（2）在经济发展的同一时期，不同类型的顾客对产品价值也会有不同的要求，在购买行为上显示出极强的个性特点和明显的需求差异性。因此，这就要求企业必须认真分析不同经济发展时期顾客需求的共同特点，以及同一发展时期不同类型顾客需求的个性特征，并据此进行产品的开发与设计，增强产品的适应性，从而为顾客创造更大的价值。

2. 服务价值

服务价值是指伴随产品实体的出售，企业向顾客提供的各种附加服务，包括产品介绍、送货、安装、调试、维修、技术培训、产品保证等所产生的价值。服务价值是构成顾客总价值的重要因素之一。在现代消费市场上，消费者在选购产品时，不仅注意产品本身价值的高低，更注意产品附加价值的大小。特别是在同类产品质量与性质大体相同或类似的情况下，企业向顾客提供的附加服务越完善，产品的附加价值越大，顾客从中获得的实际利益就越大，从而购买的总价值就越大；反之，则越小。因此，在提供优质产品的同时，向消费者提供完善的服务，已成为现代企业市场竞争的新焦点。

3. 人员价值

人员价值是指企业员工的经营思想、知识水平、业务能力、工作效益和质量、经营作风、应变能力所产生的价值。企业员工直接决定着企业为顾客提供的产品与服务的质量，决定着顾客购买总价值的大小。一个综合素质较高又具有顾客导向经营思想的工作人员，会比知识水平低、业务能力差、经营思想不端正的工作人员为顾客创造更高的价值，从而创造更多的满意的顾客，进而为企业创造市场。人员价值对企业、对顾客的影响是巨大的，并且这种影响是潜移默化的。因此，高度重视对企业人员综合素质和能力培养，加强对员工日常工作的激励、监督和管理，使其始终保持较高的工作质量与水平就显得非常重要。

4. 形象价值

形象价值是指企业及其产品在社会公众中形成的总体形象所产生的价值。包括企业的产品、技术、包装、商标、工作场所等所构成的有形形象所产生的价值，公司及其员工的职业道德、经营行为、服务态度、作风等行为形象所产生的价值，以及企业的价值观念、管理哲学等理念形象所产生的价值等。形象价值与产品价值、服务价值、人员价值密切相关，在很大程度上是上述三个方面价值综合作用的反映和结果。形象对企业来说是宝贵的无形资产。良好的形象会对企业的产品产生巨大的支持作用，赋予产品较高的价值，使顾客的需要得到更高层次和更大限度的满足，从而增加顾客购买的总价值。因此，企业应高度重视自身形象塑造，为企业进而为顾客带来更大的价值。

顾客总成本是指顾客为购买某一产品所耗费的时间、精神、体力以及所支付的货币资金等，因此，顾客总成本包括货币成本、时间成本、精神成本和体力成本等。顾客在购买产品时，总希望把有关成本包括货币、时间、精神和体力等降到最低限度，同时又希望从中获得更多的实际利益，以使自己的需要得到最大限度的满足。因此，顾客在选购产品时，往往从价值与成本两个方面进行比较分析，从中选出价值最高、成本最低，即"顾客让渡价值"最大的产品作为优先选购的对象。企业为在竞争中战胜对手，吸引更多的潜在顾客，就必须向顾客提供比竞争对手具有更多"顾客让渡价值"的产品。这样，才能使自己的产品为消费者所注意，进而购买本企业的产品。为此，企业可从两个方面改进自己的工作：一是通过改进产品、服务、人员与形象，提高产品的总价值；二是通过降低生产与销售成本，减少顾客购买产品的时间、精神与体力的耗费，从而降低货币成本与非货币成本。

三、客户价值管理

完整的客户价值管理包括客户数据采集、客户价值分析和客户价值管理决策。这种管理方式要注意以下几个方面。

1. 对客户摒弃"普惠制"管理和服务

企业必须坚决摒弃"普惠制"管理和服务，应当选择和锁定自己特定的细分市场，然后基于细分市场客户的喜好和需求有针对性地研发产品或服务组合；同时，针对产品或服务组合不断进行市场反应测试，直到取得稳定、高额的回报。

2. 按照客户生命周期实施管理

通过了解客户不同生命周期（下文详述）的不同需求，有助于企业实现影响和销售的精确化。例如，在形成期，企业需要聚焦于如何将现有客户培养成高价值客户；在客户进入稳定期后，企业则要加大交叉销售的力度并着手培养客户对企业的忠诚度。

3. 建设差异化的销售渠道

在消费者购买决策过程中，渠道的影响力日益上升，但很少有企业从成本效率、消费者偏好以及客户关系建立能力等维度出发，进行渠道差异化建设，从而经常导致渠道资源配置不当、企业成本结构受损、客户感觉削弱。

4. 内部作业流程与客户的价值取向相匹配

只有使企业的内部作业流程与客户的价值趋向高度契合，才能使企业获得更高的客户满意度，进而使企业在营销和客户服务上的投资"物有所值"。否则，必然导致企业销售成本增加，客户满意度下降。

5. 将呼叫中心视为营销和销售中心

呼叫中心在企业中不应只充当附属服务的成本中心角色，而应该成为更重要的利润中心来实现营销功能，甚至是销售主体。这就需要在适当的时间为呼叫中心的业务人员提供所需信息。这样，企业完全可以在与客户的互动中实现"双赢"——在提升客户满意度的同时为企业创造丰厚的收益。

客户价值理论为企业客户关系管理策略提供了一定的理论基础，企业通过衡量不同的客户价值将客户细分进而提供差别化服务；通过对客户感知价值的理解，企业可以为客户提供产品以外的超值接触体验。针对不同的客户关系采用不同的策略，从而实现客户感知价值和企业利润最大化之间的平衡，为客户关系管理拓宽新的营销和服务思路，促进客户关系良性循环发展。

第二节　客户生命周期

一、客户生命周期的内涵

正如前文所述，虽然目前很多企业都认识到了客户关系管理的重要性，但是大多数还处于静态客户关系的管理，甚至认为将时间和财务花费在研究客户生命周期上毫无意义。因此，即使在企业管理的其他方面做得非常完善，还是无法把握企业的真正利润点，其实质是不能反映客户关系发展的动态特征。任何产品，企业和行业都不可能有永远的客户。一个客户是如何产生的，中间会发生什么变化，最后又在何时消失以及为何消失，在此期间，企业要采取何种措施来管理客户，才能挽留住客户，收获最大的利益，这就是客户生命周期。通过透析本企业或本公司的客户生命周期特征，了解客户不同生命周期的需求，采取应对措施才是适应时代潮流的企业生存之道。

客户生命周期理论也称客户关系生命周期理论，是指从企业与客户建立业务关系到完全终止关系的全过程，是客户关系水平随时间变化的发展轨迹，它动态地描述了客户关系在不同阶段的总体特征。

客户生命周期可分为考察期、形成期、稳定期和退化期四个阶段，如表4-1所示。

表4-1 客户生命周期

考察期	关系探索和试验阶段
形成期	关系快速发展阶段
稳定期	关系发展的最高阶段
退化期	关系发展过程中水平逆转阶段

客户生命周期理论是从动态角度研究客户关系的一个十分有用的工具。在生命周期框架下研究客户关系问题，可以清晰地洞察客户关系的动态特征：客户关系的发展是分阶段的，不同阶段客户的行为特征和为企业创造的利润不同；不同阶段驱动客户关系的客户主观感知价值不同；企业在客户生命周期的不同阶段应有不同的关系投入及管理策略。通过对客户生命周期的研究，可以更加清楚地了解客户关系的价值及其发展特征，为企业的客户关系管理提供有效指导。

二、客户生命周期各个阶段的特征及管理重点

1. 考察期

考察期是关系的探索和试验阶段。在这一阶段，双方考察和测试目标的相容性、对方的诚意、对方的绩效，考虑如果建立长期关系以及双方潜在的职责、权利和义务。

双方相互了解不足、不确定性大是考察期的基本特征，评估对方的潜在价值和降低不确定性是这一阶段的中心目标。在这一阶段客户会下一些尝试性订单，企业与客户开始交流并建立联系。客户对企业的业务需要进行了解时企业要给予其相应的解答。某一特定区域内的所有客户均是潜在客户，企业需对所有客户进行调研，以便确定出可开发的目标客户。此时企业有客户关系投入成本，但客户尚未对企业作出大的贡献。

所谓潜在客户，是指对某类产品（或服务）存在需求且具备购买能力的待开发客户，这类客户与企业存在着销售合作机会。经过企业及销售人员的努力，可以把潜在客户转变为现实客户。

当潜在客户购买了产品（或服务）后，也就成为企业的现实客户。作为现实客户，会把其购买过程中的所见、所闻、所感有意或无意地通过各种途径，直接或间接地传达给他可以影响的其他潜在客户群体，从而对其他潜在客户的购买心理、购买行为产生影响和制约作用。如果现实客户发现所购买的产品（或服务）无法满足其需要时，就会否定自己早期的购买行为，并产生以后不再购买的想法或念头。这时，这个现实客户就会摇身一变成为企业的潜在客户，并且可以对其他潜在客户的购买产生影响力。

考察期企业的管理重点应该体现在重视商品品牌的丰富性，重视产品与服务质量，重视客户对企业提供的商品服务价格的认同，重视提供商品以外的免费服务等非物质利益。

【案例分析】

美的变频空调在 2010 年率先推出"无条件十年包修"服务承诺，为变频空调附上了一份"终身保险"，切实保障消费者的权益，并且推动行业树立新的服务标准。

2011 年美的变频空调再度承诺：自 2011 年 1 月 1 日起，凡在国内购买美的变频空调的消费者，均可享受"一年免费包换"服务，而"无条件十年包修"服务继续有效。美的变频空调成为全行业首家推出"一年包换+十年包修"服务标准的企业，引领行业服务水平迈上新台阶。

美的的这一创举引发了各类媒体的广泛关注和持续报道。2010 年 5 月 7 日《南国早报》报道：4 月 30 日至 5 月 3 日，广西区美的一级节能空调销售量创历史新高，同比增长 160%，变频空调占整体空调销售比例达到 45%。各家电卖场销售排行榜显示，美的空调销售量和销售额全面领跑，多款机型占据畅销机型排行榜前三名。

2. 形成期

形成期是关系的快速发展阶段。双方关系能进入这一阶段，表明在考察期双方相互满意，并建立了一定的相互信任和交互依赖。

在这一阶段，双方从关系中获得的回报日趋增多，交互依赖的范围和深度也日益增加，逐渐认识到对方有能力提供令自己满意的价值（或利益）和履行其在关系中担负的职责，因此愿意承诺一种长期关系。在这一阶段，随着双方了解和信任的不断加深，关系日趋成熟，双方的风险承受意愿增加，由此双方交易不断增加。当企业对目标客户开发成功后，客户已经与企业发生业务往来，且业务在逐步扩大，此时已进入客户成长期。企业的投入和开发期相比要短得多，主要是发展投入，目的是进一步融洽与客户的关系，提高客户的满意度、忠诚度，进一步扩大交易量。此时客户开始为企业做贡献，企业从与客户交易中获得的收入已经大于投入，开始盈利。

形成期是客户生命周期管理中一个非常重要的阶段。这一时期的客户是那些业务量、资产规模、客户价值处于快速增长阶段的客户群体。这部分客户的主要特征是：在某个业务指标上有很好的表现，且往往具有较高的内在价值和成长价值，交易频率和交易量呈明显的上升趋势，是企业应着力关注，并采取各种产品营销、客户关系管理、客户服务手段予以提升价值的目标客户群，也是客户响应度最高、提升周期最短、提升价值最显著的客户群体。这个阶段的工作重点是最大限度地挖掘和满足客户的需要，通过适当的产品组合和理财方案，达到提升客户价值的目的。

3. 稳定期

稳定期是关系发展的最高阶段。在这一阶段，双方或含蓄或明确地对持续长期关系做了保证。双方对对方提供的价值高度满意,为能长期维持稳定的关系,双方都做了大量有形和无形投入:大量的交易。因此,在这一时期双方的交互依赖水平达到整个关系发展过程中的最高点,双方关系处于一种相对稳定状态。

位于这个阶段的客户包括企业的优质高价值客户群和稳定的普通客户群。其中高价值客户能为企业带来很高的财务回报率,创造更大的利润。他们构成了企业业务收入的主要来源。而稳定的普通客户群则具有庞大的客户数量,也为企业贡献了稳定的基本收入。

稳定期的管理重点除了上述两个阶段的重点工作之外,更要重视人员服务以及与客户间接互动和沟通接触的机会。

4. 退化期

退化期是关系发展过程中关系水平逆转的阶段。关系的退化并不总是发生在稳定期后的第四阶段。实际上,在任何阶段关系都可能退化。引起关系退化的原因很多,如一方或双方经历了一些不满意、需求发生变化等。

交易量下降,一方或双方正在考虑结束关系甚至物色候选关系伙伴(供应商或客户),开始交流结束关系的意图等。当客户与企业的业务交易量逐渐下降或急剧下降,客户自身的总业务量并未下降时,说明客户已进入退化期。

此时,企业有两种做法,一种是加大对客户的投入,重新恢复与客户的关系,进行客户关系的二次开发。另一种便是不再做过多的投入,渐渐放弃这些客户。企业两种不同做法自然就会有不同的投入产出效益。当企业的客户不再与企业发生业务关系,且企业与客户之间的债权债务关系已经厘清时,意味着客户生命周期的完全终止。此时企业有少许成本支出而无收益。

以上各个阶段的发展转化,是客户价值生命周期演进变化的一般形态(正常形态)。现实生活中,具体客户的价值生命周期形态多种多样,并非严格按以上规律演变。此外,认识客户价值生命周期各阶段的转换点,判断客户所处的生命阶段,应具体客户具体分析,通常要根据客户特征、交易变化、客户价值分析等因素,综合加以确定。

三、客户生命周期模式的分类

图 4-1 描述的是一个具有完整的四个阶段的、理想的客户生命周期曲线,从图中可以看出考察期和形成期较短,稳定期较长。但是,客户关系并不总是能按照这样的轨迹发展,客户生命周期模式存在多种类型,不同的类型给企业带来不同的利润。客户关系的退化可以发生在考察期、形成期和稳定期三个阶段内的任一时点;在稳定期前期和后期退出的生命周期模式也有显著差异。以下就是四种客户关系周期模式的生命曲线,如图 4-2 所示。

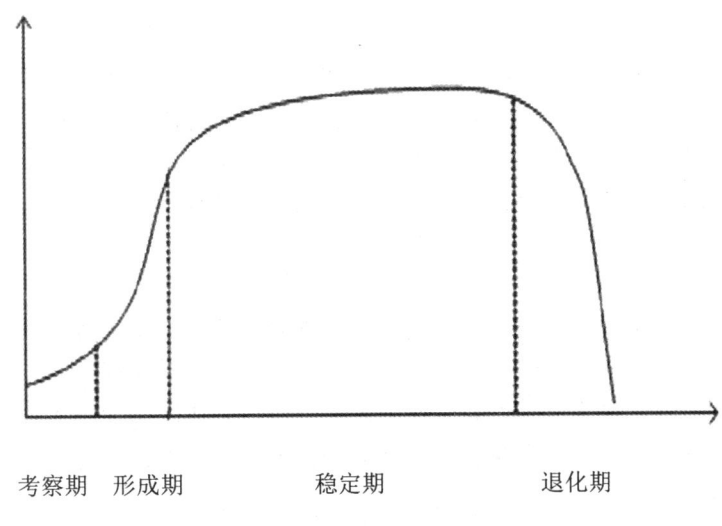

图 4-1 客户生命周期曲线

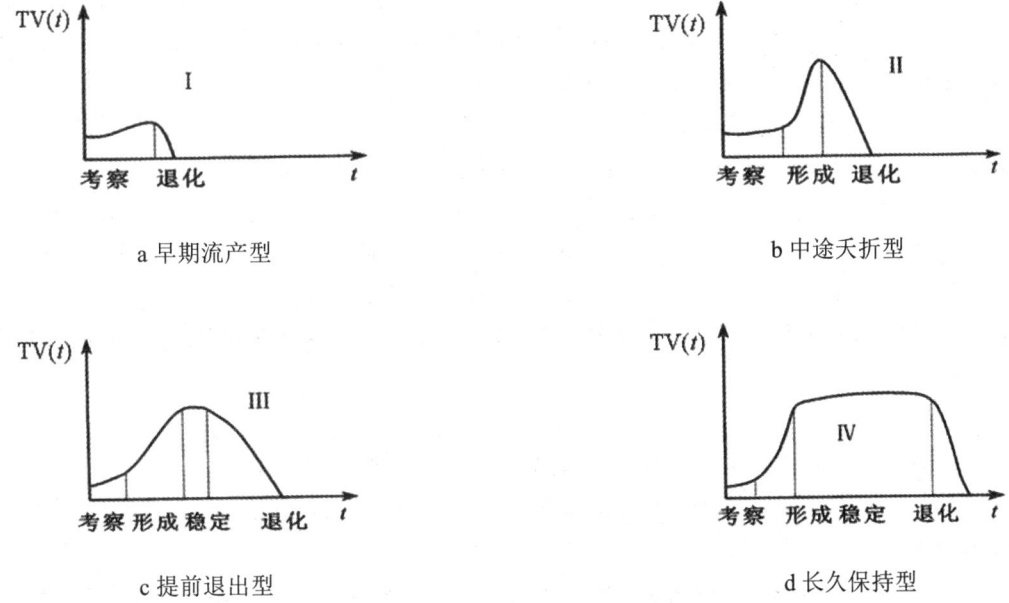

图 4-2 客户关系周期模式的生命曲线

1. 模式 a

客户关系没能越过考察期就进入退化期。究其原因可能有以下几点。

(1) 企业提供的价值达不到客户的预期，客户认为企业没有能力提供令其满意的价值。也许客户只是对有限次购买中的一次购买不满意，但这时客户对企业的基本信任尚未建立起来，也没有转移成本，客户关系非常脆弱，一旦不满意，客户很可能直接退出关系。

(2) 企业认为客户没有多大的价值，不愿与其建立长期联系。

2. 模式 b

客户关系越过了考察期，但没能进入稳定期而在形成期中途夭折。客户关系能进入形成期说明双方对此前关系的价值是满意的，曾经建立了一定的相互信任，客户关系中途夭折最可能的原因是企业不能满足客户不断提升的价值预期。对生命周期不同阶段的研究表明，客户对价值的预期是不断提升的，企业提供的价值必须不断地满足客户的预期，并达到或超过最好可替代企业的水平，客户关系才可能进入稳定期。客户关系中途夭折，说明企业虽然在前期能提供比较好的公共价值，如较高的产品质量、适中的价格、较及时的交货、较好的售后服务和技术支持等，但由于不了解客户的真正需求或受自身核心竞争力的限制，无法给客户提供个性化增值。个性化增值是客户关系发展到一定程度时客户的必然要求，一个企业如果不能满足客户的这种要求，将始终无法成为客户心目中最好的企业，从而客户会积极寻找更合适的企业。一旦发现更好的可替代企业，客户便从现有关系中退出，转向新的企业。

3. 模式 c

客户关系进入了稳定期但没能持久保持而在稳定期前期退出。原因可能有以下两点。

（1）企业持续增值创新能力不够。客户关系要想长久保持在高水平的稳定期，企业必须始终提供比竞争对手更高的客户价值。但是，企业由于受自身核心竞争力的限制，或者不能及时捕捉到客户需求的变化，或者没有能力持续满足不断变化的个性化的客户需求，从而引起客户的不满，失去客户的信任，导致客户关系退化并最终退出。

（2）客户认为双方从关系中获得的收益不对等。当客户关系发展到很高水平时，客户对价值的评价不再局限于自身从关系中获得的价值，同时也会对企业从关系中获得的价值作出评价。如果客户发现自身从中获得的价值明显低于企业从中获得的价值，客户将认为双方的关系是不公平的，客户关系就会动摇，久而久之，关系就可能破裂。

4. 模式 d

客户关系进入稳定期并在稳定期长久保持，原因可能有以下三点。

（1）企业提供的客户价值始终比竞争对手高，客户一直认为当前企业是他们最有合作价值的企业。

（2）双方关系是对等双赢的，客户认为关系是公平的。

（3）客户有很高的经济和心理转移成本。转移成本是一种累积成本，客户关系发展到高水平的稳定期，客户面临着各种很高的转移成本，如专有投资、风险成本、学习成本和被学习成本等。因此，即使企业提供的价值一时达不到客户的预期，客户也不会轻易退出，此时，转移成本成为阻止客户退出关系的关键因素。

总之，客户关系生命周期模式的分类为企业诊断客户群的质量提供了一个很好的分析工具。根据诊断结果，企业可以更有针对性地制定客户关系管理的战略目标和实施方案。

第三节　客户分类管理

一、客户分类的内涵

市场竞争的日趋激烈，让越来越多的企业把"以客户为中心"作为自己的口号，在研发、设计、市场、销售、服务等各个环节，越来越强调了解客户需求、满足客户需要。但是，客户众多，需求也各不相同，到底应该以哪个客户为中心？

"以客户为中心"并不代表以所有的客户为中心。企业的人力、物力资源总是有限的，有限的资源投入要想产生最大的产出，就必须把资源投入到最能够产生价值的客户身上。

所以，客户应该是分类的、中心也应该是多层级的：具有最大价值的客户处于最核心位置，对他们需求的了解和满足也是最重要的；具有次要价值的客户则处于次核心位置，对他们需求的了解和满足也处于次重要位置。这就是所谓"客户分类"的概念。

【案例分析】

区 别 对 待

知名旅行社集团托马斯库克根据交易记录，将客户分成 A、B、C 三级，并且针对不同级别给予不同待遇。例如，消费金额最低的 C 级客户如果提出很费时的服务要求（如行程规划），就必须预付 25 美元作为定金，而 A 级和 B 级客户则无须预付定金。其负责人解释说："过滤掉随口问问或三心二意的客户，我们才能把大部分时间放在服务前两级的客户上面。"

二、客户分类的方法

（一）考虑因素

1. 客户的信用状况

即企业统计客户最近一年的付款情况是否及时，有否拖延及拖延的天数与原因，然后根据这些因素来判定客户的级别。

2. 客户的下单金额

统计企业近一年或者两年的客户下单金额，然后按照其下单量从大到小进行排列。下单量可以从下单的金额，也可以从下单的数量进行考核。

3. 客户的发展前景

这主要针对新客户，企业通过考察、了解等手段，挖掘客户的潜在价值，然后人为地判断其重要性。新客户因为没有历史交易的情况，所以很难用具体的数据来支持企业的决策，只有通过主观判断，才可以指定客户的优先级别。

4. 客户对企业利润的贡献率

这种方法，不但从客户下单的金额考虑，还涉及其购买产品的成本与利润问题。统计一年客户的销售定单量及其购买产品的利润率问题，然后算出为企业创造了多少利润。再以利润的大小进行优先级排名。

5. 综合加权

以上几个指标都只从一个方面进行衡量，不免有失偏颇。例如，虽然客户信用状况很好，但是，有可能一年才下个 100 万的定单，就算其信用状况最好，其也没有给企业创造多少价值；再如，客户的下单量虽然很大，但是，其购买的都是低利润的产品，或者其信用状况不是很好，总是拖欠，则未必是价值高的客户。

银行在长期的金融服务中，积累了大量的数据信息，包括对客户的服务历史、对客户的销售历史和收入，以及客户的人口统计学资料和生活方式等。银行将这些信息资源综合起来，在数据库里建立一个完整的客户背景。在客户背景信息中，大批客户可能在存款、贷款或使用其他金融服务上具有极高的相似性，因而形成了具有共性的客户群体。经过聚类分析，可以发现他们的共性，掌握他们的投资理念，提供有针对性的服务，进而引导他们的投资行为，提高银行的综合服务水平，并可以降低业务服务成本，获得更高的收益。通过客户细分，可以使银行准确地把握现有客户的状况，采取不同的服务、推销和价格策略来稳定有价值的客户，转化低价值的客户，消除没有价值的客户。

（二）客户分类

1. 按客户性质分类

按客户性质可划分为企业客户和个人客户（或家庭客户）。

典型的代表是银行。这是一种非常重要和基础的划分,所以,我们看到银行的业务组织架构基本都是先划分为"企业银行""个人银行"(或者叫批发业务/零售业务、对公业务/对私业务)。

2. 按客户规模分类

需要说明的是,不同行业因为业务不同,对于客户规模的评判标准也不同。银行对客户规模主要是按资产和收入等标准来划分,比如,招商银行将个人客户按资产规模划分为"金葵花客户""私人银行客户",而电脑制造商则以按客户的人员规模来划分,比如DELL(戴尔)将企业客户按人员规模划分为"大型企业"和"中小型企业"。

3. 按客户行业分类

这主要是针对企事业单位客户的划分方法,比如电脑制造商可以将大型企业客户按行业划分为银行、证券、教育、政府等。

划分客户之后要怎么做呢?关键是研究分析不同类别客户的需求,然后有针对性地设计产品和服务,设计市场、销售和服务流程。

例如,招商银行针对"金葵花客户"(在招行资产达50万元以上),主推的是理财服务,而针对"私人银行客户",则主推投资服务(目前这两类服务的差异做得似乎还不够)。而IT行业则可以针对不同行业的需求,研发生产并销售非常差异化的整体解决方案(包括硬软件等)。

4. 按客户性别、年龄、收入水平以及偏好(如时尚/传统)分类

这主要针对个人客户或家庭客户。

5. 按照客户价值分类——"客户金字塔"模型

美国著名营销学者隋塞莫尔(Valarie A. Zeithaml)、勒斯特(Roland T. Rust)和兰蒙(Katherine N. Lemon)认为:管理人员可以根据企业从不同的客户那里获得的经济收益,把客户划分为几个不同的类别。理解不同类别客户的需要,为不同类别的客户提供不同的服务,可明显地提高本企业的经济收益。据此,他们于2002年提出了"客户金字塔"模型。

"客户金字塔"模型就是根据客户盈利能力的差异为企业寻找、服务和创造能盈利的客户,以便企业把资源配置到盈利能力产出最好的客户身上,也就是说,细分出客户层级(铂层客户、金层客户、铁层客户、铅层客户)。这种方法比以往根据使用次数来细分市场更好一些,因为它跟踪分析客户细分市场的成本和收入,从而得到细分市场对企业的财务价值。界定出盈利能力不同的细分市场之后,企业向不同的细分市场提供不同的服务。设想,客户按盈利能力不同而一层一层地排列起来,盈利能力最强的客户层级位于"客户金字塔"模型的顶部,盈利能力最差的客户层级位于"客户金字塔"模型的底部。本书参考"客户金字塔"模型,将客户按照价值分为以下三种。

(1)关键客户(A类客户)。关键客户是在过去特定时间内消费额最多的前5%客户。这类客户是企业的优质核心客户群,由于他们经营稳健,做事规矩,信誉度好,对企业的

贡献最大,能给企业带来长期稳定的收入,值得企业花费大量时间和精力来提高该类客户的满意度。

对这类客户的管理应做到:指派专门的营销人员(或客户代表)经常联络,定期走访,为他们提供最快捷、周到的服务,享受最大的实惠,企业领导也应定期拜访他们;密切注意该类客户的所处行业趋势、企业人事变动;应优先处理该类客户的抱怨和投诉。

(2)主要客户(B类客户)。主要客户是指在特定时间内消费额最多的前20%客户中,扣除关键客户后的客户。一般来说,这类客户是企业的大客户,但不属于优质客户。由于他们对企业经济指标完成的好坏构成直接影响,不容忽视,企业应倾注相当的时间和精力关注这类客户的生产经营状况,并有针对性地提供服务。

对这类客户的管理应做到:指派专门的营销人员(或客户代表)经常联络,定期走访,为他们提供服务的同时要给予更多的关注,营销主管也应定期拜访他们;密切注意该类客户的产品销售、资金支付能力、人事变动、重组等异常动向。

(3)普通客户(C类客户)。普通客户是指除了上述两种客户外,剩下的80%客户。此类客户对企业完成经济指标贡献甚微,消费额占企业总消费额的20%左右。由于他们数量众多,具有"点滴汇集成大海"的增长潜力。企业应控制在这方面的服务投入,按照"方便、及时"的原则,为他们提供大众化的基础性服务,或将精力重点放在发掘有潜力的"明日之星"上,使其早日升为B类客户甚至A类客户。

企业营销人员应保持与这些客户的联系,并让他们知道当他们需要帮助的时候,企业总会伸出援助之手。

【案例分析】

又是一个忙碌的上午,我像往常一样分流引导客户办理业务。突然,一位衣着光鲜的女士走进了我的视线,我赶忙热情地询问她办理什么业务。这位女士悄悄问我能否取款100万元。我一下紧张起来,并没有立即答复她,而是热情地询问钱的用途,并告知她取现100万元需报计划才可以。后来在不断的交流中,她告诉我要用这笔钱去购买其他银行的理财产品。于是我话锋一转,向她营销起我行销售的华安"季季鑫"理财基金,详细向她介绍这款产品的收益状况和投资渠道。开始她显然并不在意,向我说起其他银行理财产品的收益状况和她的投资经验,一听就是投资的行家。我只能另辟营销切入点。我突然想起这款基金的第一个到期日是在季底,于是我建议她先买一期,季末到期时再通知她来购买我行收益高的理财产品。在做理财评估时,陈经理又详细给该女士介绍了华安"季季鑫"基金的产品优势。这次她显然动摇了。100多万元的存款,却仅仅是三星客户,这显然是潜力客户。于是我们又向她营销起我行的理财金卡,并告诉她这笔钱只要不断地购买我行发行的各种产品,很快就可以办理了。于是她欣然同意了,购买了110万元我行的理财基金,并告诉我,她很满意我们的服务,再有好的产品希望我及时推荐给她,并互留了联系方式。

思考:请说明"我"的营销秘诀是什么?

三、核心客户管理

关键客户是企业 80%利润的创造者，维持与关键客户的关系才能保证企业持续发展，关键客户管理是对未来业务的一种投资。关键客户管理的目标是提高关键客户的忠诚度，并且在"保持关系"的基础上提升关键客户给企业带来的价值，因此，要做好以下三方面工作。

1. 成立关键客户服务的专门机构

关键客户服务的机构要负责联系关键客户，还要为企业高层提供准确的关键客户信息。利用客户数据库分析每位关键客户的交易历史，注意了解关键客户的需求和采购情况，及时与关键客户就市场趋势、合理的库存量进行商讨。关键客户服务机构还要关心关键客户的利益得失，并且注意竞争对手；关注关键客户的动态，强化对关键客户的跟踪管理。

2. 集中优势资源服务于关键客户

企业要为 20%的客户付出 80%的努力，准确预测关键客户的需求，把服务想到他们的前面，领先一步为其提供能带来最大效益的全套方案。要增加关键客户的财务利益，创建 VIP 客户服务通道。

3. 通过沟通和感情交流，密切关注双方的关系

有目的、有计划地拜访关键客户，经常性地征求关键客户的意见。及时、有效地处理关键客户的投诉或者抱怨，充分利用包括网络在内的各种手段与关键客户建立快速、双向的沟通渠道，增进与关键客户的感情交流。

课 后 练 习

一、选择题

1.（　　）是"客户金字塔"模型中最上层的金牌客户，是在过去特定时间内消费额最多的前 5%客户。
  A. 关键客户　　　B. 主要客户　　　C. 普通客户　　　D. 小客户

2. "双方关系能进入这一阶段，表明在考察期双方相互满意，并建立了一定的相互信任和交互依赖。"这是对（　　）的描述。
  A. 形成期　　　B. 稳定期　　　C. 考察期　　　D. 退化期

3.（　　）创造企业 80%的利润。
  A. 关键客户　　　B. 一般客户　　　C. 小客户　　　D. 忠诚客户

二、简答题

1. 提高客户价值的方法有哪些？
2. 客户分类考虑因素有哪些？
3. 简述客户生命周期的阶段及特点。

三、案例分析

如今互联网和网络银行飞速发展并且不断成熟完善。在这种形势下，小米公司避开在传统市场上和苹果、HTC、三星等手机市场巨头的面对面竞争，借时代潮流将市场瞄准网络销售市场，面向数以亿计的网民。小米与各通信运营商合作推行定制机（预存话费送手机的方式），这成为小米手机销售的一个重要渠道。而小米主要服务的客户就是"手机发烧友"。

小米公司通过 ABC 分析法、TFM 分析法、CLV 分析法对其客户的客户价值、客户潜力、客户生命周期、客户需求进行分析。根据对用户需求进行划分，区分出各式各样的客户，提供不一样的服务内容，采取不一样的营销手段，提供专业的服务方式。

客户是企业真正的老板，为企业带来利润和销售额，给企业的生存与发展做出最大的贡献。所以区分客户的两个重要指标是：客户对企业的需求；客户对企业的价值。只有对客户的需求和价值进行彻底的了解，才能为客户提供针对性服务。为客户提供最真诚的服务，为企业获取最大利益。

小米公司通过三种分析方法对市场中的潜在客户进行各项指标的分析，从而划分出不同的客户群体。为每一客户群体定制不同的内容，制定不同的手机。既满足了不同客户的需求，也为企业赢得了巨大的客户群体。这让小米公司遏制了相当资源闲置浪费，为企业带来了巨大的利润。因此，客户区分是减少成本，增加利益的最显著有效的手段之一。

同时，作为 IDIC 模型的第一部分，小米公司对其进行了高度重视并做了很好的努力。小米公司对其客户信息的收集通过直接渠道和间接渠道协同进行。通过特许经营方式在全国运营的上百家"小米之家"的门店宣传咨询；此外，还通过购买专业咨询公司的报告，与第三方合作进行信息共享，这些都是间接渠道。小米公司树立了信息保密意识，建立了相应的制度体系，进行了分级管理，严格审查客户信息的真实性，并对客户信息做到了滴水不漏的保护，避免了客户信息的失密，保护了客户安全，赢得了客户的信任，为彼此的忠诚奠定了强有力的基础。

请结合客户生命周期理论，谈谈这是小米公司在哪个阶段的行为策略？为什么？

第五章　客户满意管理

【导入案例】

倒置的啤酒

春天，小区内贴出广告，又开了一家小超市。

开张之际我曾断言，过不了多久肯定倒闭。因为距离它不到 200 米就是一家大型超市，货品种类和购物环境都甩小超市十条街。

可三年过去了，小超市非但没倒闭，生意反而越来越火爆。

这天下班后，妻子打电话给我，让我顺便去小超市把网购的东西拿回家，原来她下午不在，就让快递员把包裹寄存在那儿了。

说明来意，老板从台下拉出一个大塑料筐，里面都是还未取走的包裹，大大小小，满满当当。我找到自家的东西，跟老板道谢。他笑道，举手之劳。

我被老板的直爽打动，不买点东西似乎有点过意不去。在这个三十几平方米的小超市里转了一圈。

我拿起几罐啤酒。只见所有的啤酒都是倒放在货架上，罐底的生产日期非常醒目，因为倒置，罐口没有积灰尘非常干净，打开可以直接喝。我被这个细节触动了，真是个细心的老板！

拎着啤酒出门时我想，在这弹丸之地的商战中，这家小超市通过提供便民服务提高客户黏性，通过精确了解客户需求改善细节，提高用户体验，这正是它的生存之道啊！

在当今的市场环境下，随着客户地位的不断提高和客户消费理念及需求的逐步转变，越来越多的企业开始重视如何最大限度地满足客户需求。客户满意度作为一个综合评价指标，着眼于从客户角度测评企业所提供的产品和服务是否能够满足客户真实需求的能力，同时，也可以反映出企业所提供的产品和服务能够建立忠诚客户群和创造利润的能力。因此，让客户满意是所有企业奋斗的目标，而客户满意管理也是客户关系管理体系中不可或缺的理论构成。

第一节　客户满意概述

一、客户满意和客户满意度

（一）客户满意的定义

1965 年，Cardozo 首次在市场营销领域对顾客满意进行了试验研究，提出了顾客满意会带动再购买行为。之后，许多学者相继对顾客满意的概念进行了多角度探讨，提出了非常宽泛的顾客满意定义，较为典型的有：1969 年，Howard & Sheth 认为顾客满意是顾客对所付出的代价与获得的收益是否合理进行评判的心理认知状态；1981 年，Oliver& Linda 认为顾客满意是一种心理状态，顾客根据消费经验所形成的期望与消费经历一致时而产生的一种感情状态；1983 年，Westbrook&Reilly 认为顾客满意是一种情感反应，这种情感反应是伴随或者在购买过程中产品陈列以及整体购物环境对消费者的心理影响而产生的；1992 年，Fornell 定义顾客满意为顾客对产品或服务购买和使用后的一种总体评价；1995 年，Kotler 认为顾客满意是人们的一种感觉水平，它是顾客对产品或服务所感知的绩效与期望相比较的结果；1997 年，Oliver 定义顾客满意为消费者在消费过程中产品或服务满足需求程度的感受或一种反应。

虽然不同定义之间存在一定的区别，但是强调的重点一致：

（1）定义中的客户主要指实际消费的顾客，而不仅仅是支付产品或服务费用的客户；

（2）客户满意是一种感知，是情感的反应；

（3）这种感知是针对具体关注点的，诸如期望、产品质量、产品价格、服务过程等；

（4）满意是发生在特定时期的，如消费前、消费中、消费后或整个过程。客户的情感反应时间多发生在消费期间或实际购买之后，而且反应的强度会发生变化，表现为兴奋、惊讶、冷漠等。

综合这些观点，本书定义客户满意是一种感觉水平，它来源于客户在特定时期（消费前、消费中、消费后或整个过程）对产品或服务可感知的绩效与客户的期望所进行的比较。

【案例分析】

盛夏的一个中午，小李准备搭乘下午 1 点的公交车到火车站，当他气喘吁吁地在车门关上的最后一分钟，登上了一辆拥挤不堪的公交车时，他感到多么幸运和满足；而秋高气爽的一个下午，小李早早地来到公交车站，悠闲地等候了十多分钟，却没有在始发站"争先恐后"的战斗中抢到一个座位时，又是何等的失落和沮丧。

同样的结果——都是搭上没有座位的公交车,因为过程不同,小李的满意度大不一样,这到底是为什么?

(二)客户满意度的定义

客户满意度是客户满意的衡量准则,可以用一个简单的函数来描述,即

$$C=b/a$$

C——客户满意度;b——客户的感知值;a——客户的期望值

当这个比值小于1时,表示客户对一种产品或一件事情可以感知到的结果低于自己的期望值,即没有达到自己的期望目标,这时客户就会产生不满意。该值越小,表示客户越不满意。当该比值等于1或接近于1时,表示客户对一种产品或一件事情可以感知到的结果与自己事先的期望值是相匹配的,这时客户就会表现出满意。当该比值大于1时,表示客户对一种产品或一件事情可以感知到的效果超出了自己的期望,这时客户就会表现出兴奋和高兴,感觉的状态就是高度满意或非常满意,如图5-1所示。

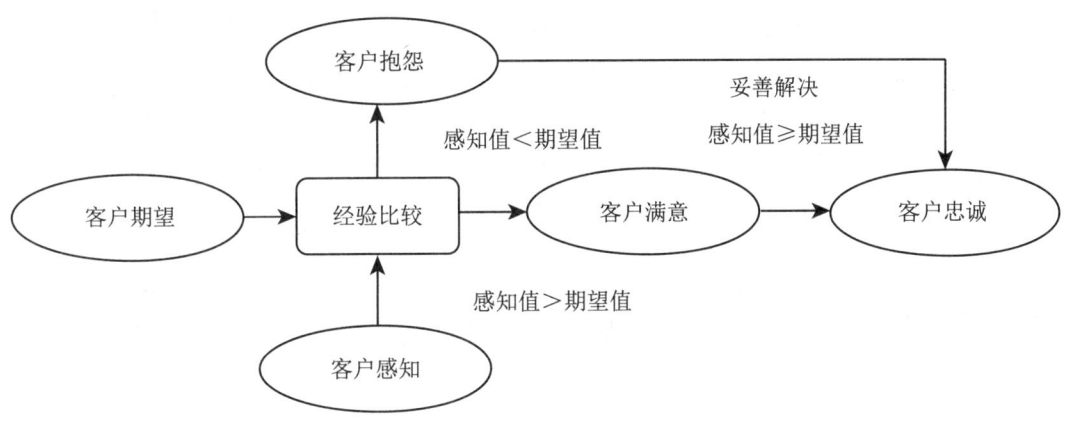

图 5-1　客户满意度

客户满意度反映的是客户的一种心理状态,源自客户对企业所提供的某种产品或服务消费所产生的感受与自己的期望所形成的对比。换言之,"满意"不是一个绝对概念,而是一个相对概念,所以,企业不能闭门造车,停留在自己对所生产产品的质量、价格或提供服务等指标是否需要优化的主观判断上,而是应该调查分析所提供的产品或服务或客户期望和需求的吻合度。

【拓展阅读】

对于客户满意度的研究,Athanassopoulos(2000)在定义客户满意度为客户期望被满足的程度的基础上,将客户区分为个体客户和商业客户,并对他们的客户满意度进行研究。

研究认为，个体客户满意度受五个方面的因素影响：创新、公司形象、价格、产品性能、便利性；而商业客户满意度受四个方面的因素影响：创新、公司形象、价格、产品性能。对不同类型用户进行模型检验的结果表明，客户对各因素的敏感度是有差异的，同时在管理上给出了经营建议。而 Verhoed 等（2001）从支付平等性（Payment Equity）的角度论述了客户满意度。研究将支付平等性定义为对产品价格的感受的公平性，并对这种公平性将如何来影响客户满意度进行了论述。研究表明，支付平等性和客户满意度的相关程度受三个维度的影响：关系的广度、关系的深度和关系的程度，还进一步讨论了这种关系对客户产生下一次购买和交叉购买的影响。另一方面，研究对于在企业和客户之间信息的交流和沟通给予了关注（Sharland，2001）。研究认为，交流和沟通对于企业和客户之间建立长期的关系具有重要的意义。研究论述了企业客户关系中的情感因素与交流和沟通的关系。同时在交流和沟通的程度及有效性与客户满意度和其他变量（如企业效益）之间建立了联系。在企业印象方面，Nguyen 等（2001）进行了论述。他们定义了两个概念：企业印象和企业声誉。研究从功能和情感两个方面来理解企业印象，而企业声誉则是对企业的一个连贯的总体的评价。研究对于企业印象和企业声誉的组成要素进行了论述，并对它们如何影响客户满意度以及客户忠诚度作了模型分析。同时，对这两个变量之间的关系也作了分析。

也有从人力资源的角度来分析客户满意度的。Bansal 等（2001）对企业内部（内部客户）与企业外部（外部客户）之间的客户满意度关系进行了分析。他们认为，为了吸引和保持住外部客户或者提高外部客户的满意度，对内部客户进行满意度培养是必要的。研究认为内部客户的态度包括三个方面：内部客户忠诚度、工作满意度和对管理层的信任。而这些态度的形成又由几个方面的因素决定：工作安全感、培训的广度、薪酬制度、信息透明度、工作环境和地位平等性等。研究围绕高的内部客户满意度如何导致高的外部客户满意度来论述，并对这个过程中各相关因素的影响进行了模型分析，从市场营销和人力资源的角度进行了一定的分析和论述。同时，也有从员工的客户取向来研究客户满意度的（Widmier，2002），主要围绕员工如何提高客户取向倾向，而客户取向如何导致较高的客户满意度来论述。对于企业员工的客户取向，Donavan 等（2001）认为，员工和客户对同一客户取向的感知是相异的。文章从客户的角度来度量客户取向，并论证了客户取向对客户满意度和客户对企业客户关系的认可度有正影响。而 Nebeker 等（2001）对航空业进行的数据处理结果表明，员工的满意度对企业表现和客户满意度有正影响。在酒店业方面，Kim 等（2002）的模型显示，客户满意度与厂商的经营管理理念和客户取向相关。也有研究涉及了文化对客户满意度的影响。Youngdahl 等（2003）从文化是否对客户满意度的驱动因素有影响着手，研究了文化与客户满意度的关系。他们认为文化有五个维度：阶级区分、不确定性规避度、个人主义、性别取向和时间观念。从这五个维度出发，他们研究客户满意度受此影响的程度，研究结果表明，文化对客户满意度的驱动因素并不存在显著影响。Youngdahl 等（2001）从客户参与企业客户关系培养的过程中所涉及的成本来论述客户满意度。他们将客户在这一关系的建立过程的成本区分为四个方面：准备、关系建立、信息交换和干涉。然后从这四个方面来讨论它们和客户满意度的关系，最后据此设计了一个系统以提高客户满意度。就客户的交流渠道而言，Ellinger 等（1999）认为应该通过三种方式来加强和客户的信息沟通：定期的会面、通过反馈进行非正式的接触和高层拜访，并分析了这三种方式对于客户满意度的影响。而 Bhatacherjee（2001）分析了在电子商务背景下，企业提高客户满意度的必要性和措施。

二、客户满意的特征

1. 主观性

正如前文所述，客户满意是顾客对企业提供的产品或服务在消费体验中的一种心理状态。产品或服务是客观的，而感觉却是主观的，具有较强的主观性。客户满意是对产品或服务消费过程的体验结果和消费前的预期进行比较，因此满意不能一概而论。满意的程度会受到客户主观因素的影响，比如年龄、学识、收入、价值观念、生活习惯等，同时也受到客户生活环境的影响，比如社会大环境、人文环境、经济环境等影响，因此，不同客户感受差异较大，客户满意具有强烈的主观色彩。

2. 层次性

客户满意取决于客户需求，根据马斯洛需求层次理论，人有五种层次的需求。不同社会地位、不同经济的顾客，需求层次也是不同的，客户的需求层次不同，满意程度也不相同，即使是同样的产品或服务，他们对满意的判断标准也会大相径庭。

客户满意从横向可以分为：理念满意（MS）、行为满意（BS）和视觉满意（VS）。理念满意就是企业的精神、使命、经营宗旨、经营哲学、经营方针和价值观念等带给企业内部客户和外部客户的心理满足感；行为满意是客户对企业"行动"的满意，是理念满意诉诸计划的行为方式，是客户满意战略的具体执行和运作。要做到行为满意就要建立一套系统完善的行为运作系统，系统运行的结果将带给客户最大限度的满意，且能保证最佳经济效益和社会效益；视觉满意是客户满意直观可见的外在形象，视觉满意帮助客户认识企业、识别企业、监督企业。企业在进行视觉满意设计时，必须认真考虑客户偏好，尽可能让客户感到亲切、自然，并把"客户满意、客户至上"的理念渗透到企业标志、商标、包装、户外标牌等静态企业识别的符号中，以获得客户满意，提升名牌企业的形象。

客户满意从纵向可以分为：物质满意层、精神满意层和社会满意层。物质满意层是客户在对企业提供的产品核心层的消费过程中所产生的满意，如功能、质量、特性、包装等，它是客户满意中最基础的层次；精神满意层是客户在对企业提供的产品形式和外延层的消费过程中产生的满意，如产品的形象和服务等；社会满意层是客户在对企业提供产品的消费过程中，所体验到的社会利益的维护程度，如产品的道德价值、政治价值和环境价值。

3. 相对性

客户满意取决于顾客以前的消费经验而产生的预期，与实际体验后的感受之间的差距，这种比较是一种相对的心理感知状态。客户一般不熟悉产品的技术以及成本等方面的指标，但他们会与以前的消费经验进行比较，或者将该产品与其他品牌进行比较，所以满意与否是一种相对的心理感受。

4. 阶段性

产品都有使用周期，服务也有时间性，而客户对产品或服务的满意与否通常会根据其曾经的消费经验来判断。顾客满意随着产品的更新升级以及顾客消费经验的增长，呈阶段性特点。产品或服务的更新速度越快，顾客的感知效果也越快，特别是在当今新产品推送速度加快的情况下，阶段性特征就尤为突出。

三、客户满意的意义

客户满意是企业追求的目标、制胜的法宝，满意度高的客户能够为企业带来巨大的利润和回报。

1. 降低客户开发成本

对企业而言，高满意度的客户能发挥广告宣传作用，提升企业的口碑并扩大企业品牌的影响力，同时为企业降低开发新客户的成本。比如，各地的街边小吃都是由"吃货"们口口相传而为更多人所熟知的。

2. 为企业带来稳定利润

高满意度的客户很大程度上会成为企业的忠诚客户，并对企业产品价格的上涨有一定的承受能力，实现对企业产品或服务的长期重复购买，这种重复购买行为能在无形中提高企业的效益，降低企业进行产品推广的市场成本，提高企业的长期利润。

3. 向企业提出产品或服务建议，影响企业的业绩，对企业长远发展意义重大

满意的客户会产生强烈的主人翁责任感，会主动向企业提出自己的想法和建议，明确企业产品研发改进的方向，提高企业的业绩和管理水平。

据权威调查结果显示，如果客户不满意，他会将其不满意告诉 22 个人，除非独家经营，否则该客户不会重复购买；如果客户满意，他会将满意告诉 8 个人，但该客户未必会重复购买，因为竞争者可能提供性能更好、更便宜的产品；如果客户高度满意，客户将趋向忠诚，他会将高度满意告诉 10 个人以上，该客户肯定会重复购买，即使与竞争者相比产品没有什么优势，因此，企业应将高度满意作为自己的最高追求目标。

【拓展阅读】

250 定律

美国著名推销员乔·吉拉德在商战中总结出了"250 定律"，即在每位顾客的背后，都大约站着 250 个人，这是与他关系比较亲近的人：同事、邻居、亲戚、朋友。如果一个推

销员在年初的一个星期里见到 50 个人,其中只要有 2 个顾客对他的态度感到不愉快,到了年底,由于连锁影响就可能有 5000 个人不愿意和这个推销员打交道,他们知道一件事:不要跟这名推销员做生意。这就是乔·吉拉德的"250 定律"。由此,乔·吉拉德得出结论:在任何情况下,都不要得罪哪怕一个顾客。

在乔·吉拉德的推销生涯中,他每天都将"250 定律"牢记在心,抱定生意至上的态度,时刻控制着自己的情绪,不因顾客的刁难,或是不喜欢对方,或是自己心绪不佳等原因而怠慢顾客。乔·吉拉德说得好:"你只要赶走一个顾客,就等于赶走了潜在的 250 个顾客。"

第二节　客户满意度的测评

一、客户满意度的影响因素

对于客户满意度的影响因素,国内外的研究者针对不同行业进行了相关研究。有学者认为影响客户满意度的因素是顾客参与与顾客感知的控制。研究发现:顾客的感知控制受到顾客参与的正面影响,顾客的参与程度也可以调节感知控制与顾客满意的关系。该观点从管理的角度认为:由顾客参与和感知控制的关系得出,感知控制的另一重要因素包含顾客参与,从而确认了三者之间的关系。即使有感知控制,未必会引起高度的顾客满意。因此,在满足感知控制的同时,应设法提高顾客的参与程度,这样才能获得高度的顾客满意。在顾客参与的研究领域,顾客对控制水平的感知会随着参与的程度而显著提升,而顾客控制感知水平的提高对顾客满意度的提升也有显著影响,同时,顾客参与程度也会调节感知控制与顾客满意的关系。

也有学者认为,如下四个方面也是影响顾客满意度的因素:一是产品本身。产品分为有形和无形两个产品要素。企业要对提供给客户的产品负责,要满足不同层次客户的个性需求。二是销售活动。销售活动分为售前活动和售中活动。企业一般在推出新产品之前会想办法让客户充分了解产品的信息,然后获取消费者对产品的看法。而作为企业,重点需要了解该产品是否达到了客户的期望,它与销售中的所有活动共同作用于顾客满意度。三是售后服务。随着客户满意度这个概念被越来越多的企业所接受,企业所提供的售后服务的范围也随之扩大。总的来说,售后服务分为两大方面:支持服务和反馈赔偿。如果售后服务不到位会降低客户满意度,相反,周到的售后服务可以弥补产品在销售中出现的问题,最终达到客户满意。四是企业形象和企业文化。企业应该通过各种途径,不断加强企业形象和文化的建设,这些建设都会影响客户的满意度。

国外主流的客户满意度理论是建立在认知心理学与顾客预期差异理论基础上的。而顾客满意度是基于多方面因素的概念,其中包含了顾客购买行为动机、情感和认知、评价标准和购买决定的形成等多个因素,同时,在这些阶段中也体现了顾客的生活习惯,相关知识，收入情况和价值观等。而对于制造业的企业来说，许多学者认为价格认知、客户期望、服务质量等因素是影响顾客满意度的主要因素。

本书结合国内外学者的研究，总结出以下几个影响客户满意度的因素。

1. 企业形象

主要是指企业的规模大小、品牌形象、企业的口碑及影响力等，也就是企业的管理和服务行为以及服务理念在顾客心目中留下的印象，即企业的品牌效应。也是客户过去对该产品或服务的消费经历。客户过去的消费经历和感知影响其现在的感知。同时，良好的企业形象可以扩大企业知名度，为企业的产品或服务创造出促进顾客消费的心理。提高企业对人才的吸引力，同时也能够提高投资者和合作者对企业的信任等级，进一步激发企业员工的积极性、主动性、创造力和对企业的忠诚度，从而为企业在竞争中创造更大的经济效益。

【思考】提升企业形象的方法有哪些？

2. 产品要素

企业的核心产品除了产品以外还包括企业提供给客户的服务。在激烈的市场竞争中，企业应切实全面考虑客户的实际需求，并以此为出发点开展经营活动，才能真正满足客户需求，让客户满意。

产品因素主要包括两个方面：

（1）产品的硬件条件，包括价格、质量、款式、外观、特性等方面。比如，企业在进行产品定价时，要考虑将提供的产品或服务的性价比与同行其他企业提供的产品或服务的性价比进行比较，判断定价是否合理，让顾客感到物有所值，即企业提供的服务质量与顾客所支付的价格成正比。因此，企业对产品或服务的定价，将对客户期望值产生直接关联和影响。企业服务的价格越高，导致顾客对产品形成服务期望值越高。即使对于相同的产品或者服务，由于顾客群体不同，顾客的感知由于其本身的挑剔性和对产品的潜在期望不同也会产生差别。所以，高性价比是一个优质产品或一项服务的重要组成要素，具备高性价比才能促使企业在竞争中占据优势。

（2）产品包含的服务。如果在产品使用过程中涉及很多服务，让客户满意就很难达到。客户期望获取除了企业所提供的产品或服务以外更多的交换价值，这种模式已逐渐成为客户选择和确定哪家企业的潜在判断标准。比如，七天无理由退货服务、免费上门安装、保修期延长、收银方式更新等。

【案例分析】

海底捞"变态"服务再升级！这次用的是黑科技……

就在马云"智能餐厅"亮相的当天，海底捞和用友共同投资的餐饮云公司"红火台"浮出水面，对外发布了最新的 SaaS 产品。海底捞以此为契机，计划完成自身 IT 系统的整合和重建，而智慧餐厅，是海底捞对其 IT 系统云计算化升级后的最新顶层设计。点餐收银系统，是海底捞 IT 系统重建工作中的第一个着力点。"新的系统在 7 月 1 号正式上线，10 月底前完成全门店覆盖。"海底捞信息部负责人邵志东表示。

海底捞的点餐收银系统的技术改造环节有以下几个亮点，如图 5-2 所示。

针对角色	应用新亮点
用户	支持"千人千味"计划，可记录点餐信息及个人喜好，再次光顾时（全球门店均可）店员可按用户喜好提供服务；
	PAD端点锅、点菜界面优化，支持自动埋单，绑定支付宝开通自动埋单功能后可一键自动支付；
	支持发票快开功能，发票快开在CRM系统中新增发票抬头，结账时自动将发票发送到开票吧进行开票即可。
服务员	操作PAD即可进行桌台管理（转台、拆台、批量并台等），对时价称重菜品下单；
	菜品管理：可以查看顾客点菜下单的时间，可进行多次催菜，确认上菜赠菜等可以选择数量或取消；
	支持混合支付，即顾客用了会员积分抵扣金额剩余款项可用现金、微信、支付宝等继续支付；
	可以通过PAD补打任一桌台账单。
后堂经理	通过操作PAD可以很方便地设置菜品估清、急推；
	可以设置菜品停用，让PAD上不再显示该菜品，门店菜品信息调整及时生效。
店长	通过PAD中的桌台总览功能可以实时查看全店顾客用餐情况；
	可以细致查询各项营业指标，了解门店生产运营情况。
收账员	通过PAD上的一键清台功能可以快速清台；
	通过门店后台管理系统账单报表功能可以快速收账。
文员	通过清账日结表能够自动进行日结工作，手动输入清点金额后，系统会自动计算差额；
	可以直接查询导出服务员计件工资、深夜班桌数，更加方便统计员工工资。

图 5-2 应用新亮点

这也意味着，此次改造将给海底捞的服务带来以下几个新提升。

1. 优化"千人千味"计划：满足顾客个性化需求，帮助店员进行个性化营销。比如优化"千人千味"计划，在口味选择上多出了部分选项，同时对每种火锅选材作出了一段精致说明，以前你可能只知道牛油麻辣火锅，现在你可以知道里面的"汤汤水水"。同时也修复了他们系统以往无法区分整份、半份价格的 bug。

2. "吃完就走"+自动开票：提升支付和开发票效率这一做法和马云的智慧餐厅有异曲同工之处。通过支付宝自动支付，吃完就走，这种智慧餐厅的操作模式在连锁中餐企业中的应用是比较先进的。发票快开环节，也大大提升了开发票的效率和便利性。

3. 强化会员制：增设优惠选项，主动送上积分抵扣和优惠券信息。

在此之前，海底捞会员积分更多的是一种"隐性福利"，顾客不会主动关心，遇到不太主动的服务员，这方面的福利就被忽略了。此次的升级强调会员制，为用户黏性加分。

事实上，运用科技提供服务，海底捞一直走得比较靠前，比如——在业内很早启用电话识别技术，只要打过电话，下次再打就能准确报出你的姓名、订位信息和需求；曾打造视频会议的高端定制服务，远在千里之外的亲朋好友可以虚拟"围坐"在一张桌子前吃火锅；也曾上线百度直达号平台，用户不仅可以订餐、叫外卖，还能玩游戏和参与线下活动……

尽管海底捞有些尝试让部分消费者感到"过分热情"，或者"隐私被侵犯"，但用科技满足个性化需求，已经是餐饮服务升级的大趋势。

3. 客户期望

主要是指客户结合过去的消费经历对企业所提供的产品或服务进行综合性评价。客户期望包括两方面，即对产品的期望和对服务的期望。客户对服务的期望有五种类型，即规范化服务、理想服务、可接受的服务、最低容忍的服务和理所当然的服务，不同类型的客户期望对客户满意的影响不同。最高水平为理想服务，即客户得到了超出其预期的服务水平。可接受的服务期望是位于理想服务和规范化服务之间的水平，即对可接受的服务水平有另一个较低的服务期望。客户在接受企业提供的服务过程中，会根据过去的服务感知经验对其进行预测服务，企业可通过明确的服务承诺或含蓄的服务承诺，以及与客户积极的口头交流来加深客户对其服务的感知印象。比如，企业可明确让客户知道企业在何时提供服务的水平比一般的时候高，使顾客不会对企业未来提供的服务产生过高预期。如果企业对客户的预期有比较积极正面的回应，与客户形成良好的沟通互动，将有利于发挥客户的广告宣传作用，让更多的客户选择企业所提供的产品或服务；如果企业与顾客的沟通比较懒散和怠慢，就会出现客户对企业产品或服务的预期较低的现象。

4. 客户感知服务质量

正如前文所述，客户满意度是由客户感知价值与期望价值的比值来衡量的。所以，客户感知服务质量则成为客户满意度的一个重要影响因素。客户感知服务质量，即客户对企业产品和服务水平的综合评价。客户对于企业产品和服务的感知，决定了客户的满意度。而企业提供服务或产品可能与客户预期之间存在一定的差距，这种差距形成了顾客对企业服务质量的评价。因此，对企业而言，了解顾客对服务的感知具有决定性作用。

5. 营销与服务体系

主要是指企业不断改善营销与服务体系，提升顾客服务感知质量，为顾客提供便捷的产品和服务。企业的营销与服务体系是否有效，是否能为客户带来方便，售后服务时间长短，服务人员的态度和响应时间，投诉与咨询的便捷性等都会影响客户满意度。同时，经销商作为中间客户，有其自身的特殊利益与处境，企业通过良好的分销政策提高其满意度，有助于经销商更好地解决消费者一般性的问题。此外，营销人员需要知道服务承诺与顾客期望的关联性。营销人员需要知道不同的服务承诺，比如明确的或含蓄的服务承诺对客户满意度的影响程度。与客户互动环节，企业应该重视顾客可能产生的各种微妙的信息差别。企业需要在与客户联系的过程中，坚持给客户提供正面的服务接触，提升顾客的良好感知。如果在此过程中，一个环节带来的负效应接触，极有可能损害顾客的整体感知，从而提高客户流失的潜在风险。事实上，企业能够给客户提供的服务是以企业思路为主导，与客户的预期有所差距，客户可能会因此产生不满或抱怨等多重反应，来表达对企业产品或服务质量的不满。在此情况下，企业应"以客户为中心"的服务宗旨，采取有效对策和解决方案来缓解客户的不满情绪，加强相互沟通在此环节中的重要作用，帮助顾客提升对交易价值的满意和认可程度。因此，在产品同质化现象严重的市场，这是保证企业在竞争中占据优势，提高客户满意度的重要举措。

二、客户满意度的测评

（一）客户满意度指数

客户满意度指数（CSI）是一种评测企业在满足客户需求方面的能力强弱的指标，是对客户关系管理进行评价的核心指标。由于客户满意度描述为失望或满足的心理活动，是客户的心理状态，但对于这类定性指标无法进行准确测量，必须转化为可测量的数字化定量指标，因此，客户满意度指数就是客户满意的定性描述指标的量化表现，是一种加权的平均指数。通过客户满意度指数我们可以对复杂多变的市场了如指掌，发现企业运行中的薄弱环节和发展战略中的缺陷。因此，客户满意度指数是企业制定政策和经营决策的基本依据。

此外，客户满意度指数测评对于顾客来说，也有如下三方面意义：

第一，有利于客户获取真实可靠的产品或服务质量的信息。客户可以从定期发布的客户满意度指数中获取产品质量信息，由于这种信息是经过第三方科学的、公正的测量和评价所得到的，因此，远比客户从企业通过各种媒体发布的广告中所得到的产品质量信息要真实可靠。客户满意度指数的高与低，可以作为客户选购产品或服务的决策依据，从而降低客户的决策风险。

第二，客户满意度指数通过他们对购买和使用产品或服务的评估发言来增加其利益。对产品质量的度量和评价，传统上都是由政府官员、研究人员等非个人消费来进行，与客户没有关系。客户满意度指数测评中的"客户"，是迄今三年内有购买测评产品的经历的人，因此，被测评的产品在客户使用期间的状态，是有客户根据自己的经历直接参与评价的。如果客户在产品使用期间发现产品有缺陷，就可以在客户满意度指数测评中直接表达出来。

产品的制造者或供给者将会十分重视这种信息，迅速采取措施加以弥补和纠正，加大对产品研究与开发的投入和管理，使产品日趋完善、可靠，力争使客户由不满意转为满意。所以，通过客户满意度指数测评让客户参与有利于满意度提高。

第三，有利于客户需求的满足。随着社会需求从数量向质量的转变，客户需求由低层次的生理需求向高层次的心理需求转变促使人们心目中的产品质量概念和价值观念都发生了很大的变化。通过客户满意度指数测评，企业能够准确地把握客户明示的和隐含的需求，并将这些需求及时地转化成产品质量要求。随着客户满意度指数测评的广泛而深入的开展，产品质量将越来越接近客户需求，进而超越客户期望。这种产品质量不断提高的受益者，无疑是广大客户。

（二）客户满意度指数模型

20世纪90年代以来，许多国家都开展了全国性的客户满意度指数测评工作，以此来提高本国企业的竞争力。具有典型性的主要有：瑞典客户满意度指数模型（1989）、美国客户满意度指数模型（1994）、欧洲客户满意度指数模型（1999）及中国客户满意度指数模型（2002）。

1. 瑞典客户满意度指数模型（1989）

瑞典客户满意度指数模型（Sweden Customer Satisfaction Barometer，SCSB）是最早建立的全国性客户满意指数模型，如图5-3所示。该模型的前导变量有两个：客户对产品/服务的价值感知；客户对产品/服务的期望。满意度的结果变量是客户投诉和客户忠诚度。忠诚度是模型中最终的因变量，可以作为客户保留和企业利润的指示器。该模型可以测评客户总体满意度与理想状态的差距。

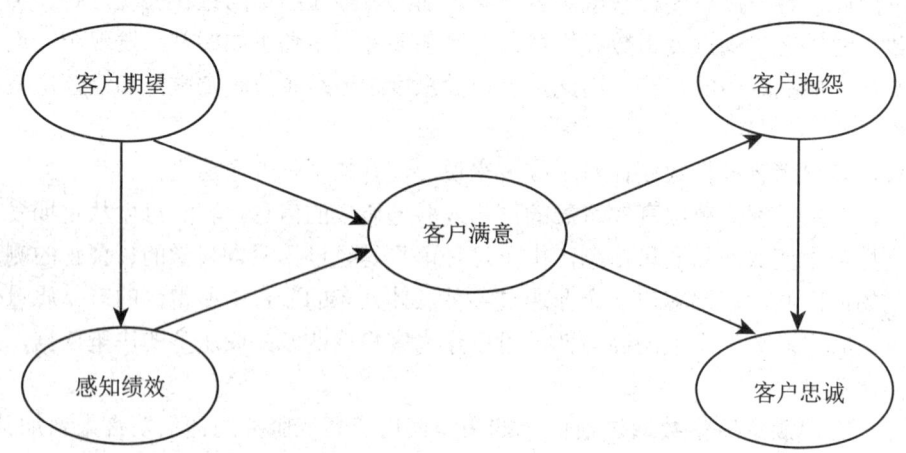

图5-3　瑞典客户满意度指数模型

2. 美国客户满意度指数（1994）

美国客户满意度指数（the American Customer Satisfaction Index，ACSI）模型是一种衡

量经济产出质量的宏观指标，是以产品和服务消费的过程为基础，对客户满意度水平的综合评价指数，由国家整体满意度指数、部门满意度指数、行业满意度指数和企业满意度指数四个层次构成，是目前体系最完整、应用效果最好的一个国家客户满意度理论模型，如图 5-4 所示。该模型比 SCSB 模型增加了一个变量，即感知质量。这个潜在变量增加的亮点在于：主要强调客户对于产品或服务质量的评价，而感知质量侧重点在于对于价格的评价，所以分离出来后，可以清楚地通过客户调查得出客户更看重的是什么，这个结论对于企业制定相关管理制度和营销策略至关重要。此外，通过感知质量连接的三个变量：顾客期望、感知价值和顾客满意，可以明确判断出产品或服务质量与其他三个变量间的作用关系。

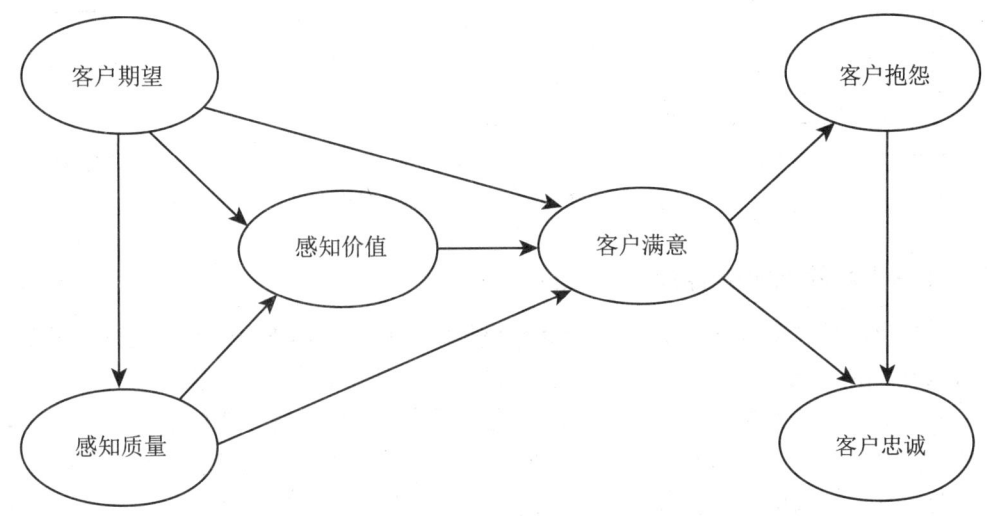

图 5-4　美国客户满意度指数模型

与其他模型相比，该模型科学地利用了客户的消费认知过程，能客观反映出消费者对服务质量的评价，综合地反映出客户的满意程度；同时，该模型所得出的结果可以在不同行业里进行比较，有利于企业服务质量的不断改进。ACSI 模型在实际调查研究过程中，大约需要 120～250 个样本量，即可计算分析得出一个企业非常准确的客户满意度数值。

3. 欧洲客户满意度指数模型（1999）

欧洲客户满意度指数（the European Customer Satisfaction Index，ECSI）模型继承了 ACSI 模型的基本架构和一些核心概念，如客户期望、感知质量、感知价值、顾客满意以及顾客忠诚，但又对 ACSI 进行了修正，主要表现为：去掉了 ACSI 模型中顾客抱怨这个潜在变量，如图 5-5 所示。因为许多国家的顾客投诉系统比较完备。同时，该模型加入了企业形象这一个潜在变量。企业形象指的是顾客凭借记忆和企业有关的联想，恰恰这些联想极有可能会影响顾客对于人们的期望和满意度的辨析。在模型的度量上，ACSI 模型从 1996 年以后才只针对耐用品类商品分别测评其产品质量和服务质量。但是 ECSI 模型在针对所有行业的测评中，都将感知质量统一地拆分为针对产品的质量评判和针对服务的质量评判。

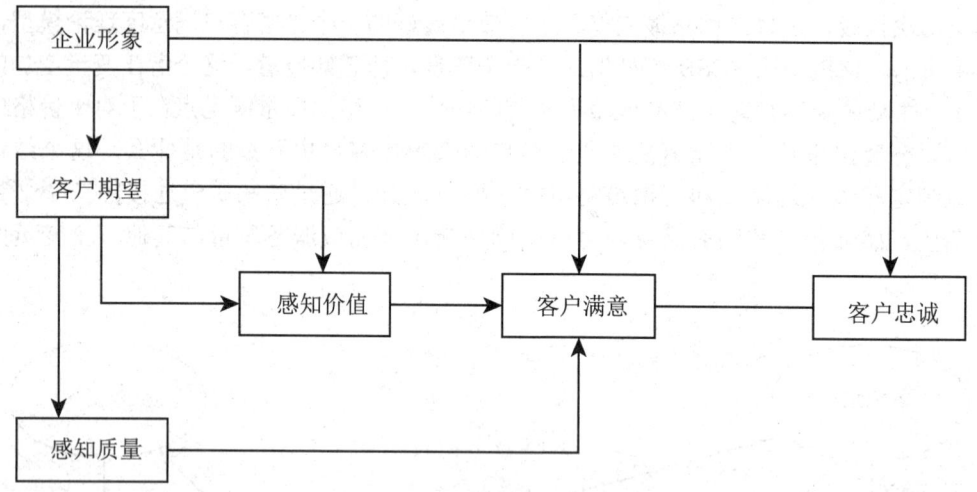

图 5-5　欧洲客户满意度指数模型

4. 中国客户满意度指数模型（2002）

中国客户满意度指数（China Customer Satisfaction Index，CCSI）模型的建立起步较晚，1997 年在中国质量协会、全国用户委员会的推动下，开始着手 CCSI 模型研究，并联合北大、人大、清华、社科院等国内顶极学术机构共同攻关，展开适合国情的中国客户满意度指数模型的设计工作，如图 5-6 所示。2000 年，由国家质量监督检验检疫总局和清华大学中国企业研究中心共同承担了国家"软课题"研究项目"中国用户满意度指数构建方法研究"，为在我国建立国家级用户满意度指数奠定了基础，此项目已在 2002 年 7 月通过了由国家科技部组织的专家成果鉴定会。

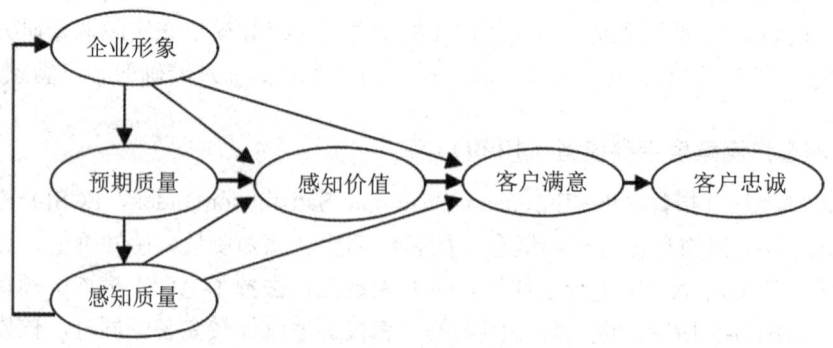

图 5-6　中国顾客满意度指数模型

CCSI 模型是在参照和借鉴 ACSI 模型的基础上，根据中国国情和特点而建立的具有我国特色的质量评测方法。CCSI 模型以用户作为质量评价主体，用户需求作为质量评价标准，按照消费行为学和营销学的研究结论，通过构建一套由预期质量、感知质量、企业形象、感知价值、客户满意和客户忠诚六个主要指标组成的严格模型，计算出消费者对产品使用的满意度指数。它的特点是收集客户对其感知到的质量状况和预期的质量水平等相关问题的回答结果，然后带入 CCSI 计量经济模型，计算出一个百分制的分数来显示客户的满意程度。

由于我国的客户满意度研究起步较晚，在制度建设方面仍不完善，仍未正式颁布国家级的客户满意度评价制度，由各种社会组织开展的客户满意度评价标准不统一、差异很大。所以我国的客户满意度研究，无论是从应用规模还是从深度来讲，都有很大的发展潜力。

总之，无论是国外还是国内客户满意度模型，在功能上具有一致性，均可以比较准确地反映出各个变量之间的关系。在实际测评应用时，需要把每个结构变量具体化，细化成每一个指标，通过分析计算得出各个指标对客户满意度的影响，由此，对于企业进行客户满意度研究提供了有力依据。

（三）客户满意度的测评步骤

结合前文所述国内外客户满意度指数模型，本文给出客户满意度测评的基本步骤：

第一步，确定调查对象。

由于不同的客户在测评前对企业的期待是不同的，有的客户容易满意，有的客户却不容易满意，因此，在测试客户满意度时，仅调查少数人是不够的，必须以多数人为对象，然后再将结果平均化。一般来讲，客户满意度测评的对象包括以下四种：

1. 现实客户

客户满意度测试的对象一般是现实客户，即已经体验过本企业产品或服务的现实客户。许多企业就是因为未能提供令客户满意的产品或服务而使客户流失的。所以，测评并提高现实客户满意度非常重要。

2. 使用者和购买者

客户满意度测评是以产品或服务的最终使用者还是实际购买者为对象，是需要预先明确的。由于产品或服务的性质不同，这两者经常存在差异。

通常的理解是把购买者与最终使用者合二为一，这在很多情况下是事实。所以以购买者为测评对象是通常的做法。但相反的情况也不少，如不直接面对最终消费者市场，以企业使用为主的生产资料，其使用者多是制造部门，而购买者则是供应部门。当然企业的目的是使这二者都满意，可以将二者都列为测评对象。

3. 中间商客户

企业把产品或服务提供给客户的方式是不一样的。有些企业并不与消费者直接见面，而是需要经过一定的中间环节，如很多食品和日用品。这时，客户对产品或服务的满意度与批发商、零售商这样的中间商就有很大关系，因此在进行测评时也不可忽略中间商这个

4. 内部客户

客户满意度的测评不仅包括对传统的外部客户的调查，还要包括对企业内部客户的调查。在很多企业中，由于没有树立"内部客户"的观念，各部门之间的隔阂很严重。各部门员工对外部客户的需求很重视，却忽视了上下线其他部门这样的内部客户，互补合作甚至互相拆台的事情时有发生。因此，企业内部客户的满意度是客户满意度测评中不可忽视的一方面，内部客户也是重要的测评对象。

第二步，建立客户满意度测评指数体系。

根据前文客户满意度指数模型的介绍，本文参考较为完整的 ACSI 模型，并对其中的六个变量进一步细分，建立客户满意度测评指数体系，如表 5-1 所示。

表 5-1 客户满意度测评指数体系

一级指标	二级指标	三级指标
客户满意度指数	客户期望	客户对产品或服务的总体期望
		客户对产品或服务质量稳定性的期望
		客户对产品或服务质量满足其需求程度的期望
	感知质量	客户对产品或服务的整体评价
		客户对产品或服务质量稳定性的评价
		客户对产品或服务质量满足需求程度的评价
	感知价值	客户对已知产品或服务质量下对价格的评价
		客户对产品或服务所付出成本的评价
	客户满意	客户对产品或服务及公司的整体满意程度
		客户期望与客户感知的对比
		实际表现与理想表现的对比
	客户抱怨	客户对产品或服务的抱怨
		客户对产品或服务的投诉
	客户忠诚	能抵制竞争对手诱惑的能力
		能承受一定幅度的价格上涨的能力
		重复购买的可能性

其中，各个指标的含义如下：

1. 客户期望及与其对应的显变量的定义

客户期望：客户在购买某种产品或服务之前的心理预期。总体期望：客户在购买某种产品或服务之前总的期望与估计。稳定性期望：客户在购买某种产品或服务之前对其出现问题可能性的期望与估计。个性化期望：客户在购买某种产品或服务之前对其可以满足自己特定需求程度的期望与估计。

2. 感知质量及与其对应的显变量的定义

质量感知：客户在使用某种产品或服务的过程中对其质量水平的实际感受。总体质量感知：客户在使用某种产品或服务的过程中对其总的质量水平的实际感受。质量稳定性感知：客户在使用某种产品或服务的过程中对其出现问题程度的实际感受。质量个性化感知：客户在使用某种产品或服务的过程中对其功能满足自己需求程度的实际感受。

3. 感知价值及与其对应的显变量的定义

价值感知：考虑了质量和价格后，客户对其所获利益的感受。给定质量下对价格的评价：考虑了总体质量水平后，客户对其所付的价格的感受。对所付出成本的评价：客户对其在购买过程中花费的所有成本后所获得的整体收益的感受。

4. 客户满意及与其对应的显变量的定义

客户满意：客户在购买、使用产品或服务的过程中及使用一段时间后所形成的最终的满意程度。总体客户满意度：客户在购买、使用产品或服务的过程中及使用一段时间后所形成的总的满意程度。实际感受同预期水平相比后的客户满意度：客户在购买、使用某种产品或服务的过程中及使用一段时间后，将产品的实际感受同其预期水平相比后所形成的满意程度。实际感受同理想水平相比后的客户满意度：客户在购买、使用某种产品或服务的过程中及使用一段时间后，将产品的实际感受同其理想水平相比后所形成的满意程度。

5. 客户抱怨与其对应的显变量的定义

客户抱怨：客户对产品质量或服务质量等不满意，非正式地向产品销售者埋怨或向其他人发牢骚。客户投诉：客户在使用某产品的过程中或使用一段时间后是否对产品质量或服务质量等产生过不满，并向产品销售者埋怨或向其他人采用各种方式的投诉行为。

6. 客户忠诚及与其对应的显变量的定义

客户忠诚：客户再次购买某品牌产品或服务的可能性大小，是客户内在积极态度、情感、偏好和外在重复购买行为的统一，由客户满意程度和企业对客户抱怨处理情况综合决定。

第三步，设计并发放客户满意度测评问卷。

设计客户满意度测评问卷必须依据上述测评指标来确定测评的内容。从客户满意度测评指标体系我们可以发现，测评问卷由客户满意度测评指标体系中的三级测评指标展开，然后按照问卷设计的方法和原则来设计问题，就能够达到了解客户的要求与期望、把握客户对产品或服务质量和价值的感知、计算客户满意度、识别客户对产品态度的动态变化趋势的目的。

在设计调查问卷时要注意客户满意度测评的本质是一个定量分析的过程,即用数字去反映客户对测量对象的属性的态度,因此需要对测评指标进行量化。客户满意度测评了解的是客户对产品、服务或企业的看法、偏好和态度,通过直接询问或观察的方法来了解客户态度是困难的。利用某些特殊的态度测量技术进行量化处理,将会使那些难于表达和衡量的"态度"既客观又方便地表示出来,这种态度测量技术所运用的基本工具,就是所谓的"量表"。量表的设计包括两步。第一步是"赋值",根据设定的规则,对不同的态度特性赋予不同的数值。第二步是"定位",将这些数字排列或组成一个序列,根据受访者的不同态度,将其在这一序列上进行定位。量表中用数字表征态度的特性出于两个目的。首先,数字便于统计分析;其次,数字使态度测量活动本身变得容易、清楚和明确。

客户满意度测评中使用了 5 级李克特量表,采用的 5 级态度是:满意、较满意、一般、较不满意和不满意,相应赋值为 5、4、3、2、1。如表 5-2 所示是利用李克特量表测评客户对某产品质量满意度的测评表。

表 5-2 客户对某产品质量满意度测评表

测评指标	满意	较满意	一般	较不满意	不满意
产品外观	□	□	□	□	□
质量稳定性	□	□	□	□	□
使用性能	□	□	□	□	□
安全性	□	□	□	□	□

通过了解可以汇总计算每个测评指标的客户满意度评价值,从而了解被访者群体对测量对象各方面的态度;也可以计算每个受访者对测量对象的态度总分,以了解不同被访者对受测对象的不同态度。

在客户满意度测评中我们常常会遇到许多定量的测评指标,而这些指标又不能直接用于李克特量表。为方便数据信息的搜集和统计分析,必须将这些指标转化成李克特量表所要求的测评指标。其转化的方法是,将指标的量值恰当地划分为 5 个区间,每个区间对应于李克特量表的 5 个赋值,这样就实现了指标的转化。

在确定了客户满意度测评指标体系之后,有必要邀请有关专家和具有一定代表性的客户,对确定的测评指标体系和评价标准进行论证,在认真听取意见的基础上,对确定的测评指标体系进行修改,以保证客户满意度测评结果的公正性和有效性。

在设计好客户满意度测评问卷之后有必要进行预调查。预调查不同于正式调查,它只需要较小的样本量,一般来说,只需要选取 30~50 个样本即可。对于这些样本的预调查尽量采用面访的形式进行,这样除了可以详细了解客户对产品或服务的态度以外,还可以了解客户对问卷本身的看法。根据预调查的分析结果可以对问卷进行修改和完善。

第四步,问卷送达回收。

问卷的送达与回收一般应委托第三方机构和社会监督员进行。与测评对象样本有直接技术业务责任关系的人员，不得直接参与问卷的送达与回收。问卷的送达与回收可采取派人直接送达与回收和信函邮寄送达与回收的方式，也可采用入户面访和电话访问的方式。

第五步，数据录入、汇总。

数据的录入、汇总应有专人负责，不得随意更改和增减。

第六步，计算用户满意度指数。

第七步，形成测评报告。

测评报告的形成为企业进行下一步工作提供指导。

【拓展阅读】

某超市客户满意度调查问卷

访问日期：_____年_____月_____日

客户对××超市满意度的调查问卷

先生/女士：

您好！我是××超市的员工，为了给您提供更好的服务，打扰您几分钟时间，帮我们填写一下调查问卷，非常感谢您的合作！

（在正确的选项上画"√"）

一、消费者基本信息

1. 您的性别：
   A. 男　　　　　　　　B. 女

2. 您的年龄层：
   A. "00后"　　　　　　B. "90后"　　　　　　C. "80后"
   D. "70后"　　　　　　E. "60后"　　　　　　F. "50后"

3. 您的职业类型：
   A. 政府官员　　　　　B. 企/事业单位管理人员　　C. 一般职员/工人
   D. 自由职业者　　　　E. 学生　　　　　　　　　F. 教师
   G. 失业/待业/下岗　　H. 退休/离休　　　　　　 I. 家庭主妇
   J. 其他（请注明）：_____

4. 您的住址距离超市：
   A. 1千米以内　　　　 B. 1～2千米
   C. 2～3千米　　　　　D. 3千米以外

二、消费者选择因素及需求（多选）

5. 您选择来这家超市购物的原因：
A. 离家近　　　　　　B. 商品种类丰富　　　C. 商品品质高　　　D. 商品价格低
E. 促销活动多　　　　F. 购物环境好　　　　G. 服务态度好

6. 您来超市主要采购的商品种类：
A. 生鲜（水果、蔬菜、肉品）　　　　B. 休闲食品　　　　C. 酒水饮料
D. 乳制品　　　　　E. 日用百货　　　　F. 卫生清洁　　　　G. 办公文具
H. 电器设备　　　　I. 粮油调料　　　　J. 其他（请注明）：_____

7. 您购买商品时会考虑的因素：
A. 商品的价格　　　B. 商品的质量　　　C. 商品的品牌　　　D. 商品的陈列
E. 是否做促销　　　F. 其他（请注明）：_____

三、消费者认可度（单选）

8. 请您对超市商品的各方面进行评价：
A. 商品的质量： □非常满意　□基本满意　□不满意　□很不满意
B. 商品的种类： □非常满意　□基本满意　□不满意　□很不满意
C. 商品的价格： □非常满意　□基本满意　□不满意　□很不满意

9. 请您对超市购物环境的各方面进行评价：
A. 商品的摆放： □非常满意　□基本满意　□不满意　□很不满意
B. 商品的布局： □非常满意　□基本满意　□不满意　□很不满意
C. 商品的丰富： □非常满意　□基本满意　□不满意　□很不满意
D. 超市的卫生环境： □非常满意　□基本满意　□不满意　□很不满意

10. 您对超市收银速度的看法：
A. 太慢，需要排队很长时间　　　B. 较慢，希望增加收银窗口
C. 较快，比较满意　　　　　　　D. 看时间段而定

11. 您对超市员工服务态度的评价：
A. 很好，态度礼貌服务到位　　　B. 较好，能够满足顾客的需要
C. 不好，有事不能妥善解决　　　D. 很差，需要改进

四、超市促销（多选）

12. 若超市举办促销活动，您希望购买的促销品：
A. 生鲜（水果、蔬菜、肉品）　　　　B. 休闲食品　　　　C. 酒水饮料
D. 乳制品　　　　　E. 日用百货　　　　F. 卫生清洁　　　　G. 办公文具
H. 电器设备　　　　I. 粮油调料　　　　J. 其他（请注明）：_____

13. 您选择促销品的最主要原因：
A. 促销员的热情推销　　　　　　B. 商品的性价比高
C. 促销形式新颖　　　　　　　　D. 与您的需求具有一致性

14. 下列哪些促销方式是您喜欢的：
A. 打折　　　　　B. 买赠　　　　　C. 返购物券　　　　D. 抽奖
E. 均一价　　　　F. 限时抢购　　　G. 特价　　　　　　H. 试吃或试用商品的促销
I. 会员享受优惠价　　　　　　　　J. 捆绑销售　　　　K. 购物满额送礼品
L. 积分兑礼品　　　M. 其他（请注明）：_____

15. 超市的促销信息从哪里了解到：
A. 报纸　　　　　　B. 电台　　　　　　C. 超市官方微信　　　　D. DM海报
E. 超市内广播　　　F. 超市内外的海报/宣传栏　　　G. 亲戚/朋友/同事处听说的
H. 公交车电视广告　　　I. 宣传车广告　　　J. 小区宣传栏
K. 户外LED电子屏幕广告　　　　　　L. 其他（请注明）：_____

五、超市潜在问题

16. 您在超市有无买过过期商品的经历：【若没有，请直接回答第18题】
A. 经常遇到　　　　　B. 有过，但很少　　　　　C. 从来没有遇到

17. 您在超市买到过期商品需要更换时，服务员的态度如何：
A. 热情主动地为你解决问题　　　　B. 基本上能满足你的需求
C. 虽然帮你解决问题，但态度恶劣　　D. 不理不睬，没有解决问题

18. 您认为超市哪些方面可以改进：
A. 商品的摆设和布局　　B. 商品的价格　　C. 商品的质量　　D. 商品的种类
E. 超市人员的服务态度　　　F. 超市的收银速度　　　G. 超市的购物环境
H. 超市周边配套商铺　　I. 其他（请注明）：_____

19. 如果不考虑地理因素的影响，您会选择哪家超市购物：
A. 新华百货连锁超市　　B. 物美超市　　C. 华润万家超市　　D. 北京华联超市
E. 双宝菜篮子　　　F. 天天鲜菜篮子　　G. 其他（请注明）：_____

20. 您选择这家超市的主要原因：
A. 商品质量好　　　　B. 商品种类丰富　　　C. 超市工作人员服务态度好
D. 促销活动多　　　　E. 购物环境好　　　　F. 其他（请注明）：_____

六、开放型问答

21. 您认为超市哪些方面对顾客是最重要的？
_____

22. 您认为目前这家超市还有哪些方面需要改进？
_____

再次感谢您的配合，我们将根据您的意见，认真改进工作，更好地为您服务，欢迎您经常光临我店。

第三节　提高客户满意度的途径

许多西方企业信奉这样一句名言:"最好的广告是满意的客户。"因为,一个高度满意的客户会:忠诚于公司更久;购买更多的公司新产品和提高购买产品的等级;为公司和它的产品说好话;忽视竞争品牌和广告,并对价格不敏感;向公司提出产品或服务建议;由于交易惯例化而使服务成本降低。对于一个正常的企业来说,保持客户高度的满意,才可以提高客户对企业及品牌的高度忠诚。而保持对企业的有益的客户忠诚,几乎是所有企业获取长期利润的关键。所以,企业应竭尽所能使客户满意,尽量减少有益客户的流失,提高客户维系率。

一、了解并控制客户的期望值

现实中,很多企业都面临着一个困惑,那就是对客户期望值的管理常常会给企业带来满意和销量的矛盾。企业为了刺激客户的购买欲望,经常会采用各种促销手段,这无形中会提高客户的期望值,导致客户不满的增加。如果企业把客户期望值定得太低,固然客户满意度提高,但不会增加初次销量,甚至减少了客户尝试的机会。因此,客户期望值应停留在一个相对合适的水平上。那么,如何把握客户的期望值呢?可以通过以下方式来研究。

（1）通过访问、调查和其他方式识别细分市场、客户和潜在客户群,包括竞争者的客户及他们的要求期望。

（2）识别产品和服务的质量特征以及这些质量特征对客户或客户群的相对重要性。

（3）与其他关键数据和信息进行交叉比较。这些数据和信息包括客户的抱怨、损失和收益,以及有助于了解客户要求和期望及关键产品和服务特征信息的绩效数据。

（4）按照实际能力有效地控制客户的期望值。首先,企业要时时跟踪客户需求变化动态,准确地识别客户的关键需求变化动态,准确地识别客户的关键需要和预测客户需求的可能变化,在满足客户对产品的本质需要的基础上,最大限度地满足客户对产品的表层需要。其次,营销人员应当经常保持与客户沟通,通过与客户的沟通,了解客户的需求和真实期望,有针对性地对提供的产品或服务加以解释说明,感恩客户的光临,与客户建立良好的关系,一旦达不到客户的期望,自然能够获得客户更多的谅解。营销人员积极与客户沟通表示关注,传递友善、积极合作的信号,这正符合客户对优质服务的期望。与客户保持经常性的沟通,不仅加强了营销人员与客户之间的联系,拉近与客户的心理距离,让客户感到亲切,还可以在问题出现后,相关人员能够第一时间了解具体情况,并积极主动处理问题。与客户保持经常性的沟通,也有助于减少或消除客户的失望情绪,在出现失误时获得客户更大理解,树立客户对企业的信心。最后,在了解到客户期望值后,如果能以各种方式提供客户期望之外的服务,会让客户感到意外之喜,满意度自然提高。比如,著名的迪士尼乐园在娱乐设施方面非常受人称道，它在客户满意度创造和控制方面也非常独到。无论节假日，迪士尼都人满为患，排队就成了一个大问题。迪士尼为此设计了一个电子等候牌，放置在通道口，上面显示着如果你从此开始排队，大约还需要多少时间。这些设施可以方便游客自由选择等候时间相对较短的项目，同时也可以减少排队游客的心理焦躁感。但奥秘还不仅于此，当终于轮到你的时候，你会惊喜地发现，你实际排队的时间比电子等候牌提示要少十分钟左右。其实，这是迪士尼的一个巧妙设计，目的就在于"做到的比承诺的多一点"，让游客感受到额外的惊喜和收获。这也是迪士尼以自己的方式控制游客期望的最好例证。

二、不断提升核心产品价值

核心产品是客户真正购买的基本服务或利益，是公司提供给客户最基本的东西。在竞争激烈的市场，公司全部的经营活动都要以满足客户需要为出发点，如果做不到这一点，客户永远不会满意。但是随着科学技术的迅速发展，相互竞争的公司所提供的核心产品基本相同，特别是在某些行业，产品质量标准已经大大提高，卓越的质量已变得很平常。因此，现在的客户对核心产品通常不太关心，他们经常寻找提供物中的其他成分来增加交换的价值或寻找它们与某个公司交易的理由。第一，增强商品的意识。它既包含了产品品质和服务等多方面的承诺，又被赋予一种象征意义，能够向客户传递一种生活方式，影响人们的生活态度和观点，从而为企业带来长久的效益，可以说，企业拥有了品牌就等于拥有了相对固定满意的客户。事实上，许多企业也证明了只有走品牌发展之路，才是企业的必由之路。创建品牌并不像想象的那么困难，企业要做的是成为客户心目中某个品类的代表。只要企业把握自己产品的准确定位，将品牌内涵传递给目标客户并强化他们的认知，企业就会走出自己与众不同的品牌之路。第二，产品创新。如果企业拥有了品牌而不思进取原地踏步就等于在倒退，企业原有的市场份额和领先地位将迅速丧失。随着经济全球化的进程、信息通信技术革命的推动和日益激烈的商业竞争，一项产品创新可能会迅速被竞争者模仿，从而失去其竞争优势。企业唯有将产品创新纳入有效的管理规划之中，并且不断进行产品创新，提高产品的差异化程度，降低运营成本，才能使客户的多样化需求得到满足，增强企业的竞争力，提高企业的投资回报率，保持长久竞争优势。

【案例分析】

戒不掉的奶茶

我们总是戒不掉奶茶。

根据欧睿咨询的数据显示，2016年中国咖啡及其他饮品店销售额合计926亿元，同比增长8.2%；其中包括奶茶店在内的其他饮品店销售额为413亿元，同比增长14.5%。美团点评与行业自媒体咖门联合推出的《2017中国饮品生态发展报告》显示，2017年全年中国市场约有9.6万家奶茶果汁店开门营业。

或许不用数据也可以说明这样的现象。从快乐柠檬和CoCo奶茶开始,我们对奶茶品牌有了一定的认识;随后是1点点奶茶,它已经拥有了大批簇拥者,甚至还出现了各式各样的表情包。随后我们到喜茶门口排队,现在又被黑糖珍珠击中。

但我们喝的已经不是同一种奶茶了。

2012年诞生,2015年在饮品行业爆发的喜茶,将奶茶市场又推向了一个新阶段。这批新式奶茶摒弃过去看似低廉的街边奶茶铺模式,开始讲求更有品质的茶基、更为健康的配料。它们开始进驻购物中心等热门商圈,强调选址及门店的设计感,并且通过积极塑造品牌个性化形象,吸引年轻一代消费者。更重要的是,他们总能制造出一些"网红爆款"。

新式奶茶更容易受到资本的青睐。2018年3月,奈雪的茶宣布获得由天图资本领投的数亿元A+轮融资,估值达到60亿元,表示未来将加速开店与落实整体品牌体验。2018年4月,喜茶宣布完成了美团点评旗下龙珠资本投资的4亿元B轮融资,用于全面提升供应链、管理信息化等。

"2012年第一批'90后'开始进入主流职场,基本每一年都有2000万人进入消费市场。到了2015年,已经积累了6000万消费总量,如今这一数字超过1个亿。"在国茶实验室创始人罗军看来,新式茶饮兴起是消费者端的变化。新一代消费者的需求变化,在一定程度上推动奶茶行业的创新迭代。

20世纪80年代,珍珠奶茶诞生于台湾,90年代开始传入大陆。2000年左右,大卡司、街客和CoCo都可茶饮逐渐兴起,并逐渐红遍全国街头。但这个时期的珍珠奶茶仍然以茶粉、奶精冲调为主。

1点点奶茶在创立初期也对外宣称是台湾奶茶50岚的"大陆版本",连门店的菜单都几乎一模一样。但是后者一直不承认这样的关系。

直到2011年,珍珠奶茶塑化剂事件爆发,人们开始对奶茶有了更高的需求。于是台湾的奶茶品牌推出以茶为基底的奶盖茶,它也开始成为奶茶市场的主力产品。台湾四云奶盖贡茶、主打芝士奶盖茶的喜茶也在这一时期开始兴起。眼下一大批主打奶盖茶的新式茶饮品牌,也都借鉴了这个品类。

从台湾奶茶20世纪90年代进入中国大陆市场开始,年轻一代就开始喝奶茶。所以这样的消费习惯一直延续至今,让这个消费客群对奶茶品类形成了消费黏性。

凯度消费者指数(Kantar Worldpanel)的研究称,在全国一二线城市户外饮料市场,2016年现制饮品的金额贡献已经达到45%,其渗透率达到66%,即2/3的人在2016年至少购买过一次现制饮品。而目前,中国一二线城市的消费者购买现制饮品的频次为年均14.3次。

奶茶没有在年轻一代消费能力逐渐变强的过程里缺席,由此形成了这个行业持续向上的姿态。由于奶茶店进入门槛较低,在需求一直存在的环境之中,不少人也开始进入这个市场。但是奶茶消费需求的升级,对这一行业要求更高了。

"优胜劣汰"的商业现实,在奶茶这个行业表现得更为残酷。《2017年中国饮品生态发展报告》显示,虽然2017年奶茶果汁店全年开店数达到9.6万家,但是也有7.8万家关门,一些无法形成规模与品牌优势的奶茶店几乎被淘汰。

各大新式奶茶在进入市场前几乎都在做同一件事，找到更好的茶。

潘攀是天图投资的合伙人，是奈雪的茶的 A 轮和 A+轮独家投资人。在他看来，与其他消费品一样，奶茶品牌要想从"网红"变成"长红"，关键在于"产品主义"。他表示，最好的产品就是用最好的原材料，奈雪的茶对于水果、茶底、奶等原料的种类与品质选择上，都花费了很多精力。

"过去传统奶茶议价能力低，用的材料也不好，但新茶饮有了定价权后，也支付得起更好的原料了。"罗军说。

只是找到品质标准高、产量和口味稳定的茶叶并不是一件容易的事情。

虽然中国有着很长的饮茶习惯，但茶叶生产缺乏统一的标准。许多传统茶农无法保证稳定的出产量与品质。不少新茶饮品牌为了保证产品品质，以及今后快速扩张时原料供应的稳定性，都开始寻求上游的话语权。

如何与供应链端合作获得满意的原材料，几乎是奈雪的茶投入最大精力在做的事。品牌创始人与产品研发团队会先调试出一个标准，按照这一标准与茶农或供销社下订单，进行独家合作，接下来再由供应商配合生产，之后还会根据客户反馈不断调试。喜茶创始人聂云宸也同样强调过供应链的重要性。

"某款新品的研发、流行，背后的主导力量在于供应链，供应链才是茶饮产品稳定的真正壁垒。"他说。喜茶的做法是试图掌控供应链的上游和终端，把制作留给中间的供应商，按照喜茶设计的配方进行茶的制作和拼配。

除了与来自世界各地的优质茶叶供应商紧密合作外，喜茶在上游还拥有自己的茶园。

"我们对自有茶园进行全程严密管控，包括种植的土壤是否优良，施肥的过程中采用何种肥料，是否达到国家标准、除虫的方式等。"喜茶 CMO 肖淑琴告诉界面新闻，"同时，也与大学实验室合作，进行新品种的培育，果园土壤改造等。"

奶茶的研发能力，是决定一个品牌是否被认可的关键，但消费者看不到这些。

大多数人不了解也不太关心这些奶茶品牌背后付出了多少精力。如果入口的那一瞬间他们感觉不满意，这些努力也许会统统作废。

如何用这些茶和原料制作出让人赞不绝口的饮料，其实是成败的关键。

喜茶研发团队每年会研发上百种茶饮，但真正能上市的只有最满意的 10 款左右。他们会在大众点评上一条一条地翻看顾客的反馈，然后记下来归类分析，进而优化产品配方。

有些消费者会反馈，"这只是一杯果汁，喝起来像水一样"。于是，研发团队就需要分析为什么感觉喝起来像水——是因为浓度不够，甜度、酸度不够，还是缺乏咀嚼感？随后再思考可否从配方到原材料进行调整，或者添加新的物料。喜茶芝士莓莓等明星产品，便是这样进行迭代升级。

而是否好喝、水果等配料的口味是否有好客能力、整体是否有"味觉记忆点"以及色泽颜值怎么样，这些都在研发环节的考虑范围内。

"研发人员喝了太多茶饮后对口味偏好较重，经常觉得新品味道寡淡，因而陷入研发困境。而消费者比较追求日常的口感，所以尽量用消费者熟知的元素、配料，不能太偏门。"肖淑琴说。如何在研究人员喜好和消费者口味之间找到合理的平衡点，也是喜茶在摸索的事情。

"喜茶凭借芝士奶盖这一经典产品打开市场的经历,让他们对消费者口味的掌握有了更多的理解,从而更重视产品味觉的丰富性与层次感。"她补充说。

各大新式奶茶还需要对市场变化快速反应,然后抢夺爆款先机。

三、优化服务方式和手段

(一)树立"客户至上"服务理念

理念指导行为。企业要为客户提供优质服务,企业的所有员工(包括企业的高层领导)首先必须树立和不断强化服务观念。企业应当将这种观念升华构建成一种真正意义上的企业文化,同时,应当建立一种更加完善的客户导向的方案和机制。例如,业界以服务取胜的著名餐饮品牌海底捞就始终以"客户至上"为经营理念,给予客户全方面最优质的服务渗透到企业上上下下,网上关于海底捞服务的段子层出不穷,甚至有一句话流传至今:人类已经无法阻止海底捞了。这样的服务理念已经上升到企业文化、企业形象的高度,所以在海底捞就餐的客户无一不表示出高度的满意感。

(二)改善服务态度

我们都知道,客户的消费体验直接关系到他的满意度,而影响客户消费体验的一个关键因素就是他所接受的服务。服务态度是服务人员对顾客的思想情感及其行为举止的综合表现,包括对顾客的主动热情程度、敬重和礼貌程度,服务态度是衡量服务质量的一项重要标准和内容。提到服务人员的服务态度,我们不禁想起沃尔玛的微笑服务。沃尔玛重庆店开业期间,店内员工胸前都挂着现金,服务标准化,如果不微笑顾客可以直接将现金取走。

【案例分析】

日本有一家企业想扩建厂房,看中了一块近郊土地欲购买。同时也有其他几家商社看中了这块地。但这块地的主人是一位老太太,说什么也不愿意卖。一个下雪天,老太太进城购物,顺便来到这家企业,想告诉企业的负责人死了这份心。老太太脚下的木屐沾满雪水,肮脏不堪。正当老太太欲进又退的时候,一位年轻的企业服务人员出现在老人面前:"欢迎光临!"小姐看到老太太的窘态,马上回屋想为她找一双拖鞋,不巧拖鞋没有了,小姐立刻把自己的拖鞋脱下来,整齐地放在老太太脚下,让老太太穿上。等老太太换好拖鞋,小姐才问:"老人家,请问我能为您做些什么?"老太太表示要找企业的负责人木村先生,于是这位小姐小心翼翼地把老太太扶上楼。

就在老太太踏进木村先生办公室的一刹那,她决定把土地卖给这家企业。

后来,这位老太太对木村先生说:"我也去过其他几家想买地的公司,但他们的接待人员没有一个像你这里的这位小姐对我这么好,她的善良和体贴,很让我感动,也让我改变了主意。"

（三）改进服务方式

服务方式就是服务的具体形式和方法。如果说服务态度是首要条件，那么服务方式则是进一步的深化。企业应当因地制宜，在充分了解客户的基础上，创新服务提供的方式和模式，提升服务水平，实现全面顾客服务。尤其是消费升级的到来使线上线下的产品在品质、功能、价格上的区别均将消弭，消费者将从以往注重价格的理性消费逐渐转变为注重服务的感性消费，因此，服务方式的多样化刻不容缓。

【案例分析】

慢 得 先 机

在我所住小区附近，有两家面食店。店老板都是外地人。一开始，两家店的规模都差不多，桌子凳子都是十张左右。我经常到他们那边吃线面，对我来说，并没有特意选择去哪家吃，因为线面的做法和味道都差不多，无非用当地的老鸭加上一些中药熬出来的补汤，然后把线面在水里捞一遍后放进补汤中。

为了赶时间，有的时候我会选择人比较少的那家店去吃面。久而久之，我发现，其中的一家店铺的生意越来越差，每次去吃面的时候，只能看见依稀的几个人在里边。而旁边那家店的生意却非常火爆，一大堆人排队等着。

几个月后，隔壁店里的位置明显不够坐了，于是店老板在店门口再次摆下了十几张桌子。

我很是奇怪，觉得不应该这样。有一次，我经常去的那家面店临时关门有事，我只好去隔壁这家店排队吃面。在等待的时候，我发现这家店的线面，在开水中捞过一遍后，会放进凉开水中30秒左右再加入老鸭汤，吃的时候不觉得烫嘴，几分钟就可以吃完，而且吃完不会满头大汗。

当我再一次来到原来那家店吃线面的时候，我很留心观察店家是怎么捞面的，结果店家将线面从沸腾的水里捞出后，直接加入老鸭汤，吃面的时候，很是烫嘴，只好慢点吃，十几分钟才吃完，还吃得满头大汗。

后来，我也跑到隔壁那家店去吃面。再后来，我以前常去的那家店因为生意不好而关门了。而隔壁店，顺势把我常去的哪家店盘了下来。再后来，隔壁店老板全款在我住的小区买了套房子，和我成了邻居。

其实想想，愿意多花30秒帮客户凉面，表面上是浪费了时间，其实是在为自己的成功加分助力。多了30秒凉面，食客吃面的时候就可以减少5～8分钟。这样不仅给食客提供了舒适的用餐感受，还能在同样多的时间内，为更多的食客提供服务，获取的利润自然也就更大。

在高压下的生存环境中，谁的动作快，谁的效率高，谁就可以先发制人，胜人一等。但是，有些时候，成功不是只有快才能占得先机，慢个30秒，好好思考，把握方向和方法，才是成功的前提。反之，则可能离成功愈来愈远。

（四）提高员工满意度

【案例分析】

东航返航事件

2008年3月31号，中国东方航空云南分公司从昆明飞往大理、丽江、西双版纳、芒市、思茅和临沧六地共十四个航班返航，航班飞到目的地上空后，乘客被告知无法降落，又都飞回昆明，导致昆明机场更多的航班延误，上千余名旅客滞留机场，大家聚集在柜台前要求退票或者改签。东航方面给出的解释是"天气原因"，而同一飞往上述地区的其他航空公司航班则正常降落。

据工作人员透露，此次航班集体返航事件，诱因可能是两天前在飞行员宿舍流传的一封公开信，信中提出四条飞行员应该警醒的理由，包括相对同行而言，待遇太低、一些针对飞行员的检查"使飞行员自尊受到巨大伤害"、工资和补贴标准没有与税收标准接轨、飞行员辞职或者转会索赔金额高。

4月7日，东航对其云南分公司部分航班"不正常"事件，首次公开承认存在人为因素，并称已对涉嫌当事人实施停飞和调查处理。

那么，归根结底，是什么原因导致此次航班返航事件呢？

此次东方航空公司的航班返航事件折射出东航的员工满意危机，不仅产生了巨大的社会影响，更给企业带来了激烈的冲击，严重损害了广大消费者的利益，更打击了其他员工的工作积极性，更重要的是，此次事件严重影响了公司在消费者心目中的形象，损坏了公司的品牌形象。

所谓员工满意，是相对用户满意而言的，是指一个员工通过对企业所感知的效果与他的期望值相比后所形成的感觉状态，是员工对其需要已被满足程度的感受。它是员工的一种主观的价值判断，是员工的一种心理感知活动，是员工期望与员工实际感知相比较的结果。

而员工满意度是指员工接受企业的实际感受与其期望值比较的程度，即员工满意度=实际感受/期望值。它是员工对其工作中所包含的各项因素进行评估的一种态度的反应，据权威机构研究表明，员工满意度每提高3个百分点，企业的顾客满意度将提高5个百分点；员工满意度达到80%的公司，平均利润率增长要高出同行业其他公司20%左右。

提高员工满意度，可以从以下几个方面入手。

1. 提供公平的竞争环境

根据员工能力的不同、岗位性质的不同设置不同的岗位工资，从而做到相对公平。每个努力上进的员工都希望公司提供公平的竞争环境。公平能使员工相信有多少付出就会有多少公平的回报，这样员工才能安心地工作，远离投机取巧钻空子。公司的公平原则能够使员工感到满意并且心无杂念地服务于客户，努力让客户满意。

在工作中，员工最需要的就是公平竞争。在法国，麦当劳的每个员工都处在同一条起跑线上。一个有文凭的年轻人入职之初要当4~6个月的实习助理，做最基层的工作，如炸薯条、收款、烤牛排等，学会保持清洁和最佳服务的方法。第二个工作岗位则带有实际负责的性质：二级助理。每天在规定的时间内负责餐厅工作，承担一部分管理工作，如订货、计划、排班、统计等在实践中摸索经验。晋升对每一个人都是公平的，适应快、能力强的人晋升就快。

松下公司则重点推行资格制和招聘制，大大增加了人事管理的公平性和透明度，提高了员工的竞争意识和组织活力。公司首先在内部提出某个需要公开招聘的职位，各类员工均可应聘，但必须提出自己的工作计划、参加类似设计比赛的竞争活动，并接受相应的资格测验。经过各项定量的考评之后，最终确定相应的人员。为了更好地实施资格制和招聘制，松下公司还改革了工资制度，工资总体上分为资格工资和能力工资，使人事考评公开化。

2. 创建自由开放的企业氛围

现代社会中人们对自由的渴望越来越强烈。员工普遍希望企业是一个自由开放的系统，能给予员工足够的支持与信任，给予员工丰富的工作生活内容，员工能在企业里自由平等地沟通。

古语说："疑人不用，用人不疑。"所以，企业要想提高员工满意度，必须给予员工足够的信任与授权，让他们自主地完成工作任务，放开手脚，尽情地把工作才能发挥出来。韩国三星集团创始人李秉哲就一直坚持这一用人之道。在"三星商会"开业不久，他大胆地起用了一直没找到工作、被他人视为危险人物的李舜根。除银行的巨额贷款、大批量的原材料进口等少数重要问题外，他几乎把全部的日常业务都交给了李舜根。后来的事实证明，李舜根是可靠的人，对推动"三星商会"的迅速发展起到了重大作用。又如，著名的海底捞公司对于员工的授权可以说是餐饮企业的典范。在海底捞，从管理层到普通员工，都拥有超乎一般餐饮企业员工所拥有的权力：200万元以下的开支，副总经理可以签字；100万元以下的开支，大区经理可以审批；而30万元以下的开支，各个分店的店长就可以做主。就连普通的一线员工，都大权在握：他们可以自主地向食客赠送水果拼盘或者零食；如果食客提出不满，他们还可以直接对餐费打折，甚至免单。正是由于海底捞出色的授权，让员工能够在第一时间解决食客的不满，所以才会使食客对其出色的服务感到惊叹。

自由开放的企业应当给员工提供工作轮换的机会，让员工到本职以外的部门和工作岗位任职。这种任命一般是暂时的。索尼公司就实行工作岗位定期轮换的制度，以保证员工有更多的发展机会，对工作始终保有新鲜感。

自由开放的企业应当拥有一个开放的沟通系统，以促进员工之间的关系，增强员工的参与意识，促进上下级之间的意见交流，保证工作任务更有效的传达。在通用电气公司，从公司的最高领导到各级领导都实行"门户开放"政策，欢迎职工随时进入他们的办公室反映情况，对于员工的来信来访妥善处理。公司的最高领导和公司的全体员工每年至少举办一次生动活泼的"自由讨论"。通用公司努力使自己更像一个和睦、奋进的大家庭，从上到下直呼其名,无尊卑之分,互相尊重,彼此信赖,人与人之间关系融洽、亲切。

3. 给予员工足够的关怀

人需要群体的温暖,是具有社会性的动物。关爱员工的企业必然给予员工良好的工作环境,给予员工更大的工作支持,员工可以安心地专注于工作。企业的关爱还表现在适时地给员工以夸奖和赞扬,鼓舞员工士气,当员工做出成绩时向员工公开地、及时地表示感谢,可以定期组织员工聚餐、体育竞赛、拓展等,设立晨会、夕会制度,及时与员工保持沟通。企业对于员工的关爱必将使员工满意度上升。比如,日本丰田公司就设有自己的"全天候"型体育中心,里面有田径运动场、体育馆、橄榄球场、足球场、网球场等。丰田公司积极号召员工参加运动部和文教部,使员工在体育运动和爱好的世界中寻求自己的另一种快乐。这样既丰富了员工的生活,强健了他们的体魄,同时也培养了他们勇于奋斗的竞争精神,目的是更好地促进生产。丰田还大力提倡社团活动,如车间娱乐部、女子部等,促进员工与员工之间关系融洽。丰田对社团活动寄予的另一个莫大期望,是培养领导能力。因为无论社团的规模大小,要管理下去就需要计划能力、宣传能力、领导能力、组织能力等。另外,丰田公司活动丰富,比如综合运动大会、长距离接力赛、游泳大会等。在这些活动中,总经理、董事等领导只要时间允许都要参加,一起联欢。所有这一切,在不知不觉中提高了员工的素质,增进了员工对公司以及领导的感情。

【案例分析】

"血汗工厂"亚马逊

"全世界最大的电商网站""7800多亿美元的估值""冲击万亿美元市值的二号种子",这些都是时常出现在新闻头条的亚马逊的标签。

在这家拥有近57万员工的公司中,占比最大的不是工程师,不是运营人员,而是物流仓库工人。而日益增加的订单数量,早已让这些工人不堪重负。

2018年5月初,美国全国职业健康与安全理事会发布了一份骇人听闻的报告,在这份抬头写着"将员工生命之余危险之上的雇主"的报告中,亚马逊赫然名列第一。

而将亚马逊送上"冠军"宝座的,就是其臭名远扬的仓库,作为"改变美国人对快递速度期望"的公司,亚马逊凭借其Prime会员项目,把美国其他快递公司打压得喘不过气来。普通用户每年支付99美元,就可以升级为Prime会员,享受包邮和两日达服务。

而这一造福于会员的项目,反过来成了压倒仓库员工的稻草。前有老板的喋喋不休,后有订单流水般的传送,仓库工人别无选择。

亚马逊仓库的工作环境不可谓不糟糕,危险无处不在,在这些殉职的工人中,有人被仓库内卡车碾压致死,有人被叉车冲撞致死,有人被停车场的体育设备撞到,全身多处受伤,最后不治而死。但是,撇开这些,归根结底,最重要的因素还是工作强度高,公司又在一刻不停地监视员工。

贝索斯坐拥 1000 亿美元身家，是世界上最富有的人，而他巨大财富的背后，是仓库工人开工就不知道收工的时间，还有无处不在的摄像头。而在本就严苛的工作环境之上，亚马逊并未给仓库工人提供足够的健康和安全保障，甚至事故保障也没有。

亚马逊仓库非常大，工人们如果想上一趟卫生间，差不多要 10~15 分钟，这对他们来说无疑太奢侈了。

一天 10 小时的工作中，工人们只有两次 15 分钟的休息，几乎屁股还没在凳子上坐热，又得打起精神来上货。因此，人人都养成了习惯：没事不喝水，甚至还有许多人准备了专门应对尿急的瓶子。

午餐也是战场。在 30 分钟的午餐时间里，仓库工人们跑步到金属探测仪跟前，排队……排队……排队……排队……探测，而在这个过程中，很多人已经把手上的汉堡吃完了，因为根本等不及你坐下来吃完再跑回去探测。所谓休息 10 分钟，排队半小时。

在惩罚仓库工人工作"不认真"上，亚马逊采取了一种看似系统，实则毫无人性的累进式做法。

一旦发现谁在说说笑笑，下一秒领导就会找过来，发表"你的工作何其重要"的长篇演讲；多次长篇演讲可"兑换"1 次记名，5 次记名可"兑换"主管谈话，3 次主管谈话之后就 say goodbye。

对于工人的抱怨，媒体的指责，亚马逊一概推至门外，称"员工对仓库工作环境的描述不准确"。他们坚持为工人们提供了安全、积极的工作环境，从仓库开门那天起，工人们就享受着丰厚的福利。

至于说什么连上厕所的时间都没有，那更是荒谬。"走到卫生间非常近，工人们想去随时可以去啊！"

或许，只有仓库机器人能救救亚马逊了。

（五）在企业与员工之间建立利益共同体

在企业里，员工的个人目标与公司目标的一致性是能够使员工产生积极性的重要因素。企业与员工之间的一致性首先表现为经济利益目标的一致性，这种一致性是来自对共同利益和共同目标的认同、构建共同的价值观念、形成一致目标的利益共同体。企业追求利润目标是其存在的前提，员工获得经济利益是其最终目的。企业最大的经济效益与员工最大的满意是相辅相成的，二者缺一不可。员工的满意必定会带来企业的效益，牺牲员工个人利益而仅仅追求企业效益是不会长久的，也不是真正实现了企业的经济目标。

没有一种方法可以百分之百保证提高客户满意度。根据企业的客户和竞争环境的性质不同，提高客户满意的路径也不同。此外，有时企业甚至需要接受满意度较低的状况，来追求更大的市场份额，吸引更大的客户基础。但是，没有一家企业可以在客户不满意的状态下持续很长时间。因此，尽管客户满意非常重要，但它不能影响稳健的经营策略和财务监督机制。企业要在不赔钱的情况下，努力成为客户首选品牌，提高客户满意度，实现企业盈利和客户满意双赢。

课 后 练 习

一、选择题

1. 客户满意是一种（　　）。
   A. 感觉水平　　　　　　　　　　B. 自我判断
   C. 主观意识　　　　　　　　　　D. 评价标准
2. 客户非常满意是指（　　）。
   A. 期望值＞感知值　　　　　　　B. 期望值＜感知值
   C. 期望值＝感知值　　　　　　　D. 期望值≤感知值
3. ACSI 由（　　）构成。
   A. 国家整体满意度指数　　　　　B. 部门满意度指数
   C. 行业满意度指数　　　　　　　D. 企业满意度指数

二、简答题

1. 什么是客户满意？
2. 影响客户满意度的因素有哪些？
3. 提高客户满意度的途径有哪些？

三、案例分析

台塑创始人王永庆15岁时到一家小米店做学徒。第二年，他用从父亲那儿借来的200元钱做本金自己开了一家小米店。为了和隔壁的日本米店竞争，王永庆颇费了一番心思。

当时大米加工技术比较落后，出售的大米里混杂着米糠、沙粒、小石头等，买卖双方都是见怪不怪。王永庆则多了一个心眼，每次卖米前都把米中的杂物拣干净，这一额外的服务深受顾客欢迎。

王永庆卖米多是送米上门，他在一个本子上详细记录了顾客家有多少人、一个月吃多少米、何时发薪等。算算顾客的米该吃完了，就送米上门；等到顾客发薪的日子，再上门收取米款。

他给顾客送米时，并非送到就算。他先帮顾客将米倒进米缸里。如果米缸里还有米，他就将旧米倒出来，将米缸刷干净，然后将新米倒进去，将旧米放在上层。这样，米就不至于因存放过久而变质。他这个小小的举动令不少顾客深受感动，日后专买他的米。

就这样，他的生意越来越好。从这家小米店起步，王永庆最终成为今日台湾工业界的"龙头老大"。后来，他谈到开米店的经历时，不无感慨地说："虽然当时谈不上什么管理知识，但是为了服务顾客做好生意，就认为有必要掌握顾客需要，没有想到，由此追求实际需要的一点小小构想，竟能作为起步的基础，逐渐扩充演变成事业管理的逻辑。"

同样是卖米，为什么王永庆能将生意做到这种境界呢？

第六章　客户忠诚管理

【导入案例】

美捷步的用户体验

1999年，26岁的华人小伙谢家华成立了一家卖鞋子的网站，取名美捷步（Zappos）。在这家公司，谢家华采取了一系列让人瞠目结舌的措施：

顾客买1双鞋，他们送3双鞋试穿，而且365天免费退换货。

仓库一天24小时、一周7天运作，为的是让顾客尽早收到货。

网站的客服电话也是任何时候都可以接听，能为你做很多事情，甚至可以帮客户点外卖、订酒店。

顾客想买的鞋子如果断货，客服会在至少3个其他平台上去找鞋，并推荐顾客去购买，哪怕其中包括竞争对手！

这样的成本、这样的投入，你觉得这家公司能撑多久？一年、半年，还是三个月？

事实上，这家公司不仅没倒闭，而且业绩一年比一年高：经过1999年、2000年的沉寂，2001年公司收入增长5倍，达到了860万美元，此后以每年翻一番的速度增长——2002年3500万美元、2003年7000万美元，到了2007年，美捷步的销售额已经达到了8.4亿美元！2012年，亚马逊以12亿美元收购了美捷步，一举刷新电子商务企业收购史上最高收购额的纪录！

如此不计成本的投入，就能把公司越做越大，还能得到亚马逊的认可？美捷步的创立和发展，又有什么奥秘？

美捷步的成功秘诀只有一个——"无敌式用户体验"，以下6条，足以吸引任何一位想要买鞋的客户！

（1）丰富的产品选择。

在美捷步的网站上，共有1200多个品牌，20多万个款式，400多万双鞋，足以让绝大部分人都能买到自己喜欢的鞋，这是任何一家购物中心都无法实现的。

（2）一双鞋子有8个角度的照片。

从2008年开始，美捷步的每种颜色和风格的产品都有8张照片，顾客很容易看清楚整双鞋子,还包括鞋子的详细说明。

(3) 快速便捷的送货体验。

美捷步的仓库通常有 120 万双鞋,而且仓库是在美国快递巨头 UPS 的机场附近,一天 24 小时、一周 7 天运作。虽然承诺 4 天内送达,但客户往往第二天就能收到他们买的鞋。

(4) 买 1 双送 3 双试穿,365 天免费退换货。

每一位顾客在美捷步购买一双鞋子,会收到 3 双一模一样的鞋子,顾客可以在试穿之后,保留最合适的一双,其他 2 双退回来,而且免邮费!在 365 天内,如果你对鞋子有任何不满意,你都可以无条件退换,同样免邮费!

(5) 90 天延期付款。

在美捷步买鞋,顾客最晚可以在购买后 90 天才付款,再加上 365 天免费退换货,顾客买鞋可谓毫无心理负担。

(6) 变态的客服。

一般公司都不太注重客服,觉得这只是安抚客户的一个部门。但在美捷步,客服可以用自己的思路来解决顾客的问题,无须得到任何人批准。

假如你在美捷步找不到自己想要的鞋,客服会至少为你提供 3 个同类网站(甚至包括竞争对手),让你找到自己想要的鞋子。把客户送给竞争对手,哪有那么傻的事情?但美捷步并不傻,它并不在乎每一通电话是否能给公司带来效益,它只在乎这通电话是否能够达成客户的期望。

所以,除了买鞋之外,美捷步的客服还能为顾客解决所有问题——

有顾客打电话来,说很孤单想聊聊天;有顾客打电话问,明天和女生约会该穿什么样的衣服……

你打电话过去,想聊什么就聊什么,想聊多久就聊多久,统统没有问题,最长的一次甚至聊了 6 个小时!

有一次凌晨 1 点,一个客户打来电话,说想吃海鲜披萨,但他出差在外,酒店 11 点之后就不供应披萨了,情急之下想到了美捷步。仅仅过了 2 分钟,美捷步的客服人员就给那个客户找到了 5 家离他最近并且继续营业的披萨店!

因为 365 天包退换,美捷步的退货率高达 25%,再加上近乎变态的客服,每年美捷步就要在这上面支出近 1 亿美元!看起来支出庞大,但因为美捷步不打广告,这 1 亿美元算是美捷步仅有的支出了。

这笔费用的回报是惊人的,美捷步平均每份订单的金额达 90 美元,毛利率高达 35%。而且,美捷步 75% 的顾客都是回头客。这些回头客的交易额是新顾客的 15 倍,维护成本却只有新顾客的 1/6。也就是说,美捷步的交易额越高,流量成本就越低。因此,美捷步的销售收入才会节节攀升,而且这个案例也三次被写进了哈佛商学院的教案。

在当今激烈的市场竞争中,许多客户不仅对于企业产品要求日趋严格,对于企业的服务质量也越来越重视。有统计数据显示,当企业能够留存客户的比率增加 5%,企业的盈利将有可能提高 25%~100%。不少企业开始意识到客户才是其赖以生存的基础,也是其发展的土壤和资源,纷纷把提升客户忠诚度和客户满意度作为企业的长期战略目标。

第一节　客户忠诚概述

客户忠诚度的研究起源于 20 世纪初的客户满意度理论的衍生，客户忠诚的概念是由 Copeland（1923）首次提出的，此后学术界便对之进行了广泛而深入的研究，但关于客户忠诚的概念界定，学术界也有着不同的观点。总的来说，这一概念经过近百年的发展，学者们的观点经历了一维理论、二维理论和四维理论几个发展阶段，其含义越来越具体和丰富。

客户忠诚一维理论的代表是 Tucker（1964），Tucker 认为，客户是否忠诚，可以通过其行为来判断，如果客户连续购买某一品牌的产品 3 次，即可以认为客户忠诚于这个品牌，一维理论的重点是行为忠诚论。

客户忠诚二维理论，最早是由美国学者 Day（1969）提出的，他认为只有同时分析客户的行为和客户对企业的态度两个要素，才能准确衡量客户忠诚。美国学者 Dick&Basu 将二维理论进一步完善，Dick&Basu（1994）将客户忠诚定义为对重复购买的一种长期承诺，涉及行为忠诚和态度忠诚两个方面。行为忠诚是指客户重复购买某一品牌的产品或服务的行为，这种重复购买行为可能是由于客户对品牌有好感造成的，也可能是由于购买便利、消费习惯、过高的转换成本、无替代产品等因素引起的；而态度忠诚是指客户在情感上偏爱某品牌，这种态度可能是由于该品牌具有与客户的生活方式、个性、价值观念等相一致的特征，也可能是由于企业对客户长期优质的服务引起了情感上的信任和依赖。

客户忠诚四维理论的代表 Oliver（1999）认为，客户忠诚是指客户高度承诺在未来重复购买所偏好的产品或服务，实际产生重复购买行为，且不会因为市场的变化和竞争对手营销的影响而产生转移行为。Oliver 将客户忠诚分为四个维度，分别是认知忠诚、情感忠诚、意向忠诚和行为忠诚。认知忠诚是指客户具有某一品牌要优于其他品牌的信念，因为了解产品价格、性能等优于其他产品而产生的忠诚，属于低层次的忠诚。情感忠诚是指客户在长期满意地使用某产品或服务后对产品产生的偏爱，因为满意才逐步忠诚，并且可能演变为再次购买的忠诚的意向或者行为。意向忠诚是指客户在对某一品牌持续的积极情感影响下，对该品牌产生了一种再次购买冲动或者深层次的再购买承诺，但这种冲动未转化为再次购买的行为。行为忠诚则是指客户的忠诚意向转向了购买行为，客户具有克服障碍再次购买的意愿。

随着研究的深入，目前学者们已经达成共识，客户忠诚包含客户态度忠诚和客户行为忠诚两个维度，同时具有忠诚态度和忠诚行为是衡量客户是否真正忠诚不可或缺的维度，甚至态度忠诚是保障客户持久行为忠诚的基础。同时，持续购买的行为和口碑传颂，是忠诚客户两个比较容易衡量的基本特征，客户的忠诚态度和忠诚行为同时受多方面因素影响。

一、客户忠诚的概念

如表 6-1 所示，结合上述学者的研究，本书把客户忠诚（Customer Loyalty）定义为：客户忠诚指的是客户在较长的一段时间内对企业或者企业的产品及服务产生的一种选择性偏好。一般来说，客户忠诚至少包含以下三方面内容。

（1）从心理角度讲，忠诚的客户往往对企业及其产品和服务产生一种高强度的依赖，这种依赖可能来源于消费者对企业及其产品的信任感，也可能来源于客户在使用产品及服务过程中感受到的有用性、满意度和性价比等，还有可能来源于客户的个性因素。

（2）从行为角度讲，忠诚的客户一般会产生重复购买的欲望和行为，同时还会主动向其亲朋好友推荐企业的产品和服务。

（3）从时间跨度上讲，忠诚的客户会关注并支持（包括再购买及向他人推荐）企业及产品，而且这种关注和支持会持续较长一段时间。

表 6-1　主要学者对客户忠诚的不同定义

研究学者	客户忠诚的描述
Jacoby & Chestnut，1978	高频度的购买（即重复购买）
Colombo & Morrison，1989	客户长期选择某种品牌产品或服务的可能性
Moorman Etal，1992	客户认同某种品牌所导致的在很长时间内对该品牌的持续购买
Tucker，1993	连续 3 次以上的重复购买
Dick & Basu，1994	伴随着较高的积极态度取向的重复购买行为
Zeithanml，1996	客户支付价格与费用的意愿
Oliver，1999	高度承诺在未来一贯的重复购买偏好的产品或服务，并因此产生对同一品牌系列产品或服务的重复购买行为

二、客户忠诚的衡量

1. 时间维度

客户忠诚具有时间特征，它体现为客户在一段时间内不断关注、购买产品或服务。如果客户与企业只有一次交易记录，那自然不能认为该客户的忠诚度很高。因此，客户与企业交易关系的持续时间是测度客户忠诚的指标之一。

2. 行为特征

（1）客户重复购买率。客户的重复购买率是指客户在一段时间内购买企业产品或者服务的次数。在确定的时间内，客户购买产品或服务的次数越多，说明客户偏爱该产品或服务。

（2）客户挑选时间的长短。有关消费者行为研究表明：客户购买产品都会经历挑选这一过程。挑选意味着客户花费时间用于了解产品，同时也包括客户比较不同企业产品的过程。如果客户对于企业的忠诚度较低，那么他们会花很长时间来收集信息，比较不同企业提供的产品或服务，最后才决定是否购买。相反，如果客户信任企业的产品，那么他们用来挑选产品的时间就会缩短，会快速决定产品的购买。因此客户挑选时间长短也可以测量客户忠诚。

（3）购买费用。对企业而言，在客户用于某一产品预算不变的情况下，购买本企业产品的金额增加，则表明客户对本产品的信任程度提高，忠诚度增加；或者客户扩大产品预算用于增加购买本产品，也表明客户忠诚度提高。

（4）顾客对价格的敏感程度。价格是影响客户购买产品或者服务的重要因素之一，但并不意味着客户对各种产品的价格变动都有同样的态度和反应。许多研究和企业实践证明：对于喜欢的产品，客户对其价格变动的承受能力较强，客户对价格的敏感程度低；反之，对于不喜欢的产品，客户对其价格变动的承受能力较弱，一旦价格上涨，客户会立刻减少购买行为，客户对价格的敏感度高。

3. 情感特征

（1）客户对企业的信赖。客户对企业的依赖会让客户主动向周围的人推荐企业的产品和品牌，提升企业的口碑和影响力。

（2）客户对产品质量问题的态度。任何企业都会出现质量问题，当问题出现时，如果客户对企业的忠诚度较高，那么客户会采取相对宽容的协调解决的态度；相反，若客户对企业的忠诚度较低，则会让客户感到强烈的不满，会要求企业给予足够的补偿，甚至会通过法律途径解决问题。

（3）客户对待竞争品牌的态度。一般而言，当客户对企业的忠诚度较高时，自然会减少对竞争品牌的关注，而把更多的时间和精力用于关注本企业的产品；相反，如果客户对竞争品牌产品有兴趣并且花费较多的时间了解竞争品牌，那么就表明客户对本企业的忠诚度较低。

三、客户忠诚的意义

20世纪90年代，美国Bain & Company公司进行了迄今为止规模最大的对客户忠诚和企业盈利能力之间关系的实证性研究，该项研究通过对美国服务业的研究发现，在不考虑其他因素的情况下，客户在接受企业服务的头五年，为企业提供的利润是逐年上升的。在这项研究中，克里斯廷·格罗鲁斯认为，客户忠诚对企业盈利能力的影响主要表现在以下几个方面。

1. 争取新客户成本

大多数行业都需要利用外部营销手段来争取新的客户，实践证明，争取新客户的成本非常高，而维系老客户的成本则呈下降趋势。一般来说，争取新客户的成本是维持一位老客户成本的一倍。由此可见，忠诚的客户给企业节约的成本是非常明显的。

2. 基本利润

在很多服务行业中，客户所支付的价格在头几年甚至若干年内都无法弥补服务的成本。但在另外一些情况下，客户支付的价格在第一年就可以将服务的成本完全弥补，累计的利润会逐步抵消争取新客户的成本，当然，每个行业的情况可能会有所不同。

3. 成本节约

在客户和服务提供者相互了解后，服务过程会变得更加顺利，服务速度也会提高，而且服务失误率也随之降低。由此，为每个客户提供服务的成本会减少，相应地，企业的利润会增加。

4. 客户推荐

忠诚的老客户往往会通过口碑推荐，给企业带来新客户，从而降低吸引新客户的成本。

5. 溢价

在许多行业，老客户比新客户更愿意以较高价格来接受企业的服务。许多对新客户必须支付的成本在老客户那里都可以省去。当然，即使是老客户，也并不总是愿意支付溢价。

除上述直接效应外，忠诚客户还会增强企业员工和投资者的自豪感与满意感，进而提高员工和股东的保持率；反过来，忠诚的员工可以更好地为客户提供产品和服务，而忠实的股东也不会为了短期利益而做出损害长远价值的行为，从而进一步加强客户忠诚，形成一个良性循环，最终实现总成本的收缩和生产力的提高。

四、客户忠诚的分类

关于客户忠诚的分类，从不同角度思考有不同的分类方法。以下是比较流行的几种客户忠诚分类方法。

（一）忠诚度钻石

忠诚度钻石是根据客户购买的产品和服务的品牌数量与客户的投入程度将客户划分为忠诚者、习惯性购买者、多品牌购买者和品牌转换者，如图6-1所示。

忠诚者和习惯性购买者往往只购买少数几个品牌的产品和服务，表现出较高程度的行为忠诚。这两类顾客是对企业收入有较大的正面影响，但是两者的心理动机有所差异，忠诚者愿意花费时间和精力来保持与企业的关系，习惯性购买者则是因为企业可以提供他们需要的产品和服务，一旦企业不能提供他们需要的产品和服务他们就会选择离开。多品牌购买者和品牌改换者也有较为类似的购买行为，他们购买多种品牌的产品和服务，企业通常从一个购买者身上获利较少。多品牌购买者为了不同的消费场合购买不同的产品和服务，而品牌转换者则更多地为了价格上的优惠而改换产品和服务。

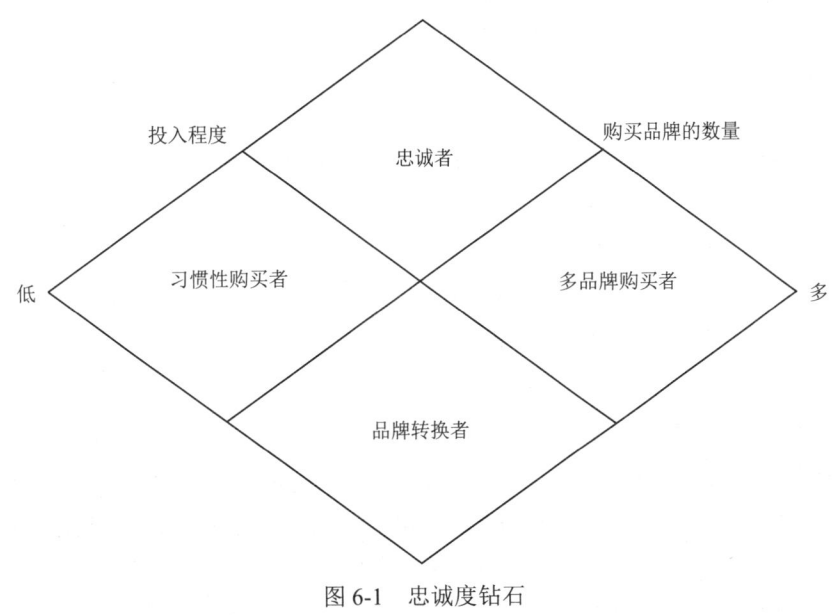

图 6-1 忠诚度钻石

（二）忠诚用户分类

这是一种更流行的划分方法，是根据客户对企业的产品和服务的续购率和客户对本企业的相对态度，把客户分为忠诚者、潜在忠诚者、虚假忠诚者和不忠诚者四类，如图 6-2 所示。客户的相对态度是指客户偏好本企业的程度，以及客户对本企业和其他企业的态度差异。

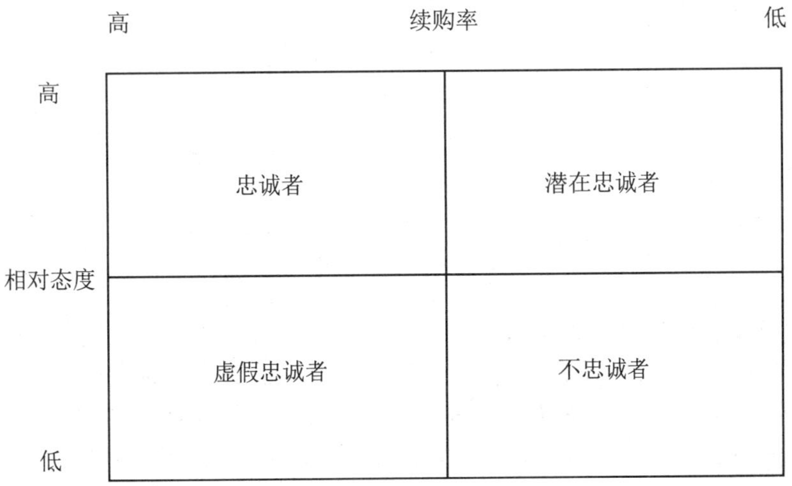

图 6-2 忠诚用户分类

忠诚者续购率高，觉得企业更好是企业追求的对象，发现市场占有率高的企业，其忠诚客户的比例也较高。忠诚客户一般不会特意搜集其他品牌的信息，不会因其他企业的促销活动而离开，更愿意向他人推荐自己忠诚的品牌。

潜在忠诚者是对企业怀有强烈的情感偏好，觉得这个企业的产品和服务好，但是由于某种因素，他们购买该产品和服务并不多。这是企业需要发掘的一类客户，需要企业来为客户创造条件，使客户购买本企业的产品。

虚假忠诚者目前表现出一定的行为忠诚，但是他们的购买动机通常不是因为对企业的情感，而是因为市场上可以选择的同类产品少，或者是习惯于购买本企业的产品，这类用户对企业有一定的贡献，但是通常不大。

不忠诚者是对任何企业都没有忠诚度可言，他们认为各个品牌没有什么差别，经常转换品牌，所以更多地依靠价格之类的因素来选择。

（三）客户忠诚矩阵

著名的专家 Brian Ward 曾提出了一个客户忠诚矩阵的概念。Brian Ward 认为，有关客户满意与客户忠诚方面的内容可以划分为四个方面，即客户忠诚矩阵。使用所谓的"客户忠诚矩阵"是为了帮助企业更好地理解客户的期望。

根据客户期望与客户表达与否，可以把客户分为四种类型，如图6-3所示。

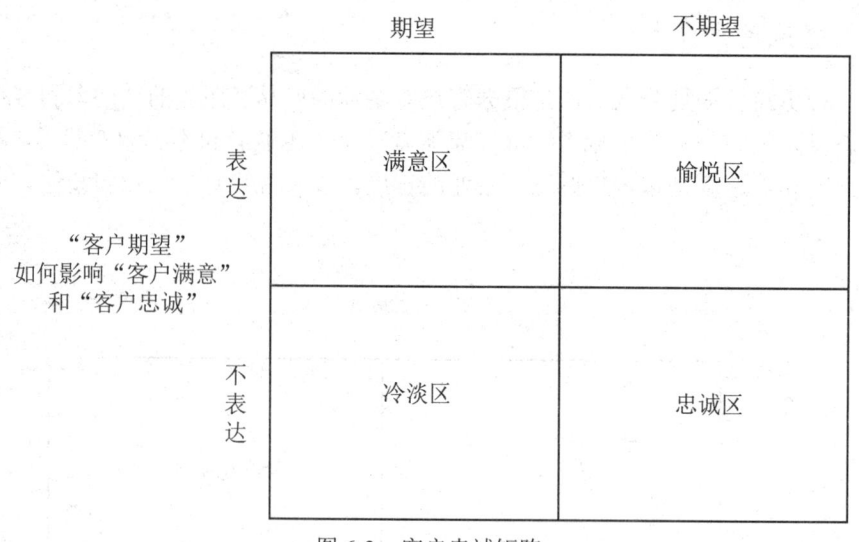

图6-3 客户忠诚矩阵

区域1：不表达/期望——冷淡区

该区域表示可以具有很高的期望，但是客户又不善于表达。客户期望能够得到公司的礼貌和尊敬，但是当公司问他们有什么需求时，他们可能会感到迷惑不解（甚至会产生一种受到侮辱的感觉）。如果公司没有满足他们内心的需求，将会引起他们的"不满意"；如果公司满足了这种基本的、显而易见的需求，公司能得到的最好也只是"冷淡"。

区域2：表达/期望——满意区

该区域的客户习惯于告诉公司什么对于他们来说是重要的。该区域非常重要，它是企业提升客户忠诚的关键。企业满足该区域客户的需求将会获得客户的"满意"，反之，如果没有满足将会引起他们的"不满意"。例如，客户可能期望在一次购买中获得一定量的打折，同时客户也提出明确的请求（或协商）。这是一种客户期望，并且竞争对手已经为客户提供了这种益处。因此，企业必须慎重对待处于该区域的客户。

区域3：表达/不期望——愉悦区

该区域的客户期待某事物，又不期望公司来提供。但是公司可以获得为客户提供期望以外一些事物的机会，并且通过此，让客户感到"愉悦"。例如，某客户可能只会询问有关溢价产品的信息，如果企业不提供该信息，可能会导致"不满意"。因此，这是企业建立"忠诚"客户群时需引起高度重视的区域。

区域4：不表达/不期望——忠诚区

在该区域的客户，既不对公司的产品/服务提出期望，又不表达他们对其他事物的期待。因此，如果公司能够在客户不明确需求的情况下，为客户提供超出客户期望之外的益处，也很可能培养了"忠诚"客户。而这往往给企业提出了更高的挑战，需要公司具有前瞻性眼光。例如，汽车安全气囊的最初引入是一种解救生命的创新，但是客户在熟悉它们之前，并不能询问或期待这种创新的出现。

以上四个区域都非常重要，为了获得更多的处于忠诚区的客户，企业首先必须攻克其他区域，这没有什么捷径。在努力设计或再设计一个产品/服务时，探索每一个区域，使用一些框架、一些标准化的方式来对客户的绩效进行分类是很有益的。

（四）基于持久性和依赖性的客户忠诚分类

从图6-4中可以看出，根据客户对企业的依赖性和客户忠诚行为的持久性，可以将其划分为垄断忠诚、亲缘忠诚、潜在忠诚、利益忠诚、惰性忠诚和信赖忠诚。

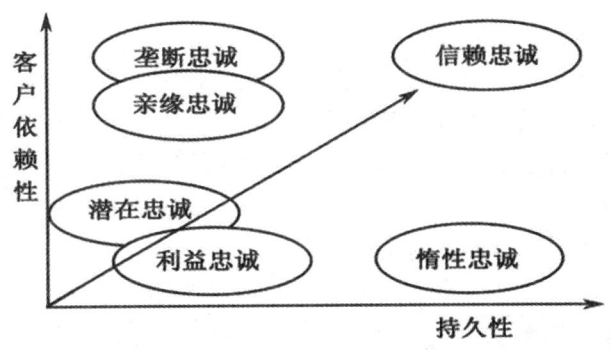

图6-4 基于客户持久性和依赖性的客户忠诚分类

垄断忠诚是因为市场上只有一个供应商，或者由于政府的原因而只允许有一个供应商。此时，该供应商就形成了产品或者服务的垄断，客户别无选择，只能选择该供应商提供的产品或者服务。例如，一些资源性垄断行业，由于国家赋予的垄断特权，没有相同服务的提供者或转换的成本过高，客户只能接受他们的服务，唯一的选择就是忠诚，所以，垄断忠诚的客户依赖性比较大，但是一旦这种垄断关系被打破，一部分客户就会立即转向其他的竞争对手。

亲缘忠诚是指企业自身的员工甚至包括员工的亲属会义无反顾地使用该企业的产品或服务。比如，电信公司的员工会向他们的亲朋好友推荐使用电信宽带业务。这是一种很牢固的客户忠诚，但是很多情况下，客户对该产品或服务并非完全满意。他们之所以选择该产品或服务，仅仅是因为他们属于这个企业，或者是其亲属属于这个企业。

潜在忠诚是指客户虽然拥有但是还没有表现出来的忠诚。通常的情况是，客户可能很希望继续购买你的产品，或是享受你的服务，但是你们公司的一些特殊规定或其他的客观因素限制了客户的需求。比如，某网店实行买两件产品包邮的活动，虽然客户很想购买一件产品，但是又很难挑选出另一件，所以索性放弃购买。

利益忠诚来源于企业给予客户的额外利益，比如价格刺激、促销政策激励等。有些客户属于价格敏感型，较低的价格对其有很大的诱惑力，因此在同类产品中，他们对于价格低的产品保持着一种忠诚。另外，新进入市场的企业在推广产品时会突出一些优惠政策，这些政策对很多用户有着巨大的诱惑力，因此，在此期间，这些客户往往对这种产品保持着一种忠诚。但是这类客户的忠诚并不完全稳固，一部分客户通过初期的使用慢慢对这一产品真正产生了兴趣，或是对该企业感到十分满意，这种忠诚就变得稳定和持久了；而另一部分客户则在产品价格上涨或是企业的优惠政策取消后，就放弃了该企业，这种忠诚也就消失了。

惰性忠诚是指客户由于惰性而不愿意去寻找其他的供应商。这些客户对公司也许并不满意。有些客户出于方便的原因或是因为惰性，会长期地保持一种忠诚。如果其他公司能够让他们得到更大的实惠，这些客户便很容易被人挖走。

信赖忠诚是指客户在了解、消费企业产品或者服务的过程中与企业有了某种感情上的联系，或者对企业有了总趋于正面的评价而表现出来的忠诚。具有信赖忠诚的客户不仅在行为上表现在不断重复购买，同时在心理上也对企业的产品或者服务有高度的认同感。这种忠诚不同于前几种客户，它是高可靠度、高持久性的。

总之，在各类忠诚之中，信赖忠诚用户的依赖性和持久性是最高的，因而这是企业最终追求的目标，也是客户关系管理的最终目标。实际上，当企业为客户提供便利，并由此而导致客户在信赖的基础上保持和增加从该企业购买的行为，当客户在没有诱因也能成为公司的拥护者时，客户忠诚就产生了。因此，当企业察觉到客户产生了某一忠诚之后，应当想办法引导其朝着信赖忠诚的方向发展。

五、客户满意和忠诚的关系

长期以来，人们普遍认为客户忠诚与客户满意之间是简单的、近似线形的关系，客户满意度提高了，客户忠诚度也会自然而然地提高。因此，许多管理人员认为只要客户对企业的产品或服务表示满意，则企业与客户之间的关系就很稳固了。然而在实践中，许多管理人员发现，在大量满意的客户中，仍有不少客户转向了竞争对手的门下。Frederick Reichheld 的调查发现，美国汽车制造业的客户满意率高达85%~95%，而其购买率只有40%左右，这些离开的客户中有一部分对目前的供应商都很满意甚至非常满意。

Thomas Jones 和 Earl Sasser 在研究客户满意度和客户忠诚度时也发现满意和忠诚之间

的关系受行业竞争状况的影响,如图 6-5 所示。虚线左上方表示低度竞争区,虚线右下方表示高度竞争区,曲线 1 和曲线 2 分别表示高度竞争行业和低度竞争行业中客户满意程度与客户忠诚可能性的关系。

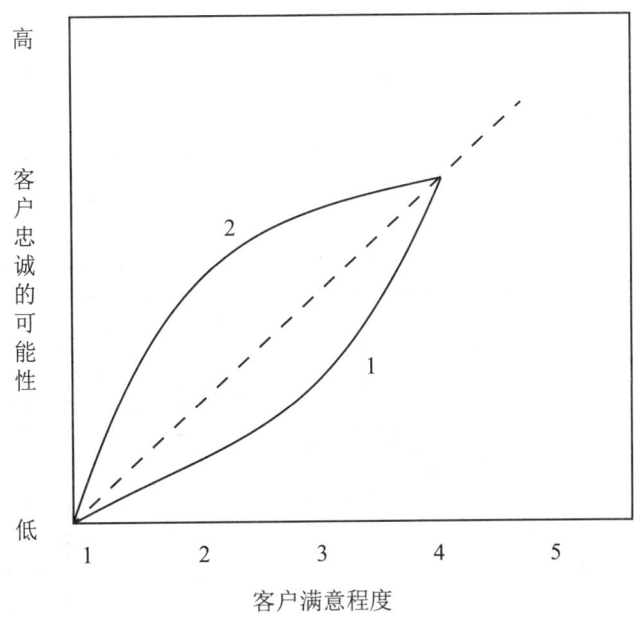

图 6-5 客户满意度与忠诚度曲线图

1. 高度竞争行业

在高度竞争区,产品或服务的相似性强,可替代性强,差别小。在曲线 1 右端,只要客户满意程度稍微下降一点,客户忠诚的可能性就会急剧下降。因此,要培育客户忠诚度,企业必须尽力使客户非常满意。如果客户没有遇到产品和服务问题,接受调查时他们很少给出不好的评价,可能都会表示满意。但是,如果企业的产品和服务过于一般,客户并未感到获得了较高的商业价值,就不吸引客户再次购买。

2. 低度竞争行业

在低度竞争区,由于行业垄断,缺少替代品。在低度竞争的行业中,曲线 2 描述的情况是客户满意度对客户忠诚度的影响较小。但在限制竞争的障碍消除后,曲线 2 很快就变得和曲线 1 一样。因为在低度竞争情况下,不满的客户很难流失,不得不继续购买企业的产品或服务,一旦有更好的选择,将很快流失。这种表面上的忠诚是虚假的。因此,处于低度竞争情况下的企业应居安思危,努力提高客户满意程度,否则一旦竞争加剧,客户大量流失,企业就会陷入困境。

客户的再次购买意向经常被用来衡量客户的忠诚度。在市场竞争激烈、客户改购容易的情况下,客户的再次购买意向主要是由外界因素决定的。一旦外界因素的影响减弱,客户不忠诚的态度就会通过客户的大量流失表现出来,在图中表现为曲线 2 很快向曲线 1 靠拢。这表明，无论竞争激烈与否，客户忠诚度与客户满意度的关系都十分密切。只有客户非常满意，才会有较高的忠诚度。

【拓展阅读】

客户满意度——忠诚度曲线图划分的客户类型

非竞争领域
（1）几乎没有替代品的管制垄断
（2）独具优势的品牌价值
（3）高昂的转换成本
（4）强有力的客户忠诚计划
（5）专有技术

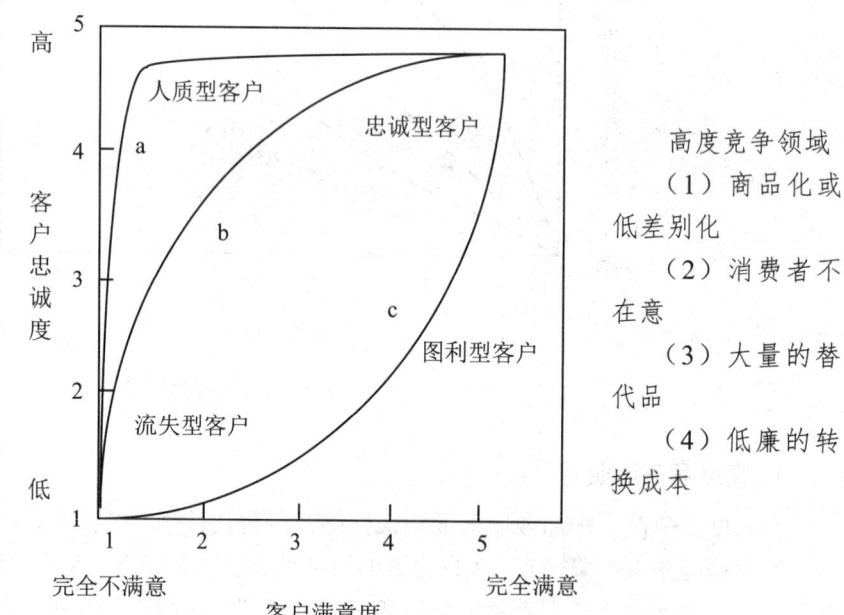

高度竞争领域
（1）商品化或低差别化
（2）消费者不在意
（3）大量的替代品
（4）低廉的转换成本

根据这一曲线，可以把客户分为忠诚型客户、流失型客户、图利型客户和人质型客户四类，如表 6-2 所示。

表 6-2　单个客户的满意度、忠诚度和行为特点

客户类型	满意度	忠诚度	行为
忠诚型客户	高	高	长期停留并积极支持
流失型客户	低于中等水平	低于中等水平	即将离开或已经离开并不高兴
图利型客户	高	低于中等水平	会为谋求低价格而转换服务提供商
人质型客户	低于中等水平	高	对产品或服务不满意，但却没有或很少有其他选择

1. 忠诚型客户

忠诚型客户是指对企业完全满意并不断重复购买的那些客户，他们是企业的基石。忠诚型客户对企业的期望和企业所提供的产品和服务是恰好一致的，因此，企业常常把忠诚型客户作为最热切的服务对象，在努力使企业所提供的产品和服务与忠诚客户保持一致的同时，不断增加能使客户高兴的特色。当客户得到的价值远远超出预期，对企业相当满意并感到高兴时，他们不仅会给予企业充分信任和最大交易额，还会自动将企业的产品或服务推荐给其他人，实际上成了企业销售人员的延伸，这样的客户叫作企业的"信徒"。

要想将忠诚型客户发展为企业的"信徒"，就要在满足客户基本需求的基础上，针对客户的特点，提供额外的个性化服务。当然，只有当客户主动响应时，企业才有机会将他们转变成"信徒"。据统计，有的客户在遇到不满时会投诉。因此，企业必须学会倾听客户的诉说，便于客户表达心中的不满，从而使尽可能多的客户成为最有价值的忠诚型客户。

2. 流失型客户

流失型客户不仅指那些极度不满和持一般态度的客户，极度满意的客户也会因为期望的变化而从企业流失。这就要求企业在问题出现时，要更好地理解这些客户的需求，并对此加以留心和关注，只有这样才能维系客户，并使他们再次成为高满意度的客户。

然而，维系客户需要付出代价，所以并非所有的流失型客户都值得挽留。挽留那些由于需求与企业能力不符而导致对企业不满的客户，不但会浪费企业资源，而且会挫败员工士气。企业应该及时"解雇"这种会耗蚀企业多余精力的客户。

最危险的流失型客户是"暴徒"，他们一旦在企业遭遇到不快，就会迫不及待地向他人倾诉自己的愤怒和沮丧。有关权威人士研究后发现，口碑对客户的再购买所产生的影响力是广告的两倍，而极度不满意的客户要比满意的客户更多嘴，不满意客户会向一位朋友和熟人抱怨，是满意客户口碑宣传人数的3倍。

3. 图利型客户

图利型客户只关心价格，他们的满意度可能很高，却几乎没有忠诚可言，一旦遇到更低的价格便会立刻转向其他供应商。图利型客户能给企业带来的利润非常有限，由于他们通常只购买打折的商品，所以销售给他们的商品利润要比忠诚型客户低得多，忠诚型客户实际上在为图利型客户的购买进行补贴。

4. 人质型客户

人质型客户是指那些对产品或服务极不满意，保持关系仅仅是因为他们没有更好的选择。这种客户在垄断环境里最容易出现，因为他们没有其他供应商可选。然而他们可能会借每一次机会对企业抱怨并提出特殊服务的要求，从而严重破坏企业员工的士气，其负效应也是很大的。另外，一旦竞争环境突然变化，人质型客户就会立刻流失，甚至许多还会成为企业的"暴徒"，因此，企业仍然应当对这类客户予以相当的关注。

第二节　客户忠诚度的影响因素

从前文得知,客户忠诚的种类丰富,表现形式也多样化,那么,这些忠诚的背后到底有哪些因素在起决定性作用呢?本书参考了国内外的相关著作、教材及各类权威杂志的论文,总结出以下几个影响因素。

一、客户满意

一方面,客户满意是客户忠诚的前提,任何抽象的原则和情感信念产生都离不开具体认识过程的体验和积累,客户忠诚也不例外。如果离开了具体的客户满意,客户忠诚就不会形成。即便某位客户天生忠诚于某品牌,那也是通过其他社会生活途径所积累的满意因子所达到的。大量学者研究表明,客户满意是导致购买或重复购买的重要因素,客户满意对重复购买意图有正影响,满意是决定关系持续倾向的重要因素。另外,客户忠诚是客户满意的升华。客户满意是一种心理程度的满足,是客户消费之后所表达出的态度;客户忠诚出自客户满意的概念,客户忠诚则可以促进客户重复购买的发生,是一种后续的、持续的交易行为,对于大多数企业来说,客户的忠诚才是最重要的,是最需要关注的,而客户的满意并非客户关系管理的根本目的。

二、转移成本

客户转移成本是影响客户忠诚度的关键因素。根据美国贝思公司的一项调查显示,在声称对公司产品满意的客户中,有一半以上的客户转向其他企业的产品,成为"叛离客户"。对这部分客户来说,企业就要采取积极有效的措施,增加转移成本,使"叛离客户"成为企业的忠诚客户。有越来越多的企业认识到转移成本对客户忠诚的重要影响,开始有意识地利用客户转移成本来挽留客户,以争取竞争对手的客户。表面上,客户具有充分选择的自由,但实际上,在客户购买或使用企业的产品或服务的同时,客户也就与企业建立了某种程度的绑定关系。客户除了资金的投入外,也付出了时间和精力等的投入,也就是付出了转移成本。因此,转移成本是客户选择转移时所要考虑的主要因素之一。

三、服务品质

服务品质是一种相对态度,客户在购买某种服务前对服务的预期值与购买服务后亲身体验到的服务效果的感知比较。若两者相差不大,则说明服务普通;若感知服务水平超过期望服务水平,则说明服务较好;若感知服务水平达不到期望服务水平,则说明服务较差。

服务品质应该从两方面综合评定，即过程品质（客户在接受服务的过程中的感知）和结果品质（客户在接受服务后的感知）。也就是说，服务品质是客户将自己对于该产品或服务的感知品质与期望品质相比较而做出评定的。前者超出后者说明客户对服务品质的评定较高，反过来，后者超出前者，说明客户对服务品质的评定较低。

对服务品质的评价，可以从五个方面进行。一是有形性，也就是呈现出来的外观部分的得体程度，比如购物环境的好坏、服务人员的外在形象等。二是可靠性，即企业在提供服务过程中能够及时有效地履行其服务承诺的能力。三是反应性，员工主动并且快速有效地给予客户所需帮助的能力。四是保证性，员工自身所掌握的专业知识以及给予客户信任感的能力。五是关怀性，企业员工可以设身处地地为客户考虑，以客户满意为目标，且能够在特殊情况下为客户提供个性化关注的意愿和能力。

【拓展阅读】

旅游行业的"社会关怀"

"社会关怀"的出现是旅游历史上客户服务最大的演变之一。社交网络媒体不可避免的入侵创造了一种全新的期望，即随时可以向客户提供服务——永远在线。而对于这种便捷性，还不可避免地存在一种严重的纰漏，对于这种渠道来源客户问题，企业是可以立即做出回应的。这从根本上将客户服务的性质从被动变为主动。相较于之前，客户可以更快地获得帮助，不会迷失在令人沮丧的电话排队中。

事实上，企业在"立即回应"方面做得很好之时，社会关怀可以通过提高客户服务代理商的生产力和影响力来为品牌宣传节省出大量资金。通过快速解决问题，有利于企业品牌吸引更多的忠诚客户。而通过帮助客户解决购买问题，品牌销量增多。这些并不是真正意义上的客户服务，更不是一种技巧性的深入，而是出于一种人文关怀的客户关心。

四、感知价值

感知价值是客户对于获得与付出的认知比较，当客户感到自己的获得超过付出，那么客户感觉到的该产品的价值就高。价值一般以两种方式呈现，一种是客户因使用产品而获得的价值，另一种则是客户给公司带来的利益。感知价值是客户对某一种产品或服务的偏好，客户根据产品或服务的特质综合考虑其使用中的体验和使用结果来评价其价值，因此，客户感知价值的评价需要考虑的因素有客户对产品或服务特质的认识、使用结果以及使用过程。

感知价值的大小体现了客户从产品中所能得到的满足感，因此直接决定了客户对该产品或服务的购买与否。客户购买一个品牌的产品或服务，其实质上购买的是价值。从本质来说，企业与客户之间的关系是一种利益交换关系。对大部分企业来说，客户感知价值直接影响着企业的经营与发展。由此可以看出，感知价值是客户忠诚度的关键影响因素。企业只有努力提高其感知价值，不断满足客户的价值需求，才能使其与客户的合作关系更长久，甚至促使客户积极主动地向周围朋友进行宣传和推荐，从而在行为和态度上均成为企业的忠实客户。客户忠诚对于某一个品牌来说实质上是该品牌的产品或服务能够给客户带来的价值最大化，因此客户感知价值是影响客户忠诚度的一个重要因素。

第三节 提高客户忠诚度的途径

企业发展推动社会进步，如何让企业在激烈的竞争中突出重围获得新的生机，取决于客户忠诚度的高低。在了解影响客户忠诚的因素为自己的营销做基础后，企业应当以此提高自己加强客户忠诚度的能力。

一、巩固和提高客户满意度

巩固和提高客户满意度的目的在于，发展企业的主动忠诚客户，并以此为核心，形成"羊群效应"，从而实现客户的行为忠诚到意识忠诚再到情感忠诚的升级。而巩固和提高客户满意度的关键是提高客户的让渡价值。首先，要根据客户的忠诚度进行客户分群，制定有针对性的、不同的忠诚计划，并根据"二八原则"，将企业有限的资源重点放在能为企业带来主要利润的核心客户上，优先满足这类客户的需求；其次，理解客户的诉求，为客户提供详尽的产品和服务信息，让客户对产品和服务有全面的了解，减少客户的信息搜寻成本；再次，为客户提供一整套产品和服务的个性化解决方案，有助于客户最大限度地发挥产品和服务的效能；最后，对客户进行跟踪回访，了解客户的看法和意见，并及时解决。

二、从被动追求客户满意变为主动追求客户忠诚

在被动追求客户满意中，关注的对象是不满意的客户、不满意的行为，而恰恰是满意的客户、让客户满意的行为才是让客户忠诚的。当前一些企业在开展客户满意工作中，把关注点放在了不满意的客户方面，结果是不满意的客户由于种种原因并没有随着客户满意工作的开展而提高满意度，没有变成忠诚客户；而忠诚的客户，由于没有表现出不满意的行为，从而未受到关注。结果是忠诚的客户并没有表现出不满意，但是却远离企业而去。企业应该由被动地追求客户满意变为主动地追求客户忠诚，将客户满意管理纳入客户忠诚管理的框架下，将客户忠诚涉及的各项营销活动进行统一规划，整合企业内部资源，消除各种不同营销活动之间的冲突，打造积极、稳定、良好的企业形象，将建立客户忠诚作为市场营销的一个重要目标。

三、提高客户转移成本

利用客户转移成本提高客户忠诚包括两个方面的含义：一是企业通过增加转移成本，提高已有客户的忠诚度；二是企业通过降低转移成本，开发新客户，特别是争取竞争对手的客户。

1. 吸引高转移成本的客户

率先获取转移成本高的客户是非常有价值的。通过研究客户的经营和需求，对其转移成本进行分析和评价，甄别出转移成本高的客户作为首选目标市场。如果希望锁定的顾客被竞争对手锁定了，企业可以采取很大的优惠来补贴顾客的转移成本吸引顾客向你"跳槽"。不过，从竞争对手"挖"客户必须注意两点：一是客户有很强的动机夸大他目前的转移成本，以使获得很好的优惠条件，对此必须对客户"跳槽"损失有一个准确的评估；二是企业要从竞争对手"挖"来的客户身上赚钱，客户的需求和转移成本随着时间的延续都要增加。

2. 提高有影响客户的转移成本

为有影响的客户提供特别优惠和折扣，提高他们的转移成本。当卖方决定向有影响的客户进行投资多少时，很重要的一点是对这种投资可能产生的利益进行定量分析。对顾客的投资收益不仅要考虑从客户本身得到的回报，还要考虑客户的"影响"导致获得其他顾客得到的回报。

3. 在产品中增加独特性和增值服务

卖方可以在产品的设计中强化产品的独特性，以增加顾客的转移成本。卖方还可以通过向买方提供增值服务，来增加顾客转移成本，锁定顾客。例如，在药品批发业中，药商向大客户提供详细的报告服务、自动化配货系统和各种咨询服务，以强化与客户的关系。

4. 向互补产品的用户销售产品

卖方可以首先向生产互补产品的用户销售产品，然后向最终产品用户长期销售产品。婴儿食品制造商以非常优惠的价格向医院提供他们的食品，然后从离开医院的小孩父母那里进一步销售自己的产品。医院向婴儿提供的食品处方显然会对父母产生影响。这种锁定是由于第三方的影响提高买方进一步选择其他产品的认知风险，构建转移成本形成的。向互补产品的用户销售产品的方法就是补贴首先购买产品的第三方，然后从接着购买产品的顾客身上收回投资。实施这种策略的关键是生产互补产品的用户能够对最终用户的消费行为产生足够的影响。

5. 向客户销售互补产品

卖方在进行关系营销时，要对顾客终身价值进行评估。顾客终身价值不仅包括主要产品的"利润流",还包括互补产品的"利润流"。因此,卖方应该全面考虑顾客未来的经营模式和顾客的产品系统。如果顾客在购买主要产品之后,还需要不断地购买"辅助"产品或者服务,如耐用设备的维修、电脑软件的升级或者功能扩展,才能使产品系统充分发挥作用,卖方可以从两个方面提高顾客的转移成本:提高主要产品的独特性和提高互补产品的竞争性。提高主要产品的独特性使竞争对手生产的互补产品不能与你的产品"兼容"。如果主要产品的标准化程度提高,卖方可以在互补产品上下功夫,生产竞争对手不能生产的互补产品提供给买方,通过互补产品锁定顾客。向客户销售互补产品的方法是通过在主要产品的销售上提供非常具有吸引力的条件,来提高顾客转移成本,然后从互补产品中获利。

6. 促销计划

通过促销计划提高顾客转移成本的方法有:产品试用、产品使用培训、提供增量购买优惠。通过免费样品或者免费试用产品的促销,让顾客在使用产品的过程中感受和体验产品,可以培养产品使用习惯和发展品牌偏好,降低顾客进一步搜索其他品牌的边际收益;另外,也可以通过对产品使用进行培训,使顾客掌握产品的使用方法,提高客户对产品的依赖程度。最后,向已经有购买历史的顾客提供增量购买优惠,可以增加顾客转移损失。使用这种方法要建立顾客数据库,对顾客购买历史和购买行为进行记录和追踪,对大量购买者给予奖励以吸引更多的顾客成为购买者,对少量购买者提供增量优惠促使他们增加购买。

四、提高服务品质

企业应该对目标市场进行细化,针对不同客户的需求制定适合他们的服务与产品,并向客户客观地进行产品描述与服务具体状况的讲解,让客户对产品具有明确的认识,通过沟通来明确自身享受的服务与范围。企业还应该及时向客户传递服务信息,让客户对自身可以获取的价值进行正确、清晰的认识。同时企业还应该接受客户的监督,对服务中存在的问题可以及时地、高效地解决。制定严格的服务标准,并通过规章制度来保障企业可以对其进行准确的执行。在实际服务环节,企业应该按照相关服务的标准与内容制定规范,实现对客户的承诺,否则就会为企业发展带来负面影响,客户的忠诚度与满意度会大大降低。企业对服务人员要建立考核机制,通过相应的投诉热线、客户对员工业务水平的了解等来对员工绩效进行全面的调查。在企业内部构建服务压力水平传递机制对相关部门进行统一的服务指标考核,对客户期望值的转变进行跟踪了解,由于服务理念是随着市场变化、客户不同需求而转变的,所以企业应该注重服务理念的创新,结合客户的需求来为客户提供更为优质、满意的服务。

企业在产品、服务的设计与提供环节,可以集思广益,应该积极争取客户的参与,尊重客户对产品的需求与意见,让客户对员工的工作给予一定的监督,如邀请全球通客户为企业服务进行监督,将其提出的意见直接融入企业规章制度的构建中。也可以与媒体进行合作,举办相关的有奖活动,明确企业的服务内容,清晰地向客户表明自身的能力,在能力范围内帮助客户解决问题。

五、制订并实施客户忠诚度计划

客户忠诚度计划，是指连锁企业或合作企业对于消费相对频繁的顾客提供的一系列购买优惠、增值服务或其他奖励方式，其目的在于奖励忠诚顾客、刺激消费并留住核心顾客。提及客户忠诚度计划，航空业几乎总是最先出现在人们头脑中。航空公司基本都在运作着自己的常旅客计划，借此维系客户关系，增加客户黏性。以天合联盟成员，中国东方航空的东方万里行（Eastern Miles）为例展开研究，加入东方万里行后，会员可以获得一系列东航提供的丰富权益，高端会员更可获得天合联盟提供的丰富权益。天合联盟于 2011 年启动了天合优享（Sky Priority），立足于其口号"Caring more about you"，在三大航空联盟中，最先创立优待基于乘客的联盟。

东方万里行会员共分为普卡、银卡、金卡、白金卡四个等级。其中银卡对应享受天合联盟精英会员权益，金卡和白金卡对应享受天合联盟超级精英会员权益。

东方万里行的会员最基本的积分获取渠道是乘坐东航及其天合联盟合作伙伴的航班，此外，东航的合作商户还包括酒店、租车、餐饮等行业，联名信用卡也是高效的获得积分的渠道。

航空业作为高频消费行业，航空公司的利润来源主要依靠会员的消费频次和单次消费额。如果能导向客户选择全价机票，同时使客户在有多个航空公司可选择的情况下选择自己，就为盈利增加了机会。以此为出发点，即使是同一个航班，客户全价机票的消费可获得的积分，远比低价机票要高，对于商旅人士而言，其行为引导作用十分明显。在同样的航线上，如果时间、价格等条件相近，会员往往会选择其已加入常旅客计划的航空公司，甚至很多会员会忽略其他因素，将常旅客计划作为选择航班的第一要素。其积分使用和权益设置，也基本上集中在会员的出行方面，更便捷的体验及优惠的价格是打动客户的两大武器。在权益的提供上，对会员的分级设置，也引导着客户向更高等级努力。

比如，在商务客户最为看重的出行便捷性上，精英会员可以使用专属值机柜台，使用快捷安检通道和贵宾休息室，优先登机/下机，行李优先提取，这一系列权益均是为商务人士量身定制。在优惠的价格这一诉求上，精英会员能够获得额外的 15%～30% 的积分累积，更多的免费行李额度，在兑换奖励机票时可以透支积分，白金卡会员可以享受升舱待遇，均体现了对精英会员的高额经济回报。

普通会员享受的会员权益基本上体现在积分累积，达到一定数量后可以兑换礼品或免费机票。只有通过高频、高价的消费，会员才能升级为更高等级的会员，获得更多的权益回报。东方万里行的会员条款设置，快捷通道、休息室只针对银卡以上精英会员，升舱服务仅针对白金卡会员，资源投放精准且集中，有效提升了高端会员的服务体验，同时也对有需求的其他客户在决策时，起到良好的引导作用。在航空这一竞争激烈的市场，为自身提升了竞争力，提高了客户的离去成本。

经测算，航空业的积分回馈力度约为客户消费额的 2%～5%，主要用于免费机票兑换或商场礼品兑换。礼品兑换或免费机票兑换设有门槛，并且最近几年航空公司的积分都设定了有效期，造成了很多低频会员累积的积分，在到期前并没有实际的消耗渠道，客观上降低了成本。而高频消费的会员主要选择兑换免费机票，免费机票在每个航班上均数量有限，可以充分利用空余的运力予以消化，有效降低会员计划的运营成本。

一般来说，客户忠诚度计划有以下几种模式。

1. 独立积分计划

独立积分计划是指，某个企业仅为顾客对自己的产品和服务的消费行为以及推荐行为提供积分，在一定时间段内，根据顾客的积分额度，提供不同级别的奖励。这种模式比较适合容易引起多次重复购买和延伸服务的企业。

在积分计划中，是否能够建立一个丰厚的、适合目标消费群体的奖励平台，成为计划成败的关键因素之一。很多超市和百货商店发放给顾客的各种优惠卡、折扣卡都属于这种独立积分计划。

独立积分计划对于那些产品价值不高、利润并不丰厚的企业来讲，有很多无法克服的弊端。首先是成本问题。自行开发软件，进行数据收集和分析，这些都需要相当大的成本和人工。其次，很多积分计划的进入门槛较高，能够得到令人心动的奖励积分的额度过高，而且对积分有一定的时效要求。这样做虽然比较符合"80/20"定律，将更多的优惠服务于高价值的顾客，也有助于培养出一批长期忠实的顾客，但也流失了许多消费水平没有达到标准的准高价值顾客。另外，随着积分项目被越来越多的商家广泛使用，手里持有多张积分卡的顾客会越来越多。这些顾客在不同的商家那里出示不同的会员卡，享受相应的折扣或者积分优惠，却对每一家都谈不上忠诚。所以，在实施独立积分计划的同时，要注意结合其他营销手段和服务。

【拓展阅读】

美国西北大学凯洛格商学院教授、整合营销创始人唐·E·舒尔兹（Don E Schultz）曾预言：零售商未来的成功模式只有两种，一种是沃尔玛模式，即通过提高供应链效率，挤压上下游成本，以价格和地理位置作为主要竞争力；另一种是德士高模式，即通过对顾客的了解和良好的顾客关系，将顾客忠诚计划作为企业的核心竞争力。没有任何中间路线。德士高超市连锁集团（Tesco）的忠诚计划俱乐部卡（Clubcard），帮助公司将市场份额从1995年的16%上升到2003年的27%，成为英国最大的连锁超市集团。德士高的俱乐部卡被很多海外商业媒体评价为最善于使用顾客数据库的忠诚计划和最健康、最有价值的忠诚计划。

在英国，有35%的家庭加入了俱乐部卡，注册会员达到了1300多万。据统计，有400万个家庭每隔三个月就会查看一次他们的俱乐部卡积分，然后冲到超市，像过圣诞节一样疯狂采购一番。

德士高俱乐部卡的设计者之一，伦敦Dunnhumby市场咨询公司主席Clive Humby非常骄傲地说：俱乐部卡的大部分会员都是在忠诚计划推出伊始就成为我们的忠诚顾客，并且从一而终，他们已经和我们保持了 9 年的关系。

2. 积分计划联盟模式

积分联盟是指众多的合作伙伴使用同一个积分系统，这样顾客凭一张卡就可以在不同商家积分，并尽快获得奖励。相比于企业自己设立的积分计划的局限性，联盟积分更有效、更经济、更具有吸引力。积分联盟是一种新型的战略联盟，一种新的促销战略联盟，它是以企业联盟和消费者的加盟为基础，以消费积分换取对消费者的回报作为利益驱动机制的一种新型营销模式。消费者加盟后为了获得企业对其消费的回报，必须不断消费累积积分，从而成为联盟中的忠诚顾客，联盟主体企业为了吸引更多的顾客，会不断扩大加盟企业的数量，同更多的企业签订合作协议，使之成为联盟中的长期伙伴，逐渐形成一个跨地区、跨行业的营销网络，这一网络的形成又吸引更多的顾客加入联盟。消费联盟本质上是通过组建一种各方面联系密切、利益共享的合作行销网络，培养固定的消费群体，建立一种稳定的、人性化的产销关系，将传统营销方式中由中间环节瓜分的利润，通过消费者的重复消费、规模消费而直接回馈给消费者，从而达到提高消费者的满意度，培育忠诚顾客的目的。因此，积分联盟与传统的促销手段相比具有更大的优势。

3. 会员俱乐部

有的企业顾客群非常集中，单个消费者创造的利润非常高，而且与消费者保持密切的联系，非常有利于企业业务的扩展。他们往往会采取俱乐部计划和消费者进行更深入的交流，这种忠诚计划比单纯的积分计划更易于沟通，能赋予忠诚计划更多的情感因素。

作为忠诚计划的一种相对高级的形式，会员俱乐部首先是一个"客户关怀和客户活动中心"，但现在已经朝着"客户价值创造中心"转化。而客户价值的创造，则反过来使客户对企业的忠诚度更高。

（1）满足会员归属感的需要。马斯洛的需要层次论指出，人除了生存和安全的需要外，还有社交、受尊重和自我实现的需要。假如一个人没有可归属的群体，他就感觉没有依靠、鼓励、渺小、不快乐。人们总是希望和周围的人友好相处，得到信任和友爱，并渴望成为群体中的一员，这就是爱与归属感的需要。

会员制的建立正是为了满足人们的这种需求，会员制强调金钱和物质并不是刺激会员的唯一动力，人与人之间的友情、安全感、归属感等社会和心理欲望的满足，也是非常重要的因素，会员制俱乐部建立通畅的会员沟通渠道并保持经常性的沟通，不断强化会员的归属感，让每一位会员都备受尊荣。

"物以类聚，人以群分。"会员制俱乐部将有共同志趣的会员组织起来，通过定期或不定期的沟通活动，使企业与会员、会员与会员之间达成认识上的一致，感情上的沟通、行为上的理解，并长久坚持，最终结果就是发展为深厚的友谊。如此一来，会员对企业的忠诚也是必然的结果。

（2）为会员提供价格上的优惠。几乎每一个实行会员制的企业都会为会员制订一套利益计划,例如折扣、积分、优惠券、联合折扣优惠等。俱乐部通过办理会员卡,给予会员特定的折扣或价格优惠,进而建立比较稳定的长期销售与服务体系。

虽然越来越多的企业案例显示,价格在培养客户忠诚方面的作用正日益下降,因为只是单纯价格折扣的吸引,客户易于受到竞争者类似促销方式的影响而转移购买。但在当今的中国,人们在做购买决定时,价格因素是否已经不重要了呢?毫无疑问,当然重要。

因此,会员制如何有效利用价格策略,在保持会员稳定的前提下尽可能减少价格优惠对收入的负面影响,是企业需要慎重考虑的问题。

【案例分析】

Uber 推出外卖会员服务 免收送餐费提高忠诚度

Uber 是全世界最大的网约车公司,该公司的业务早已不仅仅是"送人",而是扩展到了"送货"。据外媒最新消息,在之前外卖业务的基础上,Uber 准备推出会员制的送餐服务。

Uber 旗下的外卖送餐服务采用了"UberEats"的品牌。根据英国金融时报报道,这一子业务 2017 年的总收入高达 30 亿美元,已经成为 Uber 最重要的新业务之一。

据国外媒体报道,Uber 英国公司负责人 Toussaint Wattinne 近日在接受媒体采访时表示,Uber 已经开始测试会员制的送餐服务,目前已经涵盖几个城市。

目前外卖市场竞争激烈,包括亚马逊、Deliveroo、Just Eat 等公司都在争夺市场份额,推出会员制服务能够提高用户忠诚度,逐步扩大市场份额。

Uber 会员制内容还不得而知。不过媒体认为,和大部分会员制服务一样,Uber 将会免收送餐费,另外将提供更多独家菜单和餐饮促销内容。

2018 年年底在英国市场,外卖公司 Deliveroo 推出了包月会员服务,每月收费 8 英镑,以后消费者无须为每一次订购支付 2.5 英镑的配送费。

在中国外卖市场,之前也有一些服务商推出了会员制服务,用户购买会员卡,将获得每月一定次数的免配送费服务。

这种包月会员服务类似于亚马逊公司大名鼎鼎的 Prime 包邮会员制度。在 Prime 服务中,用户每年支付 99 美元会员费,则可以享受到全年包邮和两日达服务,外加各种福利待遇。这种会员制能够促使消费者购买更多商品,在心理上,消费者购买越多,则认为自己得到了更多实惠。

2018 年底,Uber 上述英国负责人曾透露,在欧洲的 16 座城市,外卖送餐的收入已经超过了网约车接送客的收入。其中在英国,Uber 的外卖已经覆盖了 40 多个城市,是全球发展最好的国家之一。

(3) 为会员提供特殊的服务。在市场竞争日益激烈的情况下,要想使企业的产品明显超过竞争对手,已经很难做到,从长远及世界上很多出色公司的成功经验来看,只有通过创造优质的服务使顾客满意,才能增加市场份额。

服务策略可以培养客户的方便忠诚和信赖忠诚,优质的服务使客户从不信任到信任,从方便忠诚到信赖忠诚。例如,为每一位会员建立一套个性化服务的问题解决方案,或者定期地举办不同主题的活动等,这些特殊的服务可以有效增进企业与会员,会员与会员之间的交流,加深他们的友谊。

【拓展阅读】

客人忠诚度怎么培养?忠诚度计划趋势告诉你

酒店忠诚度计划成功的关键是,奖励内容要多元化、积分兑换方式要十分灵活。

"忠诚来得不便宜",这是小说《在云端》中男主角谈论希尔顿和枫林酒店(Maplewood)忠诚度计划时说的一句话。这部小说有同名电影,讲述的是一名愤世嫉俗的咨询公司员工,其主要的人生目标就是累积会员积分,力图成为累积了美国航空1000万常飞旅客积分的最年轻人士。尽管有些夸张,也有点讽刺,但这位男主角的行为也体现了人类固有的渴望奖励这一内在心理需求。

忠诚的化学原理

我们会情不自禁地去累积里程和积分,其实主要是受了人体化学作用的驱使。得到奖励时,我们的身体会释放多巴胺。这种物质对人类的行为发挥了重要作用。据斯坦福大学神经科学教授 Robert Sapolsky 博士称,多巴胺甚至可对我们一生的行为起到激励作用。因此,为更忠诚的客户提供免费住宿、免费升级以及其他特殊福利,或许就是提高客户终身价值、提升直接收益的最佳方式。据 Phocus Wright 最近发布的一份报告显示,去年各酒店品牌官网的预订有高达四分之三都是通过忠诚度计划完成的。然而,是否会始终如此呢?

1983:奖励计划诞生之年

美国 1978 年著名的航空管制自由化取消了联邦政府对机票和航线的管制,从而开启了商用航班行业自由市场的新时代。各航企终于能够以更具竞争力的方式销售自己的航班。忠诚度计划也如雨后春笋般相继出现。

AAdvantage 是第一个真正意义上的常飞旅客计划,由美国航空于 1981 年推出(不过环国际航空公司 TIA 早在两年前就已推出一个基础的里程累积型忠诚度计划)。这个常飞旅客计划目前仍在运营,且运营情况相当好,已累积 7000 万左右的会员。

至于酒店方面,则比较难确定是由哪个品牌首先推出了忠诚度计划的理念。假日酒店和万豪酒店都在争夺这个名号。就算假日酒店确实是早于万豪酒店数月启动了自己的忠诚度计划(假日酒店于 1983 年 2 月启动计划,万豪酒店则是 1983 年 11 月),其确实也在 1986 年整整一年未运营这个计划。也就是说,万豪的忠诚度计划是酒店业史上连续运营时间最长的一个。自 20 世纪 80 年代中期起，基本上每家酒店都建立了自己的会员计划，或许唯一的例外就是四季酒店。这家奢华酒店为留住客户而提供高度个性化的住客服务，因此向来不会推出忠诚度计划。多年来各酒店的会员计划都已演变，出现了大量曲折扭转，但唯有一点在经历了三十年的变迁后仍出人意料地没有丝毫改变，那就是积分。

积分、积分，更多积分

希尔顿 Honors（荣誉客会）会员每花费 1 美元，就能够获取 10 点积分，同时还能够享受数字化入住、免费 Wi-Fi 和常见的免费升级。并且，和万豪酒店一样，会员乘坐希尔顿合作航企的航班、购买火车票和租赁车辆或用联名的美国运通卡购物时，也都可以赚取额外的积分。璞富腾酒店及度假村（Preferred Hotels & Resorts）的精英会员每花费 1 美元可累积 15 点积分。凯悦酒店会员每花费 1 美元只能获取 5 点积分。如果你是金普顿酒店的会员，每住宿 20 晚可免费赠送 1 晚。立鼎世酒店集团（Leading Hotels of the World）的忠诚会员甚至更幸福，每住宿 5 晚就可以免费住 1 晚。如果你喜欢打高尔夫，还可以免费使用泰勒梅高尔夫球杆。当然，首先你必须是费尔蒙酒店（Fairmont）的会员。

我们可以不断地列举各品牌向较忠诚的客户推出的所有福利与奖励。不过，忠诚度计划的模式差不多都是一样的。那就是会员累积积分、兑换积分，再周而复始。然而，这种为赚积分而住宿某酒店的模式在 2018 年是否仍能发挥作用？

避免过分复杂化：温德姆酒店的案例

据 Ideaworks 近期的研究结果显示，温德姆酒店拥有最优质的奖励性忠诚度计划，其投资回报是万豪酒店忠诚度计划的近 2 倍。是什么让其忠诚度计划如此非凡？一个词：简约。我们必须直面以下事实：保持积分是很难的。积分会过期、会丢失或贬值，合作供应商可能会破产，其常旅客计划也会随之消失。简言之，保持积分这件事很容易演变为一个数学迷宫。据 J.D.Power 的研究结果显示，充分了解积分兑换动作模式的客人整体满意度更高。而糟糕的一点是，该研究结果同样也显示仅一半的会员清楚积分流程实际是怎样运作的，免费住宿的奖励多半也只是海市蜃楼。

而温德姆酒店的忠诚会员就不会有这样的麻烦。他们每获得 1.5 万点积分，就能够免费住宿一晚，就是这么简单。更人性化的是，温德姆酒店还保证会员每次住宿最少可积分 1000 点。这样会员就能够更真实、相对较轻松地获得奖励。更重要的是，这样的奖励是真真切切可触及的。

据 Software Advice 的民意测验结果显示，注册系统烦琐和奖励极难获得，是 86% 的年轻一代（主要是 80 后及更年轻一代，到 2020 年这一代人将占 50% 的购买力）尚未加入任何酒店忠诚度计划的主要原因。这意味着那些短期内不放弃过度复杂的积分系统的酒店品牌，未来几年很可能会后悔不已。正因为如此，万豪酒店收购喜达屋后第一时间便改造了自己的移动应用软件，这件事便不足为奇。万豪酒店目前已是全球规模最大的连锁酒店，其拥有的忠诚度计划也是全球规模最大的。开发更简单的方法，让客人能够轻松地加入忠诚度计划并兑换积分，显然在其长期战略中占有极其重要的地位。

目标等级假说

几年前,哥伦比亚大学发表了一份有关忠诚度计划的研究报告。该报告显示,会员与奖励之间的距离越近,他们就会为获得奖励而更频繁地购买。这种现象在心理学上称作"目标等级假说"。自 20 世纪 30 年代便已有人在研究这一理论。因此,让会员有看得见、摸得着的目标,让其以透明的方式监测自己的进程,会员就会更频繁地购买。再回到温德姆酒店,自从酒店改进了自己的忠诚度计划后,之前曾不活跃的超百万会员便重新开始使用计划。这一点线上旅游代理商是十分清楚的,因此,线上旅游代理商拥有一些全球最优质的忠诚度计划。

Hotels.com 的住宿奖赏(Rewards)忠诚度计划或许采用了最直接的方式。客户在符合条件的酒店订上 10 晚就免费赠送 1 晚住宿。其基本理念是:要奖励自己的客人,要经常给予奖励,而且不仅仅是奖励免费住宿。新一代旅客不那么忠于品牌,对陈旧的长期积分兑换制更没什么兴趣,这一点早已众所周知。这一代旅客在酒店住宿时宁愿用自己的积分在酒吧喝上一杯或享受一下水疗,也不愿意将其耗费在未来空中楼阁般的免费住宿上。

重新审视忠诚度计划:目前有怎样的发展方向?

前述 J.D.Power 的研究结果也证实了这样的趋势。如果会员能够用自己的积分购物、购买娱乐门票、享受晚餐等,而不是仅用于再次预订住宿,则其会有更高的满意度。该研究结果显示,积分用于兑换特别活动与用于兑换住宿相比,会员满意度要高出 31 倍。J.D.Power 旅游与酒店业实践主管 Rick Garlick 对此表示:"酒店忠诚度计划成功的关键是,奖励内容要多元化、积分兑换方式要十分灵活。"

正因为如此,与非酒店供应商合作便成为提供更优质忠诚度计划的关键。目前我们正经历着这样的转变。美利亚酒店集团(Meliá Hotels International)于近期推出了美利亚心礼程购物平台(MeliáRewards Shopping)。这是一个线上商店,会员在近 2000 家零售商购物时均会获取积分。因此,如果你外出时想家,尽可使用自己的积分在线上为家人购买圣诞礼物。希尔顿做得更大,推出了史上首个与亚马逊积分购物平台(Shop with Points)合作的酒店忠诚度计划。这意味着现在希尔顿的会员基本上可使用自己的 Honors(荣誉客会)积分在亚马逊购买任何商品。

据希尔顿客户互动、忠诚度与合作伙伴关系高级副总裁及全球主管 Mark Weinstein 解释,希尔顿 Honors(荣誉客会)计划目前"更灵活、价值更高,并且更个性化,这也让那些不怎么频繁入住的旅客有了提高参与度的理由"。

结果怎样?希尔顿 Honors(荣誉客会)计划的会员人数猛增了 15%。忠诚度计划的另一个重要转变是摒弃一刀切的方式,推出了奖励个性化。商务旅客更愿意在度假时使用自己的积分。休闲旅客则更愿意获得免费升级、欢迎饮品或礼品卡等即时馈赠和现场奖励。

脱离传统模式,根据客人类型为其精心搭配即时馈赠和长期奖励,是创建可持续、可扩展的忠诚度计划所必需的。就算行业永远不可能完全摆脱积分换住宿模式,大多数酒店品牌都已将客户体验、奖励和服务个性化融入自己的忠诚度计划中,认识到客人的内在财务价值与其入住的频率是同等重要的。

结论

过去十年里,"颠覆"可能是行业内用得最多也是最过度的一个词。我们已看到成百上千家拥有下一个重要科技的初创企业昙花一现。然而,首个仅限会员预订的系统问世后近35年,我们仍在谈论忠诚度计划。因此,回答是肯定的,忠诚度计划必会继续存在,但会演变成与我们如今所知的计划迥然不同的事物。

课后练习

一、选择题

1. （　　）是客户忠诚的前提。
   A. 客户信任　　　　B. 客户满意　　　　C. 客户了解　　　　D. 客户购买
2. （　　）是指顾客虽然拥有但是还没有表现出来的忠诚。
   A. 垄断忠诚　　　　B. 亲缘忠诚　　　　C. 潜在忠诚　　　　D. 信赖忠诚
3. （　　）是指某个企业仅为顾客对自己的产品和服务的消费行为以及推荐行为提供积分,在一定时间段内,根据顾客的积分额度,提供不同级别的奖励。
   A. 独立积分计划　　B. 积分联盟　　　　C. 会员卡　　　　　D. 会员制

二、简答题

1. 什么是客户忠诚度?
2. 客户忠诚度的影响因素是什么?
3. 如何提高客户忠诚度?

三、案例分析

机智的化妆品公司老板

日本的一家化妆品公司设在人口百万的大都市里,而这座城市每年的高中毕业生相当多,该公司的老板灵机一动,想出了一个好点子,从此,他们的生意蒸蒸日上,成功地掌握了事业的命脉。

这座城市中的学校,每年都输送出许多即将步入黄金时代的少女。这些刚毕业的女学生,无论是就业还是深造,都将开始一个崭新的生活,她们脱掉学生制服,开始学习修饰和装扮自己,这家公司的老板了解了这个情况后,于是每一年都为女学生们举办一次服装表演会,聘请知名度较高的明星或模特儿现身说法,教她们一些美容的技巧。她们在欣赏、学习的同时,老板也借此机会宣传自己的产品,表演会结束后他还不失时机地向女学生们赠送一份精美的礼物。

这些应邀参加的少女，除了可以观赏到精彩的服装表演之外，还可以学到不少美容的知识，又能个个中奖，人人有份，满载而归，真是皆大欢喜。因此许多人都对这家化妆品公司颇有好感。

　　她们事先都收到公司寄来的请柬，这请柬也设计得相当精巧有趣，令人一看就目眩神迷，哪有不去的道理？因而大部分人都会寄回报名单，公司根据这些报名单准备一切事物。据说每年参加的人数，约占全市女性应届毕业生的90%。

　　在她们所得的纪念品中，附有一张申请表。上面写着：如果您愿意成为本公司产品的使用者，请填好申请表，亲自交回本公司的服务台，你就可以享受到公司的许多优待。其中包括各种表演会和联欢会，以及购买产品时的优惠价等。大部分女学生都会响应这个活动，纷纷填表交回，该公司就把这些申请表一一加以登记装订，以便事后联系或提供服务。事实上，她们在交回申请表时，或多或少都会买些化妆品。如此一来，对该公司而言，真是一举多得。既吸引了新顾客，也实现了把顾客忠诚化的理想。

　　结合案例，谈谈如何培养顾客的忠诚度。

第七章 客户保持与流失管理

【导入案例】

用尊重迎来顾客

一天，劳伦佐餐厅来了一对母子，母亲卡斯蒂洛牵着5岁的儿子米洛。米洛患有唐氏综合征，斜着嘴巴，手指不停地颤抖，样子很难看。卡斯蒂洛点了一盘米洛喜欢吃的番茄鸡蛋浓汤和一盘烤小甜鸭，米洛吃得津津有味。

邻桌看到米洛的样子，开始对他评头论足，并向服务员迈克尔·加西亚投诉：米洛的形象影响了他的就餐情绪，要求换一张餐桌。加西亚满足了这位顾客的要求，为他换了一张餐桌，但他还是不满意，并抱怨说："有特殊需要的孩子就应该到特殊的地方去用餐。"难道残疾人就没有同健全人一起吃饭的权利吗？想到这里，加西亚理直气壮地走到"投诉男"的面前，做出很抱歉的手势说："对不起先生，我不能为你提供服务。"

就这样，"投诉男"被加西亚赶出了餐厅。因不想给米洛一家带来痛苦，加西亚当时没有告诉他们母子发生了什么。最终，米洛的母亲从其他服务员口中得知了这一消息，当晚就在网络上发帖说："非常感谢加西亚，他不仅爱米洛那样的人，而且还不顾一切地站出来维护他们的尊严。"

于是，加西亚的事迹很快便在网络上传开。高级商业资本公司首席执行官查维斯·戴维斯留言："我将告诉所有员工和经纪人，如果在休斯敦用工作餐就要去劳伦佐餐厅，并且要握一握加西亚先生的手！"

"粉丝"古斯曼称："这不仅是对米洛，而且对所有残疾人和他们的家庭来说都意义非凡。非常感谢加西亚的勇敢行为，希望有更多像他这样的人。"

《纽约时报》记者在采访时问加西亚："当时，你是否考虑过这样做会失去工作？"加西亚说："我没想那么多！米洛是一个天使，就像我的小兄弟，他和其他有特殊需要的孩子一样是上帝赐予的礼物，应当得到大众的关爱。"

随着网络和纸质媒体的宣传，加西亚的人气不断飙升，他成了美国家喻户晓的人物，劳伦佐餐厅的名气也跟着"名噪一时"。生意上火了一把的劳伦佐餐厅，没有被名气冲昏头脑。店主劳伦佐想趁热打铁，把"不歧视顾客"这种美好的品德继续传承下去。

劳伦佐一口气在休斯敦开了十几家连锁店，并将店名一律写成"赶走顾客"的餐厅，每一个小包间的墙上都贴着一张加西亚的"形象画"，画中还标有这样一句话：这里没有歧视！每一位顾客都是上帝。

因为定位准，"赶走顾客"餐厅吸引了不少顾客。特别是那些爱心人士、残疾人、弱势群体，更成了"赶走顾客"餐厅的常客。

一个季度下来，劳伦佐赚了个盆满钵满。他说：往年一年的营业额，还赶不上今年一个季度的赢利。

随着人民生活水平的不断提高，消费者对于服务的需求不仅仅停留在产品本身，而是向企业形象、品牌效应、产品售后等多方面延伸。由于消费者自我意识的提升和消费观念的改变，企业在提供服务产品的同时，也不得不面对越来越多顾客的投诉。如何处理好这些投诉，对于企业来说是至关重要的。一方面，投诉关系到顾客的稳定性与忠诚度，处理得当会带来口碑营销，处理不当则会导致顾客流失；另一方面，投诉关系到企业的形象，重大的投诉（升级投诉：如消费者协会、行风测评、媒体宣传等）甚至会使企业丧失声誉，直接造成企业的损失。随着网络等新兴媒体的发展，信息传播的速度加快，对企业投诉处理时间的要求越来越高；随着服务行业体系的逐步完善，顾客可以通过更多渠道来表达自己的不满，这对企业而言面临着更严重的后果或更多的免费信息；随着行业的扩大整体服务水平的提高，市场越来越开放，顾客的需求越来越多样化，企业则需要顺应时代不断调整对顾客投诉的管理理念。

第一节　客户投诉管理

一、客户投诉的含义

Complaint 一词来源于拉丁语 Cunplangere，曾经表示伤心、后悔的意思，后来逐渐发展到"找寻缺点"。如今，当人们投诉时，投诉不仅意味着寻找缺点、表达不悦，甚至可能对企业进行起诉。

客户投诉的早期研究以美国学者为主导力量。其研究主要集中在客户投诉的原因分析、客户投诉行为的影响因素、客户投诉行为的表现和客户投诉的处理机制四个方面。

比如，Hirschman 提出，公众在面对差强人意的公共服务时有两种选择，表达或退出，"表达"是指组织良好的公民群体通过直接的抱怨或非直接的手段，如政治程序向公共服务提出者施加压力的机制。强调客户投诉是一种外在行动，行动的发生取决于行动带来的效用与行动成本的比较。

Day 将投诉定义为不满意感受导致的行为，认为客户投诉是由客户不满意引起的，并将客户投诉界定为不满意感受导致的行为,没有这种不满意的感受,投诉就不是真正的投诉行为,而只是一种"博弈"行为或"谈判"手段。

日本的中村卯一郎则认为消费者投诉行为是指由于认知不满的情感或者情绪所引起的反应,通俗地说,投诉行为是指消费者对商品或服务品质不满的一种具体表现。

尤建新认为客户投诉行为是客户在购买和使用企业的产品与服务过种中产生的不满,它直接反映了客户的真实需求,以及企业在产品和服务中存在的缺陷。

国际标准化组织在它颁布的《质量管理客户满意组织投诉处理指南》第 3.2 条中,将投诉定义为"由于产品质量或投诉处理本身,没有达到消费者的期望,消费者向组织提出不满意的表示"。投诉者是"提出投诉的个人、组织或他们的代理人"。投诉者可以是客户本人,即接受产品的客户也会是某个组织,或称集团客户。

综合上述定义,本文客户投诉的定义为:客户投诉是指客户对企业产品质量或服务上的不满意,而提出的书面或口头上的异议、抗议、索赔和要求解决问题等行为。

企业应该正确认知客户投诉,积极应对。一个企业,总希望一切都是完美状态,这是做好企业的理想。然而,现实情况取决于众多因素,并且类似于系统故障、员工过失、客户需求临时变更等偶然性因素存在不确定性,所谓的完美状态随时都可能消失。再者,企业与客户是对立统一的,企业按照设想制订服务计划,客户依据理想衡量企业行为,当感知与预想存在差异,客户就会产生抱怨,随着抱怨程度的不同,做出相应的行为反馈,投诉则属于一种强烈抱怨的行为体现。因此,企业要清楚"零投诉"是不存在的,必须高度重视客户的投诉行为,从客户投诉内容进行深入研究分析,追根溯源,彻底解决,不仅要提高客户投诉的敏感性,更要考虑如何预防投诉。

二、客户投诉的双重影响

(一)投诉的消极影响

客户投诉作为消费者对企业产品或服务的反馈,有一定消极作用,具体表现为企业经济利益缺失、声誉或形象受损和员工心理压力增强。

首先,客户投诉最直接的作用就是对企业利润的影响。以负面口碑为例,其定义指顾客将自己不满意的经历告诉他人而产生的负面效应。美国营销大师飞利浦·科特勒(Philip Kotler,1931)曾在其早期的一项研究中发现:顾客对企业的产品或服务产生了不满,其中 4%的顾客会对企业提出投诉,80%的顾客会对周围的人谈起自己的不满意。在所有投诉的顾客中,如果其投诉得到了有效解决,有 54%~70%的顾客会再次与企业发生商业关系;如果其投诉没得到妥善解决,则会有 80%~90%的顾客会拒绝再次购买该产品或服务。这就是负面口碑所带来的消极影响,尤其是在当今社会,网络传播的速度和广度使口碑的作用更加明显。顾客可以通过点评网站来发表对于产品或服务的评论,通过社交网络传播其意见,甚至建立自己的博客来表扬或批评某些品牌,并通过网络平台使更多的人看到这些评论。由此可见,如果不及时处理顾客投诉或投诉处理不当,会造成企业更大的损失。

其次,客户投诉会对企业的声誉和形象产生影响。企业声誉是指企业所有利益相关者以自己对企业的期望为依据,由企业过去的行为表现出的各项企业特征做出的评价的总和。企业形象则指人们通过企业的各种标志而建立起来的对企业的总体印象。2000年,一场车祸引发的投诉使人们开始关注日本第四大汽车制造商三菱汽车的质量问题。车主和受害者对三菱汽车公司进行了强烈投诉,要求获得应有的赔偿,而三菱汽车公司在处理投诉的过程中采取了逃避、拖延以及推卸责任的方式,对顾客及受害者造成了重大影响,同时也吸引了国内各媒体的关注。最后,中国国家检验检疫局发布通知,停止对三菱帕杰罗 V3、V33 的进口,直到这时三菱汽车公司才公开道歉,宣布召回帕杰罗 V3、V33 两款车。作为一家世界知名的大企业,在整件事的处理上,没有显示出应有的果断和应变能力,甚至使顾客怀疑其道德和诚信标准,三菱汽车公司在此次事件中声誉和形象大损,其案例发人深省。

最后,从员工观点出发,客户投诉的消极影响在于,聆听不满会使员工失去信心。在固有的产品或服务标准下,员工很难掌握处理顾客投诉的权力和工具。例如,营销人员对于产品技术问题方面的解答、服务人员需要通过牺牲公司利益来解决顾客问题的权限、前台人员在现场核准赔偿方案的限制等都会对员工的动力产生影响。而赋予过多的权力,则会使本来的原则和标准弱化,从而改变日常的"规矩"。在这样的情况下,员工对于企业的管理会产生怀疑,形成所谓"内部顾客"的抱怨。而过多的投诉会造成员工对产品、管理方式甚至企业精神产生疑惑,不利于企业引导员工实现共同目标。

(二)投诉的积极影响

1. 免费的市场信息

从积极的方面来看,客户投诉能为企业提供许多有益的信息。研究表明,大量的制造业创新产品的构思源于用户提出的需要,而客户投诉正是客户向企业反馈其需求的一个平台。一方面,客户投诉有利于纠正企业营销和服务过程中的问题,关键在于企业管理人员是否重视该信息的收集,还是仅仅为了解决顾客的问题而处理投诉;另一方面,客户投诉可能反映企业产品和服务所不能满足的顾客需要,通过仔细研究和产品创新,可以帮助企业开拓新的业务。丹麦跨国国际时代管理集团(TMI)总裁珍妮尔·巴洛(Annelle Barlow)提出了"抱怨是金"的理念。她指出,如果企业想采取进一步的行动强化"以顾客为中心"的企业文化,而不仅仅停留在纸上谈兵,就必须从态度上发生根本转变。如果企业开始把"抱怨"视作"金",就可以找到一条全新的途径与顾客进行互动,从而使每一个人都受益。从这个意义上来说,客户投诉是常常被企业忽视的一个市场信息来源,它不仅有研究价值,而且是免费送上门的,企业需要做的就是通过管理来更好地收集和利用这些信息。客户投诉往往比表扬对企业的帮助更大,因为投诉将指出企业迫切需要改变的地方,表明企业还能够比现在做得更好。

2. 预警危机

预警危机是企业进行危机管理的关键所在。通过投诉分析,可以使企业增强危机意识。投诉与危机不同,前者经常发生在企业的经营活动中,后者多以突发事件形式出现,但突发事件是一种客观存在，投诉则是其日常表现形式之一。与常规事件相同，偶发事件也有一个发生、发展的过程，危机则是从量变到质变的过程。Dart 和 Freeman（1994）的研究表明，服务环境下进行声明和第三方投诉的顾客占所有投诉意愿顾客类型的 53%。可见，即使产生了投诉意愿，真正采取投诉行动的顾客仅占一半，还有不少顾客存在潜在的不满情绪，所以，企业所见到的投诉只是危机的冰山一角。企业应当珍惜顾客的投诉，投诉中存在着顾客反馈的线索，这些线索为企业发现自身问题提供了可能。

在危机发生前，总会有一些征兆出现。企业要及时捕捉到投诉中存在的信号，加以分析整合，及时采取措施，才能减少损失，避免危机的发生。例如，现在人们已经见怪不怪的各种召回事件，比如汽车、食品、玩具召回等，即经过投诉分析，发现产品存在严重质量问题。从表面上看，召回损害了企业的短期经济利益，实则是避免了产品可能给顾客带来的更大损害。通过召回，企业有效地避免了随之而来的严重后果——顾客纠纷，甚至是对簿公堂。不仅如此，很多企业从投诉中提前发现了产品的严重问题，然后进行改善，从而避免了危机的发生。

3. 提高顾客忠诚度

顾客对所购买的产品或服务的满意感（S）是其产品期望（E）和该产品可察觉性能（P）的函数。由于各种原因，企业提供的产品或服务会低于顾客期望，造成顾客不满意。因此，顾客投诉是不可避免的。投诉的顾客会尽量减少其不和谐感，因为人的机制存在一种驱动力，它使投诉顾客在自己的意见、知识和价值观之间建立协调性、一致性或和谐性。他们可以通过放弃或退货来减少不和谐感，也可以通过寻求合理的解释以证实产品价值高于其价格来得到满足。研究发现，50%～70%的投诉顾客，如果投诉得到解决，他们会再次与企业发生商业关系，如果投诉得到快速解决，这一比重上升到92%。因此，顾客投诉为企业提供了恢复顾客满意的最直接的修正机会。研究表明，企业每减少5%的顾客流失率，所带来的将是利润率上升 25%～85%。企业通过鼓励不满顾客投诉并妥善处理，能够阻止顾客流失，从而提高顾客的忠诚度，而过去的品牌选择将对于未来品牌偏好起到强化作用。

三、投诉形式

近年来，随着科技的发展以及消费者维权意识的增强，顾客投诉也出现了一些新形式，并且投诉也逐渐受到更多重视。

1. 传统分类和形式

由不满引起的投诉有可能导致顾客采取进一步措施的行为被称为"有作为投诉行为"，如舍弃产品、向商家投诉、向第三方组织表达不满等行为；如客户不采取进一步行为，则被称为"不作为投诉行为"，他们认为可以忘记不满意的经历。

2. 顾客投诉的新形式

随着社会的发展进步以及法律制度的细化健全，消费者法律意识也逐渐增强，顾客投诉形式中出现了更为激烈同时对企业声誉影响也更大的"第三方投诉"，第三方投诉是指顾客通过公众媒体、消费者保护协会、政府部门、商会、律师等第三方组织投诉相关企业。顾客第三方投诉行为在下列情况下更容易发生：首先，认为商家提供的赔偿不到位，而客户手上有企业客观失误或者产品质量的凭证以此投诉要求更高补偿，则容易联想到诉诸第三方组织；其次，对商业行为持消极态度，顾客对产品或服务有任何不满的情绪甚至无中生有都可能通过网络进行散播，微博、微信及各大专业平台机构给消费者提供了更多的投诉渠道；最后，顾客易受负面消息影响而投诉，网络及媒体的消息在当前互联网时代传播速度极快，用户也通过和企业互动参与到产品评价中，使得顾客有更多的机会接触产品信息，如果发现产品与宣传不符则会导致投诉。

四、客户投诉的原因

客户投诉的原因很多，既有客户本身的原因，也有企业的客观失误。一般来说，我们可以简单地把客户投诉的原因归为两大类。

1. 产品问题产生的投诉

由于产品问题引发的投诉是一种非常普遍的现象。这些问题包括产品质量缺陷、产品规格不符、产品故障等。产品问题的产生可归结为三方面的责任：一是生产者的责任；二是销售者的责任；三是客户使用不当的责任。产品的生产者对产品问题负有不可推卸的责任，产品无论是在保质期、保修期之内还是之外，生产者均负有为客户解决产品问题的责任。产品的销售者对所销产品的问题同样负有责任，很多国家法律法规都规定了销售者对产品责任的"先行负责制"，谁销售谁负责，以方便客户快速解决产品问题。即使产品问题是因客户使用不当而引起的，生产者和销售者也应仔细分析客户使用不当的原因，如果是产品设计的缺陷，则要进行相应改进；如果完全是因为客户理解不正确或使用不当，则需努力与客户沟通，指导其正确使用产品，避免类似问题再次发生。

2. 服务问题产生的投诉

除了产品问题，服务方面产生的问题也是导致客户产生投诉的重要原因。这其中包括对企业各类人员的服务质量、服务态度、服务方式、服务技巧等提出的批评和抱怨。例如，服务人员的态度恶劣、服务意识肤浅、服务定位不准、管理流程不完善、资源配置不合理等，在当今社会屡见不鲜。通常，提供服务者是产生服务问题的主要责任者，他们未履行对客户的承诺，未按法律法规和行业规范的有关规定与要求提供服务。服务问题产生于服务过程，客户在服务过程中就能立刻感受到发生的服务问题，不满和抱怨也就随即产生。因此，提供服务者应当在服务过程中即时妥善地处理好因服务问题引发的客户投诉。

五、客户投诉管理

（一）客户投诉处理步骤

一般来讲，处理客户投诉分为六个步骤。

1. 接受投诉

接受投诉，即要求迅速处理，绝不拖延，力争在最短的时间内解决问题，给客户一个满意的答案。否则，拖延或推卸责任会进一步激怒投诉者，使事情复杂化。

2. 平息怨气

客户在投诉时，多带有强烈的感情色彩，具有发泄性质，因此要平息他们的怨气。在客户盛怒的情况下投诉处理人员当客户的出气筒，及时安抚客户，采取低姿态、承认错误、平息怨气，当客户恢复理智时，共同商讨解决问题的方法。

3. 澄清问题

用提问题的方式把投诉由情绪带入事件。通过开放式的问题引导客户讲述事实，提供资料。当客户讲完事情的经过以后，投诉处理人员要用封闭式的问题总结问题的关键。例如："您刚才所说的问题是……，是这样的吗？"这样做可以帮助客户理清思路，避免进一步纠缠下去。

4. 探讨解决，采取行动

探讨解决是指投诉如何处理，是退货、换货还是补偿。很多投诉处理人员往往直接提出解决方案，而未考虑到客户的想法，使他们失去了选择的余地，这样客户还是会产生不满。最好的做法是主动询问了解客户倾向的解决方案，然后提出自己的解决方案，共同探讨，权衡利弊，最终得出双方都满意的方案。

5. 感谢客户

这一步非常关键，它是维护客户关系的一个重要手段。投诉处理人员需要说四句话来表达四种不同的意思：第一句话是再次为给客户带来的不便表示深深的歉意；第二句话是感谢客户对企业的信任和惠顾；第三句话是再次向客户表示感谢，让我们发现问题和不足；第四句话是向客户表决心，让客户知道我们会努力改进工作。

6. 处理结果上报

给客户圆满的答复并致谢后，投诉处理并未完成。投诉处理人员一定要将投诉处理情况上报，也就是根据企业的情况，以适当的方式和频度，对一定周期的投诉要及时上报，上报时可以进行必需的分类、分析。企业要重视小的细节，才能及时避免重大的危机；同时，日常的投诉也是企业限期改进的契机，甚至是企业的商机所在。

【案例分析】

一则成功的顾客投诉处理案例

2001年某日,在某购物广场,顾客服务中心接到一起顾客投诉,顾客说从我商场购买的"晨光"酸奶中喝出了苍蝇。投诉的内容大致是:顾客李小姐从我商场购买了"晨光"酸奶后,马上去一家餐馆吃饭,吃完饭,李小姐随手拿出酸奶让自己的孩子喝,自己则在一边跟朋友聊天,突然听见孩子大叫:"妈妈,这里有苍蝇。"李小姐循声望去,看见小孩喝的酸奶盒里(当时酸奶盒已被孩子用手撕开)有只苍蝇。李小姐当时火冒三丈,带着小孩来商场投诉。正在这时,一位值班经理走过来说:"你既然说有问题,那就带小孩去医院,有问题我们负责!"顾客听到后,更是怒气冲天,大声喊:"你负责?好,现在我让你去吃10只苍蝇,我带你去医院检查,我来负责好不好?"边说边在商场里大喊大叫,并口口声声说要去"消协"投诉,引起了许多顾客围观。

该购物广场顾客服务中心负责人听到后马上过来处理,赶快让那位值班经理离开,又把顾客请到办公室交谈,一边道歉一边耐心地询问了事情的经过。询问重点:1. 发现苍蝇的地点(确定餐厅卫生情况);2. 确认当时酸奶的盒子是撕开状态,而不是只插了吸管的封闭状态;3. 确认当时是小孩先发现苍蝇的,大人不在场;4. 询问在以前购买"晨光"牛奶有无相似情况。在了解了情况后,商场方提出了处理建议,但由于顾客对值班经理"有问题去医院检查,我们负责"的话一直耿耿于怀,不愿接受我们的道歉与建议,使交谈陷入僵持阶段,依然没有结果,最后商场负责人只好让顾客留下联系方式,提出换个时间再与其协商。

第二天,商场负责人给顾客打了电话,告诉顾客:我商场已与"晨光"牛奶公司取得联系,希望能邀请顾客去"晨光"牛奶厂家参观了解(晨光牛奶的流水生产线:生产—包—检验整个过程都是在无菌封闭的操作间进行的),并提出,本着商场对顾客负责的态度,如果顾客要求,我们可以联系相关检验部门对苍蝇的死亡时间进行鉴定与确认。由于顾客接到电话时已经消了气,冷静下来,而且也感觉商场负责人对此事的处理方法很认真严谨,顾客的态度一下缓和许多。这时商场又对值班经理的处理方式进行道歉,并对当时顾客孩子发现苍蝇的地点——(并非环境很干净的小饭店),时间——大人不在现场、酸奶盒没封闭、已被孩子撕开等情况做了分析,让顾客知道这一系列情况都不排除是苍蝇落入(而非牛奶本身带有)酸奶的因素。

通过商场负责人的不断沟通,顾客终于不再生气了,最后告诉商场负责人:他们其实最生气的是那位值班经理说的话,既然商场对这件事这么重视并且认真负责处理,所以他们也不再追究了,他们相信苍蝇有可能是小孩喝酸奶时从空中掉进去的。顾客说:"既然你们这么认真处理这件事,我们也不会再计较,现在就可以把购物小票撕掉,你们放心,我们说到做到,不会对这件小事再纠缠了!"

在这起顾客投诉处理事件中值得反思与借鉴的有:

处理顾客投诉是非常认真的工作，处理人当时的态度、行为、说话方式等都会对事件的处理起着至关重要的作用，有时不经意的一句话都会对事情的发展起到导火索的作用。我们对待顾客投诉的原则是：软化矛盾而不是激化矛盾，所以这需要投诉处理人员不断提高自身素质，强化自己对于顾客投诉的认识与理解，尽量避免因自己的失误而造成不良后果。

该投诉事件的负责人在此处理过程中有许多值得我们借鉴与学习之处：

1. 沉着：当矛盾进一步激化时，先撤换当事人，改换处理场地，再约定谈判时间。
2. 老练：先倾听顾客叙述事情经过，从中寻找了解有利于商场的证据，待顾客平息怒火后再进行客观分析。
3. 耐心：在谈判陷入僵持阶段，不急不燥，站在顾客角度想办法解决问题，且非常有诚意，处理方式严谨认真。

（二）制定全员参与的客户投诉管理战略

客户投诉管理具有重要的战略意义，但更为重要的是企业各职能部室之间的配合。因为对其他部门员工而言，处理客户投诉都是额外工作。但是，产品的设计、开发和维护又是这些后台部门实施的，要及时有效地处理客户投诉，就必须涉及产品质量整个流程的相关部门密切合作，与一线客服人员及时沟通。所以必须进行有效的考核监控，一方面促进体系运行，另一方面防止体系运行产生偏差。通过设置考核指标和执行考核，使各部门和各分公司都能够主动遵守操作程序和流程，在事前、事中、事后等阶段各司其职，避免或降低投诉的发生，持续改进投诉处理的效率和效果，不断提升投诉管理水平，提高公司产品和服务质量，从而提高客户的满意度和忠诚度。考核制度应当做到全面衡量，重绩效而又兼顾灵活性。相关部门员工激励机制与投诉处理适当挂钩，提高员工的积极性。监控投诉管理的过程，其最终目的在于不断提高企业的投诉管理质量并最终提高企业的市场竞争力。投诉处理过程不同于一般的服务提供过程，具有一定的特殊性，需要通过控制，使投诉处理流程标准化、操作简单化。

（三）畅通投诉渠道

由于倾听客户意见的意义重大，公司要建立正式渠道倾听客户投诉。一方面，要鼓励客户投诉。在企业内部建立尊重客户的企业文化，并通过各种渠道告知客户企业赋予他的权利。在此基础上，让全体员工，而不仅仅是客户服务部门的员工，认识到客户投诉可为企业提供取得竞争优势的重要线索，而不是给工作带来麻烦。另一方面，要方便客户投诉。例如，通过促销材料、产品包装、文具、名片等客户能够接触的投诉媒介，告知客户企业投诉部门的联系方式和工作程序。企业应尽可能降低客户投诉的成本，减少其花在投诉上的时间、精力、金钱等。方便、省时、省力的信息接受渠道会使客户投诉变得容易，例如，一些企业在产品销售地点设立意见箱，越来越多的企业通过设立免费电话接受客户意见。

（四）建立客户投诉受理数据库

世界上没有绝对完美的事物，任何企业提供的产品和服务也是如此。有缺陷就会影响客户使用进而造成客户的投诉。在受理客户投诉之前企业需要建立客户投诉受理数据库，使得客户投诉受理制度化、规范化。企业还要制定标准的投诉处理流程，明确规定客户和企业对各种投诉问题所应当承担的权责，避免发生争执和推诿。客户投诉受理数据库要及时更新，确保有效性。

（五）客户投诉培训

建立客户投诉受理数据库以规范客服部门的受理流程，同时还要对客服人员就客户的投诉处理方法与渠道等知识进行培训，以提高其投诉准确性和有效性。客户满意度理论认为，客户会将接受产品或服务之后的感知与接受之前的期望作对比，其不满意的程度与感知落差的程度呈正相关。尤其是当客户最初对企业抱有信心，试图与企业沟通时，如果客户面对的投诉处理程序过于烦琐，甚至搞不清楚如何进行有效投诉，低限制的转换成本和选择的多样性就使得客户忠诚度大大降低。客户投诉培训在一定程度上避免了客户由于不了解投诉方法和渠道而果断放弃投诉，甚至转向竞争者，同时也避免了客户知识的流失。

第二节　客户流失管理

客户流失现今已成为令许多企业头痛的问题，由于客户不断地流失，企业不仅难以对变化过快的客户群进行深入分析，而且几乎没有时间与特定客户展开互动。同时，客户流失还会沉重地打击企业推行的"以客户为中心"的战略，因为企业苦心经营和维持的客户关系一夜之间可能会不复存在。

一、客户流失的含义

客户流失是指购买意图和行为都发生了转变的客户，即客户由于种种原因而转向购买其他企业产品或服务的现象。

1985 年 Jackson 通过对客户在购买行为过程中的差异分析，将客户流失分为两大类："永久流失（Lost-for-good）"及"暂时流失（Always-a-share）"；永久流失类客户是指虽然目前客户购买行为一直持续进行着，但如果客户流失，很难再回来；暂时流失类客户是指客户购买行为是间断性进行的，客户有可能在某段时期没有购买，但经过一段时间再次恢复采购。这两类客户在购买行为上有不同的特点。第一类客户的特点是，一旦决定终止购买就意味着永久流失；第二类客户的特点却是，即使其间甚至较长一段时间中止采购，也不意味着必然流失，他们随时恢复采购的可能性是非常大的。

二、客户流失的分类

客户流失包括两种情况：主动客户流失和被动客户流失。

1. 主动客户流失

有些客户主动流失的原因是他们不能充分理解企业所提供的产品或服务的特性。客户的疑惑和迷茫导致了他们选择竞争敌手。如果企业的产品或服务的说明更加贴近客户，服务更加周到，客户也许会改变主意。还有些客户主动流失是因为他们没有被告知企业新的产品或服务，或者未被给予明晰的关于采用新技术的产品的功能和特性方面的介绍。客户无法了解现有企业能够提供的产品或服务的最新背景，转而选择其认为技术创新性强的竞争对手。

2. 被动客户流失

由于恶意欠款或累计债务等原因导致企业被迫中止其业务的客户被称为被动流失客户。这些问题之所以发生，主要是由于企业未能有效地监控到那些具有信用风险的客户，并且没有采取措施。

三、降低客户流失率的意义

随着市场竞争的日益激烈，越来越多企业看重客户管理并将其视为企业最重要的核心竞争手段。客户资源的竞争，在某种程度上也意味着市场份额的竞争。1990年，Reichheld通过对几大行业的调查研究发现，客户流失率每降低5%将带来企业的利润率上升25%～85%。客户流失管理的有效性，对每个行业都非常重要，尤其是服务行业，等同于服务行业的最核心的要素。它的重要性主要有以下几个方面。

1. 有助于企业提升核心竞争能力

近年来，随着市场经济的发展及服务需求的大幅增加，服务行业的前景越来越被看好，大量的企业，包括外资企业被这巨大的市场商机所吸引而加入其中，导致竞争日趋白热化。随着市场的急速扩张，面对有限的客户资源，谁能采用有效的方法，降低客户流失率，稳定现有的客户群，谁就能在竞争中占有优势，抢得先机。

2. 有助于企业降低营运成本

通常来讲，由于新顾客对企业的服务或产品需要了解和熟悉，在这个过程中，企业需要付出大量的人力、物力进行相应的宣传推广；相反，由于老顾客已经熟知企业的服务或产品，无须企业再进行宣传，花较少的精力就可以达成交易。据统计，挽留一个老客户的费用是开发新客户的1/4左右；向一个老客户推销的成本，等同于一个新客户相应的推销成本的 1/6 左右。学者们通过对世界 500 强企业调研结果显示，无须大量的宣传，老顾客就非常愿意重复使用或购买企业的服务或产品，还能够通过称赞、宣传等方式向亲朋好友推荐企业的服务或产品，成为企业最好的兼职推销员。这种方式，可以为企业节约大量的宣传推广费用，从而降低企业的运营成本。

3. 是提升企业利润率的有效手段

大量实践证明，降低客户流失率，让顾客成为企业的忠诚客户，能够有效提升企业的利润率。企业流失率越低，顾客与企业合作的时间越久，越能增加企业的利润。巴莱多定律指明，大多数企业百分之八十的利润取决于百分之二十的忠诚客户。另外，还有研究证明，如果企业流失率降低 5%，就可以令其利润率同步增长 25%~85%。反过来，如果企业流失率上升 5%，利润率就会相应下降 25%。降低客户流失率，提升现有客户的忠诚度成为企业增加利润的有效手段。

4. 能够帮助宣传企业

竞争日益激烈的环境下，顾客的消费心理日趋成熟多变，传统的广告宣传已经很难打动他们。这种情况下，通过老顾客的宣传效应，可以有效地影响潜在客户做出相应的购买决定。大量实例证明，新客户中 60% 来自老顾客的推荐。这种"一传十，十传百"的群体效应是传统宣传无法达到的效果，可见，"口碑效应"更能有效帮助企业进行宣传，是一种最好的广告方式。

四、客户流失的原因

对于客户流失的原因分析，很多专家学者均做过有益的探讨。

Keaveney 从理论的角度分析认为，"转换意愿"下的客户流失原因，是由于产品或服务的定价高、关键服务缺失、客户使用不便、竞争对手、服务接触的处理失败、服务响应失败等造成的；同样，陈建成、马文杨也从理论的角度提出观点，认为客户流失的原因包括从宏观社会环境、微观环境及客户个人因素三个方面来。每一个方面都可以单独或混合作用而导致客户流失；华南理工大学的学者李竞明和尹柳营尝试从客户忠诚和企业对客户的价值评估的角度来分析，认为客户流失的原因主要有：（1）企业主动选择放弃的客户；（2）客户选择主动离开；（3）被竞争对手挖走的客户；（4）被竞争对手所吸引的客户；（5）因客户自身原因而被迫离开的客户。因客户自身原因，如经济环境发生变化，或者因为地域上的搬迁等，从而被迫流失。这种情况导致的客户流失是无法避免的，属于弹性流失；（6）其他原因。如因为企业对市场营销管理不当，企业员工离职带走客户，客户在经营企业的产品时无法获利等原因所导致的客户流失。

还有学者通过企业实践来分析原因。例如，经过对商业银行客户流失的实际调研，采用 logistic 回归法，国内学者蔡淑琴等提出银行客户拥有产品的数量、消费方式和业务类型是导致其流失的重要原因；在电信市场，通过研究发现，客户的消费频率及收入是客户流失的重要变量。企业应通过这些重要变量建立客户流失的预警模型，提前做好客户关系管理的工作。同样,张素珍通过理论与企业实践结合后的分析认为,客户需求无法得到有效的响应是导致其流失的重要因素,它们表现为:(1)企业产品的不成熟而导致客户利益受损;(2)企业技术落后,无法满足客户对技术创新增值的要求;(3)企业的服务意识淡薄,不能及时解决客户的抱怨,工作效率低;(4)员工的离职带走客户;(5)竞争对手抢客,这些原因都是企业经营过程中必须重视的,是需要通过提升客户关系管理来加以改进的。

以上学者的观点,总结如图 7-1 所示。

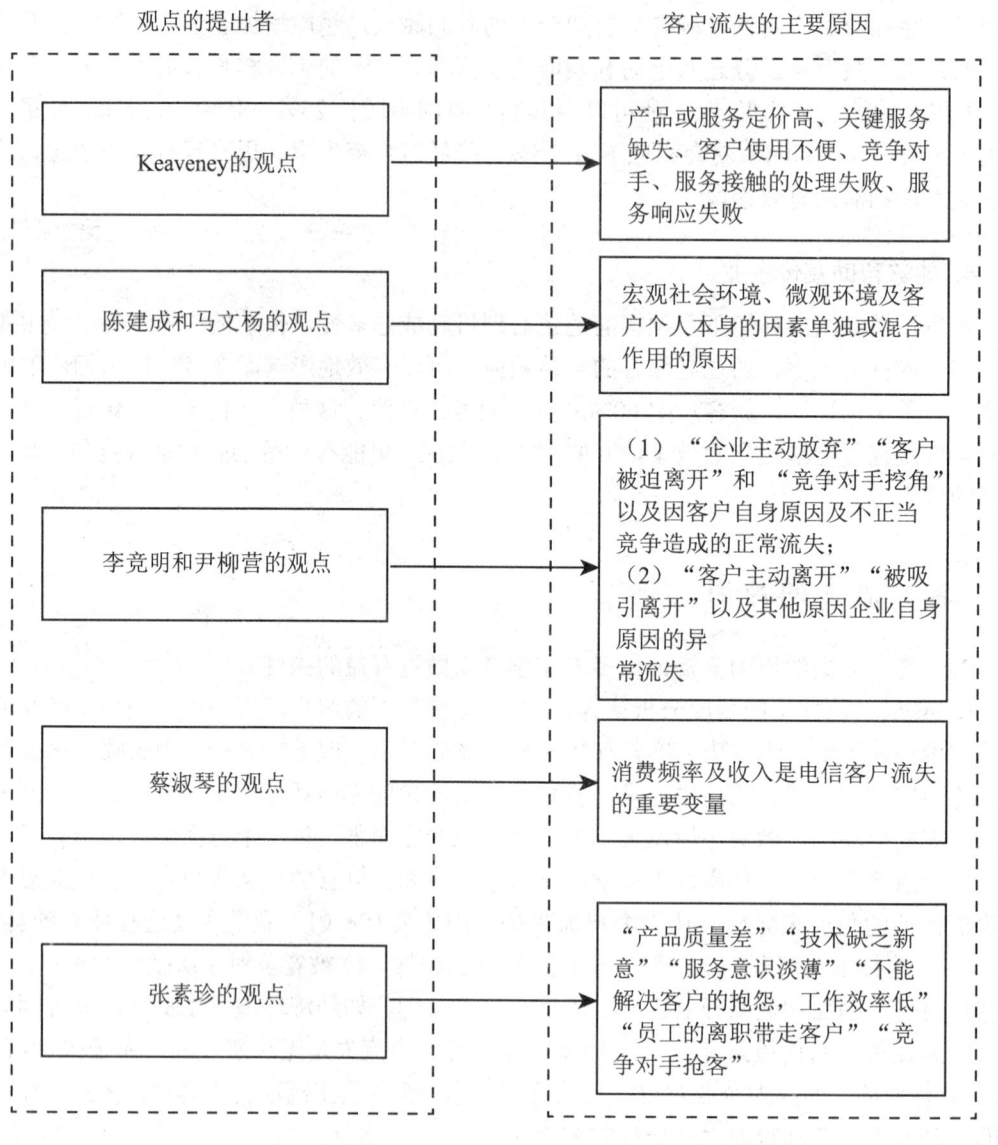

图 7-1 客户流失原因的分析

本书参考了学者们提出的理论精髓,结合现今企业发展过程中普遍存在的问题,从两个维度来分析客户流失的原因。

（一）客户本身造成的流失

在高速发展的市场经济中，客户的需求是需要挖掘、引导的，但是由于消费者面临的选择日益增加，他们的需求随时有可能发生转移、消费习惯也会发生改变，当这些情况发生时，客户就有可能不再继续与企业合作了。有的客户对于不同企业提供的好的产品或服务根本不在乎，转向其他企业不是因为不满意，而是想换"口味"——尝试一下新企业的服务，或只是想丰富自己的消费经历，企业无论采取什么措施，都对于这类客户的流失无能为力。当然，还有种情况叫作自然流失，如客户的搬迁、成长、衰退、破产、死亡等。自然流失所占的比例非常小。企业可以通过广泛建立连锁服务网点和经营分公司，或者提供网上服务等方式，让客户在任何地方、任何时候都能方便快捷地使用企业的产品或服务，减少自然流失的发生。

（二）企业造成的流失

1. 企业内部员工流动导致客户流失

这是企业客户流失的重要原因之一，很多企业由于在客户关系管理方面不够细腻、规范，导致企业员工跳槽，带走了大量客户，此时，业务人员的桥梁作用就被发挥得淋漓尽致，而企业自身对客户影响相对乏力，一旦业务人员跳槽，老客户就随之而去，与此带来的是竞争对手实力的增强。

2. 竞争对手的诱惑

任何一个行业，客户毕竟是有限的，特别是优秀的客户，更是弥足珍贵的，20%的优质客户能够给一个企业带来80%的销售业绩，这是个恒定的法则。所以，往往优秀的客户会成为各大厂家争夺的对象。市场竞争激烈，为了能够迅速在市场上获得有利地位，竞争对手往往会不惜代价以优厚条件来吸引那些资源丰厚的客户。"重金之下，必有勇夫"，客户"变节"也不是什么奇怪现象了。作为企业的管理者，尤其要注意竞争对手对你的大客户抛出的"糖衣炮弹"及给予的好处，及时采取有效应对措施，以防止自己的客户被竞争对手挖走。

3. 企业自身问题

一方面表现为企业对于其产品和服务的管理与监管不当，使产品和服务环节出现缺陷，导致企业无法实现客户要求，使客户转向其他企业；另一方面表现为企业产品技术含量提高，升级换代，企业的目标客户群体发生改变，而使之前的客户不能再与之合作，从而导致客户流失。此时，客户必须再去寻找和开发新客户。

4. 企业内部服务意识淡薄

员工傲慢、客户提出的问题不能得到及时解决、咨询无人理睬、投诉无人处理、服务人员工作效率低下等,也是导致客户流失的重要因素。

五、客户流失的挽回

(一)主动了解流失原因

只要客户有价值,企业就要做出继续挽留的努力,直至最后一刻。为此,企业需要与客户进行一次深入沟通。具体包括:(1)设法记住流失顾客的名字和地址;(2)在最短的时间内用电话联系,或直接访问。访问时,应诚恳地表示歉意,送上鲜花或小礼品,并虚心听取他们的看法和要求;(3)在不愉快和不满消除后,记录他们的意见,与他们共商满足其要求的方案;(4)满足其要求,尽量挽回流失的顾客;(5)制定措施,改进企业工作中的缺陷,预防再次发生;(6)想方设法比竞争对手做得更多、更快、更好。

查尔斯·考利(Charles Cawley)是总部位于特拉华(Delaware)经营信用卡业务的MBNA America公司的总裁,对于客户流失何以能促使公司将注意力准确地集中在客户关注的事项上可谓深有体会。1982年的一个早晨,被一封封客户投诉信弄得心情沉重的他把MBNA公司所有员工召集在一起,宣布自己决心让每一位客户对公司的服务感到满意,力争留住每一位客户。于是这家公司开始从流失的客户那里收集反馈意见,并根据这些信息采取行动,定期调整产品及服务流程。随着产品及服务质量的提高,选择离去的客户减少了。八年之后,MBNA公司成为该行业中客户流失率最低的公司之一,每年流失的客户约占5%,这个数字为同行业平均水平的一半。

(二)为客户供高质量的产品和服务

一方面,产品质量是企业为客户提供有利保障的关键武器。没有好的质量依托,企业长足发展就是个很遥远的问题。企业应提供令客户满意的产品和服务,这就要求企业必须识别自己的客户,调查客户的现实和潜在需求,客户购买的动机、行为、能力,从而确定产品的开发方向与生产数量,进而提供适销对路的产品来满足或超越他们的需求和期望,使其满意。另一方面,质量的高低关系到企业利润、成本、销售额。每个企业都在努力打造高质量服务以便留住优质客户。一般而言,制造类企业把主要精力都放在营销管理和技术研发上,但随着产品技术的日趋同质化,服务也越来越成为影响市场份额的关键因素。因此,为客户提供服务最基本的就是要考虑到客户的感受和期望,从他们对服务和产品的评价转换到服务的质量上。找准了基本点,与客服部一起设计一种衡量标准,以对服务质量进行有效考核。

（三）加强企业管理

企业通过加强内部自身管理和外部客户管理，来赢得更多的客户与市场，获得更大的经济效益与社会效益。对内，规范各项政策制度的同时实施个性化管理，给予员工更好的生活保障、更大的晋升空间和更好的关怀爱护，使员工做任何事情都有章可循，最大限度降低员工流失率；对外，通过有效的管理，在客户和社会公众中树立、维持和提升企业形象。良好的企业形象既可以创造顾客消费需求，增强企业筹资能力，又可以改善企业现状，开拓企业未来。

【案例分析】

都喜公主诗娜卡琳酒店的低员工流失率

位于泰国曼谷的都喜公主诗娜卡琳酒店1996年开业至今，198间客房，年收入在七八百万美元，常年保持85%的入住率，即便在所谓的淡季也保持在70%往上，更别提旺季常态化的90%甚至100%。

都喜公主诗娜卡琳酒店目前拥有176名员工。员工平均工作年限7年，酒店一年离职员工不超过10人，流失率在6%以下。

1. 统一的价值观，比什么都重要

都喜酒店集团的培训体系一分为三：工作技能培训、职业发展规划培训、服务态度培训。前两者各大酒店集团甚至企业基本都会关注和重点落实的操作的模式也大同小异。关于服务态度，是旅游服务业普遍提倡的，但是落地实施却参差不齐，问题也非常多。

在采用都喜集团"Care（关怀）、Commit（承诺）、Can do（积极）"三大价值观的基础上，都喜公主诗娜卡琳酒店还附加了Fun（有趣）和Fellowship（集体）。酒店每年两届的运动会是在践行Care, Fun and Fellowship（关怀和睦共处）；在遭遇困难的时候，Commit Fellowship 就要求员工应该更有团队合作精神去解决困难；在某一部门因为员工短缺或者客人需求突然改变出现部门效率问题时，Can do Fellowship 会告诉其他部门员工应该去支持而不是去批评；Care, Commit, Can do + Fun and Fellowship 教会员工要彼此共享酒店业绩收入带来的喜悦与成果，业绩好的部门会得到大家的赞扬，没完成业绩的部门就请大家吃餐厅，每个部门都超标的时候，就由总经理请客，每天都有"美味"可享用。

2. 公开透明的服务费比难以为继的小费更有利于培养忠诚度

Service charge（服务费）在中国酒店占总收入的15%，是酒店重要收入之一，营改增之后，很多酒店实行10%服务费+6%增值税。在泰国，酒店服务费10%，固定税7%，都喜公主诗娜卡琳酒店与其他酒店不同的是，10%的服务费不是酒店的收入，而是要给员工的。每个月都会公布酒店的服务费收入是多少，然后按月均分给酒店所有员工，服务费占

基层员工收入的40%。公开透明的服务费比难以为继的小费更有利于培养和提升员工的服务意识和忠诚度。

3. 特有的国情文化孕育了独特的泰国酒店经营管理哲学

作为佛教文化大国，佛教教人朴素、简单等这些宗教信仰影响着泰国人的服务意识。"分享"意识加上强烈的 Ownership（主人身份）意识等都影响着泰国酒店服务元素的变化。他们更加关注人在服务中的感受和体验，更加喜欢人性化服务，会通过见面"合十礼"手腕高度这样的细节去观察客人对服务的反馈。机器人这类科技感的产品更多的是用来提高效率，很少被用在酒店服务上。相比较而言，泰国酒店发展速度没有中国快，市场竞争压力也没有那么大，这些客观上都给泰国酒店提供了更多空间去做员工培训，去提升服务品质。定位为中高端度假酒店品牌的都喜公主诗娜卡琳酒店也一直在秉承"泰尊贵·泰友好·泰舒适"的品牌文化。

这或许就是"关心好你的员工，员工才能关心好客人和生意"的很好写实。

（四）不断进行创新

面对瞬息万变的市场环境，面对个性化、多样化的顾客需求，面对优胜劣汰的游戏规则，企业唯有不断地创新、创新、再创新，才能赢得更多的客户，并持续地发展与壮大。企业通过技术创新、管理创新、产品创新、服务创新不断提高核心竞争力，吸引和留住各方面的人才，实现经营利润的最大化。企业的产品一旦不能根据市场变化做出调整与创新，就会被市场淘汰，分销商利益也可能会受到重大影响，客户流失率将大大增加；技术创新是产品创新的基础，核心技术的开发与拥有是企业未来竞争制胜的法宝；而管理创新和服务创新是企业提升核心竞争力、实现最佳经营目标必不可少的有效途径。创新本身就是在实践经营中不断完善、不断进步的过程，企业具备内在发展的驱动力、产品和服务有广泛的市场基础，就一定能在激烈的市场竞争中脱颖而出。

第三节　客户保持管理

随着现代商业竞争的发展，客户的选择空间越来越大，企业对客户的争夺已经到了无所不用其极的地步，因为企业意识到，客户的价值对企业实现价值最大化起着非常关键的作用。众多的研究及实例证明，老客户的持续存在与企业的利润率增长关系密切。一个能够长期拥有大批忠诚客户的企业，要比那些低运营成本、高市场份额却存在高客户流失率的竞争对手更具有优势。客户保持管理是客户关系管理系统的一个基本功能。深入研究并贯彻实施客户保持管理能够帮助企业在激烈的市场竞争中获得核心竞争力及竞争优势。

一、客户保持的含义

对于客户保持的定义,不同的学者有不同的看法,有的学者是通过重复购买的次数达到一定时,就称为客户保持住了;有的学者认为维系关系使之不断购买,才保持住客户。Herrmann & Johnson（1999）,Blattberg,Gerz 和 Thomas（2001）认为,对于购买循环周期长的产品或服务来说,只要一个客户表示其在下一个购买时间仍然有购买和消费该产品或服务的意向,那么,该客户就算被保持住了。陈明亮、袁泽沛、李怀祖（2001）、梁波（2005）等人认为客户保持是指供应商维持已建立的客户关系。

本文认为,客户保持是指企业努力保持已经建立的客户关系,以达到客户不断重复购买本公司产品或服务的目的。它的实质就是企业通过实施正确的客户保持策略,客户进行持续的产品或服务购买意愿,最终成为企业忠诚的客户,实现销售的稳定增长。

作为客户关系管理的重要组成部分,客户保持管理成为企业需要面对的一个普遍问题。特别是市场竞争和削减成本竞争激烈的当下,客户流失以及客户流失背后带来的经济损失,对各个企业都会造成很大影响。当然并不是所有的客户企业都要保持,在实施客户保持营销活动中,企业需要考虑实施客户保持的营销成本和客户的潜在价值,如果实施客户保持活动后,不盈利的客户企业可以不考虑客户保持,但是如果实施客户保持活动后,收益比较大的客户我们需要投入相应的客户保持活动。我们都知道高价值客户保持工作的重要性以及高价值客户保持的高回报率。当然开发客户保持活动需要企业人力资源与财务资源,也就是可变的营销成本。在企业所有的客户中,并不是所有客户都值得企业进行客户保持。如果企业不区别客户开展客户保持活动,势必造成企业资源的浪费和客户保持成本的无效投资。但是如果企业事先通过客户细分,识别出有高价值的客户,愿意与企业保持共同发展的客户,企业有区别地开发客户保持,必然收到事半功倍的效果,大大节约了企业客户保持成本。

二、客户保持的意义

客户保持与企业利润是息息相关的,这首先表现为企业从客户或客户群处得到的价值是企业利润的直接来源。企业利润来自客户支付的买价与企业成本的差额。显然,客户与企业保持关系越持久,重复购买的次数越多,就越有可能为企业带来利润。

除了客户支付的买价对企业利润的影响之外,客户保持的效果对企业的利润影响还表现在以下几个方面。

1. 节省争取顾客所需的成本

每个企业为获取新顾客都要先投入资金,包括:针对新顾客进行的一系列广告宣传,工作人员的管理费用等。以信用卡公司为例,最大的成本开支是直邮广告的费用。由于回复率一般仅为2%～3%,因此为了得到1000个申请人,公司需寄出3万～5万份宣传品。再加上信用评估、信用卡发行、在银行的数据处理系统中开立新账户等费用,为每个新顾客开支的成本很大。相对来说，保留的老顾客能为企业省下这笔费用。

2. 延长获得客户的初始投资的回收期

企业为了获得客户而支付了大量的初期投资和获取费用，企业必须通过延长客户生命周期的方法来延长这笔费用的回收时间。

3. 节省营业成本

顾客逐渐熟悉一个企业后，就会学着充分利用它，不会因为要求企业提供原本不提供的服务而浪费时间，也不再过多地依靠企业员工来了解情况、获得咨询。这样，由企业承担的顾客学习成本自然会下降。这类成本效益经常反映在长期顾客和长期员工之间的相互交往及学习上。

4. 顾客之间的口碑相传促进产品销售

满意的顾客会向他人推荐，并且，当一个顾客准备购买某种产品时，首先要做的就是收集相关信息，在进行比较之后才决定购买。信息来源分为内部来源和外部来源，内部信息基本上是在顾客记忆中搜索，假如内部信息不足以使顾客做出购买决定，或者根本没有这方面的经验，那么他会求助于外部信息，包括口碑和生产者提供的信息，如广告宣传等。通常，风险较高时，他们的反应主要是直接收集信息，重新评估其他方案；他们更喜欢求助的信息来源是人，最主要的降低风险的信息方式就是口碑。

5. 老客户无须价格优惠措施

一般来说，新老顾客为同一服务支付的价格是不一样的，企业为了获取一个新客户，常常会给予价格优惠政策。而一些满意度较高的老顾客，往往对价格不十分敏感，甚至会为得到一如既往高水准的服务，支付较高的价格。保持老客户能够节省这一部分价格优惠的成本。

三、客户保持的影响因素

1. 客户自身对客户保持的影响

客户购买行为受到文化、社会环境、个人特性、心理等方面的影响。

（1）文化因素。文化、亚文化和社会阶层等因素对客户的行为产生广泛而深远的影响。

人类行为是通过学习而形成的，这期间要受到来自家庭和其他社会环境的影响，必然会带有某一类文化的印记。亚文化群体，如民族群体、宗教群体、种族群体和地理区域群体等，能为其中的成员带来更为具体的认同感和共同特性。社会阶层是指一个社会中具有相对的同质性和持久性的群体。来自同一社会阶层的人，其行为要比来自两个不同社会阶层的人更为相似，同一阶层的成员往往具有类似的价值观、兴趣爱好和行为方式。社会阶层不是一成不变的，它是由职业、收入、财富、教育和价值观等变量共同决定的。当客户的社会阶层发生变化时，其消费模式通常也会发生改变。

（2）社会因素。客户购买行为受到诸如参照群体、家庭、社会角色与地位等一系列社会因素的影响。参照群体是指那些直接或间接影响人的看法和行为的群体。客户受参照群体的影响表现在参照群体为客户展示出新的行为模式和生活方式，而由于客户有效仿其参照群体的愿望，因而客户对某些事物的看法和对某些产品的态度必然会受到参照群体的影响。例如，客户在决定其购买和重复购买行为时往往会受到其他人对该产品"口碑"评价的影响。一个人在其一生中会参加许多群体，如家庭、俱乐部等，每个人在各个群体中的地位和角色都会在某种程度上影响其购买行为。

（3）个人因素。客户购买决策也受其个人特性的影响，特别是受其年龄所处的生命阶段、职业、经济状况、生活方式、个性及自我概念的影响。生活方式是一个人在世界上所表现出的有关其活动、兴趣和看法的生活模式。个性是一个人所特有的心理特征，它导致一个人对其所处环境的相对一致和持续不断的反应。

（4）心理因素。客户购买行为要受动机、知觉、学习以及信念和态度等主要心理因素的影响。动机是一种升华到足够强度的需要，它能够及时引导人们去探求满足需要的目标。人们对于刺激物的理解是通过感觉进行的，感觉到的材料通过大脑进行分析综合，就形成了直觉。学习是指由于经验而引起的个人行为的改变。通过行为和学习，人们形成了自己的信念和态度，而信念和态度又反过来影响人们的购买行为。所谓信念，是指一个人对某些事物所持有的描述性思想；态度是指一个人对某些事物或观念长期持有的好与坏的认识上的评价。企业无法左右客户的购买动机，但是企业能够通过积极的促销活动和良好的产品形象、质量去影响客户的学习过程，从而使客户对本企业产品形成良好的印象和态度，进一步影响客户的获取和保持。

需要注意的是，虽然客户个人因素是企业无法控制的，但是对于了解客户的个体特征有着重要的意义。由于来自同一类社会阶层或具有同一种心理、个性的客户往往具有相似的消费行为，企业可以通过这些因素对客户进行分类，对不同种类的客户实施不同的营销策略。另外，企业可以将对不同客户的销售结果与客户特性作对比，了解它们之间的关联。

2. 客户满意与客户保持呈非线性的正相关

企业可以从建立顺畅的沟通渠道、及时准确地为客户提供服务、提高产品的核心价值和附加价值等方面来提高客户的满意度。

3. 客户在考虑是否转向其他供应商时必然要考虑转移的成本

转移成本与客户保持呈正相关。转移成本的大小要受到市场竞争环境和客户建立新的客户关系的成本的影响。

4. 客户关系具有明显的生命周期的特征，在不同的生命周期，客户保持具有不同的任务

客户生命周期分为四个阶段：考察期是客户关系的探索和试验阶段，在这一阶段，双方相互了解不足、不确定性大，客户保持的风险也最大。形成期是客户关系的快速发展阶段，双方关系能进入这一阶段，表明在考察期双方相互满意，并建立了一定的相互信任和交互依赖，但是客户保持工作的风险和难度仍然较高，企业可有目标地开展工作。稳定期是客户关系发展的最高阶段。在这一阶段，双方或含蓄或明确地对持续长期关系作了保证，双方的交互依赖水平达到整个关系发展过程中的最高点，双方关系处于一种相对稳定状态，这时客户保持的风险最小，难度最小，收益最大。退化期是客户关系发展过程中关系水平逆转的阶段，一方或双方正在考虑结束关系甚至物色候选关系伙伴（供应商或客户），这时企业要采取相应对策，保持客户难度和风险都比较大。

四、客户保持的主要方法

企业可以从以下几方面来提高客户保持水平。

1. 提高产品整体的价值

产品的整体价值包括产品核心层、产品形式层、产品附加层三个层次。产品核心层包括产品的主要效益和功能、产品质量；产品形式层包括品牌、包装、式样、特色；产品附加层是指信贷服务、品质保证、免费送货、售后维修等与产品相关的服务项目。要提高产品的整体价值，就要从这些方面入手，追求更好的品质和完善的服务，提高产品带给客户的效用。

2. 降低买方成本

企业只有降低买方成本，才能够在价格和客户评价上获得竞争优势，从而提高企业带给客户的价值。降低买方成本的方法有：降低生产成本、发货成本、安装费用等；降低产品的直接使用成本，如劳动力、燃料、维修、产品占用的空间等；降低与产品相关联的支出、费用，如安装费、调试费、购买必需配件费等；降低产品失败的风险和客户由此预计失败的费用。

3. 建立完善的沟通渠道，及时提供客户最需要的服务

客户关系管理系统已经通过现代化的客户接触手段提供了健全沟通渠道的可能。企业必须及时听到客户反馈的意见和建议，以及客户的独特需求。同时建立灵活系统的反应机制、管理机制，能够妥善处理客户意见，科学存储客户信息，并将客户的信息与企业的生产、营销、服务等工作联系起来。例如，根据客户的需求制订生产计划；根据客户群的特性制订专门的营销计划以利于保持其忠诚性；对客户提出的意见及时做出反馈并有专人负责处理等。

【拓展阅读】

短信成为航空公司与客户交流新方式

长久以来，手机短信都是我们跟家人或者朋友进行交流的工具。尽管平时生活中有些公司会主动给我们发送短信，但是我们几乎从来不会发给他们。

然而，航空公司现在却试图通过短信来改变他们一向糟糕的客户交流。航空公司不再满足于单向地发送短信通知旅客航班取消的坏消息，而是希望旅客通过短信来跟他们交流，咨询、投诉都可以。

目前，已有两家航空公司在双向短信交流方面做出了尝试。夏威夷航空正在使用这一客户交流方式，而捷蓝航空则投资了一家软件开发初创企业 Gladly，该企业开发的客服平台可使夏威夷航空呼叫中心的客服人员在接下来的几个月里实现通过短信与旅客交流。

短信平台开发公司认为，短信交流并不会增加客服的总体工作量，但会使一部分客服咨询从电话方式中分离出来。在客服领域，电话的成本是非常高的，因此各大公司都乐于看到这一结果。呼叫中心通常都会记录客服人员每次的通话时间并竭力缩短这一时间，因为通过电话这种方式沟通，每位客服人员只能同时对应一名旅客。但是短信就不同了，同时与两至三名旅客交流都可以实现。

对于航空公司来说，短信交流或许还会带来另一个好处，那就是如果旅客通过短信得到很满意的客服体验，那么他们就不会在社交媒体上公开发泄自己的不满了。

4. 建立良好的情感交流

真正的客户关系应当是建立在信任、守信、交流和理解的基础上的，情感交流是客户关系深入发展的必然要求。随着客户保持时间的延长和客户关系的深入发展，情感因素会变得越来越重要，它是客户对企业忠诚的根本原因，也是客户长期光顾和重复购买的决定性因素。所以，企业必须在员工中建立起以关系为基础的营销观念，要求所有员工做好营销细节，传递给客户互相尊重、互相信任、友善的情感信息。

【拓展阅读】

对待你的客户要运用感情沟通

客户是一个让我们学会耐心的人，即便他们并不总是对我们有耐心。一个能够使我们成功也能够使我们失败的人，全看我们对他们的态度，一个我们应当小心翼翼不去冒犯的人，即便错了，我们也应该委婉地、有礼貌地指出他的错误。客户是一个让我们不计劳苦对待的人，他也许不会注意到这一点，但我们应该知道，平庸和优秀之间的差别其实只有百分之十。

以诚相待，与客户沟通不应是死板的公事公办，而应该尽量人情味一点，先做朋友，后做生意，相逢便是朋友，何必强求合作。有首歌曲唱得好："朋友多了路好走"，对于任何商业都是如此，哪一种商业往来能离开人际关系？所以，如何与客户做朋友，以诚相待很重要！

对待客户，我们需要做到：

（1）建立详细的客户档案。要想建立有效的沟通机制，培养同客户的情感，建立客户档案是一个很好的方式。客户档案不单是企业情况，还应是决策人、重要联络人的小档案、个人的兴趣、爱好、重要的纪念日等，这里当然不是巴结讨好，而是在做朋友之前先要了解的基本情况，连好友的生日都不知道，能算是好友吗？

（2）在工作之外加强和客户接触。上班时间是正常的业务往来，而要成为朋友就需要在业务之外下功夫，因为工作之外，人的精神是比较放松的，感性的成分也多一点，这时客户比较容易被情感打动，也比较容易付出情感，培养和客户的情感，功夫在工作之余，下班之后从来不找客户，如何能够与客户成为朋友？

（3）培养情感不在礼重。建立客户档案、与客户成为朋友不是以金钱为手段，而是靠人情打动，人都是讲感情的，通常一纸贺卡、一句祝福就会让人激动，当真正成为朋友时，谁还在乎礼的轻重？

（4）主动承担责任。保持"客户永远是正确的"的心态，在与客户的长期交往中，难免会有一些不尽如人意的地方，出现分歧，出现失误也在所难免，所以，一定要有正确的心态：客户永远是正确的！只要敢于面对失误，主动承担责任，客户也会对你尊重有加，与客户的关系就会得到更大改善，也容易建立牢靠的友谊。

（5）尊重客户。不要把自己的意念强加给客户，沟通之道应该是双向的、良性的互动，差强人意只能事与愿违，强调意念，但不惟意念，客户依自己的需要接受服务，而不会依你的意念接受服务，所以"该放手时就放手"！同时还要注意：在与客户合作的过程中，客户的小事决不是你的小事，相反，要把它当作团队的大事。

（6）努力建立一种信任关系。培养和客户的情感是一个双向的过程，也会使双方都受益，在这个过程中，不仅要提供信息去影响你的客户，还要努力去了解他们及他们的需要，只有这样，才能与客户建立信任关系，当然，这些信任和了解并不是一蹴而就的，只有双方都花费了很大的精力和时间才能够做到，在建立了相互信任的关系之后，就可以和客户尝试着建立全面的伙伴关系，这种关系可以加深企业和客户之间的情感，使你们为着共同的事业而努力，并承担责任！

5. 建立客户数据库

作为企业客户关系管理系统的一个重要组成部分，在进行客户保持的过程中，企业应充分重视客户数据库的建立和管理工作，注意利用数据库来开展客户关系管理，应用数据库来分析现有客户的情况，并找出人口数据及人口特征与购买模式之间的联系，以及为客户提供符合其特定需要的定制产品和相应的服务，并通过各种现代化通信手段与客户保持自然密切的联系,从而建立起持久的合作伙伴关系。

五、不同类型客户的保持策略

不同的客户为企业创造的价值不同,而企业的资源总是有限的,所以,企业没有必要为所有的客户提供统一的产品或服务,否则会造成企业资源的极度浪费。

如图 7-2 所示,客户价值矩阵根据客户的当前价值和增值潜力把客户分为四类。其中,当前价值是指在当前的客户保持策略情况下,客户可能为企业带来的利益。客户增值潜力是假定通过采用合适的客户保持策略,使客户购买行为模式朝着有利于增大对企业利润的方向发展时,客户未来可望为企业增加的利润综合的现值。因此,某客户的增值潜力是如果企业愿意增加一定的投入,进一步加强与该客户的关系,则企业有望从该客户处获得的未来增益。

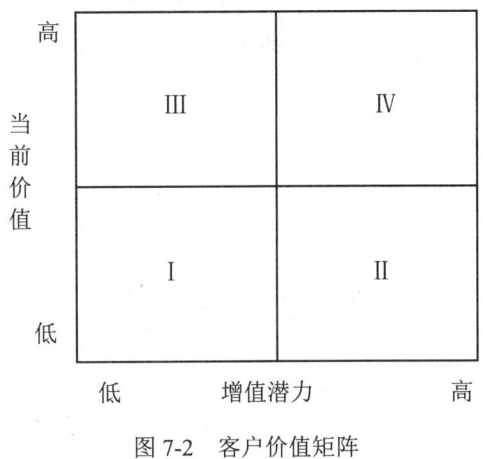

图 7-2 客户价值矩阵

根据图 7-2 中的分类,可以对四类客户实施不同的保持策略:

1. Ⅰ类客户

该类客户的当前价值和增值潜力都很低,甚至是负利润,这些客户是企业的负担,对于这一类客户,企业应当采取主动放弃的策略。

2. Ⅱ类客户

该类客户有很高的增值潜力,但企业目前尚没有成功地获取他们的大部分价值,有可能是在客户生命周期的初期,或者是之前没有投入足够的关注。对这类客户,应当投入适当的资源增进彼此的关系,促进客户关系从低级阶段向高级阶段发展,如通过不断向客户提供高质量的产品、有价值的信息、优质服务甚至个性化解决方案等,提高企业对客户的价值,让客户持续满意,形成对公司的高度信任,从而促进"客户-企业"关系的进一步发展,获取更大的客户增值潜力。

3. Ⅲ类客户

该类客户有很高的当前价值和低的增值潜力。他们的大多数业务都交给了企业，对企业的服务非常满意，并在外界为企业树立了很好的口碑。因此，该类客户已经没有什么增值的潜力，但是这类客户对企业仍然十分重要，企业曾经为这类客户付出了很大的保持成本，现在正是带给企业稳定的收益阶段，所以企业应该继续为他们提供优质服务，使他们始终深信企业是最好的供应商，保持这一类客户的稳定性。

4. Ⅳ类客户

这类客户既有很高的当前价值，也具有很高的增值潜力，是企业最具价值的客户。这类客户本身具有巨大的发展潜力，在未来增量销售方面和交叉营销等方面有巨大的潜力可挖，是企业未来利润进一步增长的源泉所在。所以，企业应当将主要资源投资到保持和发展与这些客户的关系上，对每个客户设计和实施一对一的客户保持策略。例如，主动与客户进行有效的沟通，真正了解他们的需求，安排得力的服务人员，采取优先解决问题、定制化服务、灵活的支付条件等优惠措施，使他们更加确信企业是市场上最好的供应商。只有这类客户始终保持高度的满意，才能使客户与企业的关系更进一步，为企业未来带来更大的利润。

课 后 练 习

一、选择题

1. 客户投诉的原因有（　　）。
   A. 服务问题　　　　　　　　　　B. 产品问题
   C. 管理问题　　　　　　　　　　D. 客服问题
2. 客户流失包括（　　）两种情况。
   A. 主动流失和被动流失　　　　　B. 自愿流失和非自愿流失
   C. 产品流失和服务流失　　　　　D. 个别流失和总体流失
3. 客户价值矩阵把客户分为（　　）种类型。
   A. 1　　　　　　B. 2　　　　　　C. 3　　　　　　D. 4

二、简答题

1. 什么是客户投诉？
2. 降低客户流失率的意义是什么？
3. 客户保持的影响因素有哪些？

三、案例分析题

某酒店的客户投诉问题

深夜1点，某酒店前台接到一位女士来电要求转3115房间。话务员立即将电话直接转入了3115房间。第二天，大堂经理接到3115房间孙小姐的投诉电话，说昨晚的来电不是找她的，她的正常休息因此受到了干扰，希望酒店对此做出解释。大堂经理经调查，了解到该电话要找的是前一位入住3115房间的客人，他已于昨晚9点退房离开了。孙小姐是快12点时才入住的，她刚洗完澡睡下不久，就被电话吵醒了，你说能不生气吗？

谁知一波未平，一波又起。原住3115房间的刘先生紧接着也打来了投诉电话，说昨晚他太太打电话来找他，由于话务员不分青红皂白将电话接了进去，接电话的又是一位小姐，引起了太太的误会，导致太太跟他翻脸。刘先生说此事破坏了他们的夫妻感情，如果不给他一个圆满的答复，他一定不会放过那个话务员，而且今后他公司的人都不再入住该酒店。

请问这位大堂经理该怎么办？

第三篇

客户关系管理的技术支持

第八章 呼叫中心

【导入案例】

花旗银行台湾分行的呼叫中心

从 1989 年 10 月，英国米兰银行开创了世界上第一家电话银行，1995 年 10 月在美国诞生了世界上第一家网上银行"安全第一网络银行"以来，眼下全球至少有 3000 家银行提供基于电话和网络的金融服务。对银行来讲，现代呼叫中心本身的含义应该是一种充分利用通信网和计算机网的多项功能集成，与企业各业务渠道连为一体的完整的综合信息服务系统，能有效、高速地为用户提供多种服务。

在银行信息化实践中，对电子化业务渠道的推出，首先即是建设电话银行（CALL CENTER）。电话银行应用了一系列先进 IT 技术，如 CTI（计算机电话集成）、ACD（自动呼叫分配系统）、IVR（交互式语音应答系统）以及计算机网络应用，相互进行语音与客户数据资料的同时转接，使计算机、电信系统和银行业务系统相结合为客户提供高效、便捷的服务。

花旗银行是世界第一大银行，在与旅行者集团合并后其市价一度高达 3000 亿美元。花旗银行以其卓越的声誉和优质的服务成为当之无愧的"领头羊"。但花旗银行进入我国台湾的时间很晚，因此在台湾金融行业中并没有经营网点的优势，截至 1999 年 8 月花旗银行在全台湾只有 10 家分支机构。因此，如果仅靠经营网点吸引办理业务的客户，花旗银行将可能达到不营业网点的成本界限，同时网点少也让许多既有客户深感不便。在花旗台湾分行考虑自身发展时，其管理者认为网点在现代金融行业竞争中的地位已大大下降，一方面，客户渴望能得到随时、随地、随身的金融服务；另一方面，与银行提供金融服务的多种渠道相比较，电话中心是比较适合当前客户的应用需求，也相对低廉的方式。花旗银行内部评估了多种金融服务方式的成本，认为每位客户的理财成本到银行网点办理为 120 元，通过电话由专人提供理财为 60 元，自动提款机为 20 元，电话语音系统为 10 元，网络银行为 5 元。根据银行客户的情况和市场环境以及网络的发展，花旗台湾分行决定先行建设呼叫中心，为客户提供电话银行服务，来弥补自身网点较少的缺陷，并力争获得更多的客户资源。

花旗台湾银行建成的呼叫中心里约有 280 位专业电话理财员，每月为 120 万人次的客户提供服务。顾客只要打一个电话就能办理银行信息的查询、确认等业务，理财、转账和基金、外汇买卖等工作则由电话理财员办理。花旗银行采取了各种方式提高理财人员的服务水准，首先，呼叫中心的每位理财人员都经过严格的银行业务培训和谈话技巧的训练；其次，在呼叫中心内部实现客户知识的积累和共享相对方便与快捷；最后，如果有问题，呼叫中心监听服务电话的主管会随时就需要改进的电话提出建议，从而使呼叫中心无论在规模、响应速度、服务质量、运营效率还是成本方面都达到一个相当高的水平，具备了自己的优势。花旗台湾银行的呼叫中心也因此曾被评选为"亚洲最有创意和经营效率的话务中心"。

为了保证呼叫中心能持续保持高水准的服务并不断改善运营质量，花旗银行台湾分行制定了一系列指标来衡量和评价呼叫中心的运营情况，这些指标包括接听电话的平均时间、电话未接通比率和占线率、电话平均等待时间、自动语音系统的处理问题比率和反应、服务人员回答的正确程度以及客户满意度等。花旗银行根据这些可衡量指标进行调查和分析，并对照指标采取改善措施。

花旗银行台湾分行不仅把呼叫中心视作服务的主要渠道，更要求中心与营销等业务结合，同时能为银行管理者决策提供参考意见。在支持业务方面，银行要求话务人员不仅要正确解答顾客的问题，还要千方百计为顾客提供额外服务。即使在处理顾客投诉时，也要态度良好，不能引起顾客的不满，或要尽量挽留客户。在支持决策方面，呼叫中心可为管理者提供市场和客户状况的监控、分析和报告，比如，有一段时间，呼叫中心的话务量大增，经分析是因为当期花旗银行新出台的信用卡利息办法让许多银行客户有意见，银行决策者得到这个信息后，就可以采取正确的措施改进工作。

随着技术和经济的不断发展，呼叫中心已经渗透到各个行业，越来越贴近人们的生活，给人们生活带来极大的便利。对于企业而言，呼叫中心不仅仅是企业受理投诉、解答咨询的窗口，也是企业与客户进行交流的桥梁，通过呼叫中心能增强用户黏性，节约成本，提高品牌影响力，通过对呼叫中心采集的客户信息进行分析，能了解客户需求，进而及时改变企业发展策略；而对整个社会，由于呼叫中心仍是劳动密集型企业，能解决大量人口就业，且这一产业不需要太多的土地资源、没有物流需求、也不消耗任何的矿物资源，不会带来任何排放。

第一节　呼叫中心概述

一、呼叫中心的定义

呼叫中心（Call Center，CC）又称客户服务中心（Customer Service Center，CSC），它是一种基于计算机系统通信集成（Computer Telephony Integration，CTI）技术的，与企业紧密结合并充分利用通信网络和互联网的多重效能集合的完备的综合信息服务系统，有效地为客户提供高质量、高效率、全方位的服务。它是利用当代通信与高端计算机技术，如自动呼叫分配系统（Automatic Call Distribution，ACD）、IVR 交互式语音应答系统（Interactive Voice Response，IVR）等，为各种电话接入和外呼业务提供高效便捷的处理条件的运营管理平台。

早期呼叫中心的业务主要集中在受理咨询、投诉等，随后慢慢成为各行业或企业为客户提供服务的重要工具或载体。随着计算机和信息技术的不断发展，企业客户服务改变以电话呼叫为主要的模式为多渠道供给服务模式，比如网络聊天、短信等多种交流方式的涌现，"呼叫中心"这个术语受到了更多人的质疑和不认同。相应地出现了一些替代性的术语，如"客户支持中心""客户服务中心""售后服务热线""联络中心"等。还有一些针对特定业务的专门术语，如"预定中心"（酒店预定、机票预定）"交易平台"（金融业）。

从长远来看，"呼叫中心"还是目前使用最广泛的术语，暂时还没有出现哪个术语能够成为这个行业的代名词。相对而言，专业人士都比较喜欢用诸如"联络中心""客户关怀中心""技术支持中心"等这一类的专业术语。尽管这一术语不断演变，但呼叫中心这一行业会一直朝着积极方向不断发展，企业高管人员和客户都已经意识到呼叫中心和企业与客户之间的重要联系，并由此客观评价和定位呼叫中心的现实作用。国际客户管理学院（ICMI）认为，呼叫中心是一个将程序、人力、技术及策略协作起来的系统，不仅为访问企业的相关资源提供了通道，而且借助合适的沟通渠道来加强互动，最终为企业及客户创造价值。

二、呼叫中心的分类

1. 按电话类型分类

按电话类型可分为呼入电话呼叫中心，以及呼出电话呼叫中心。前者通常提供一系列的业务，如业务询问、信息查找以及受理、科技研发、投诉受理等相关服务。从售前资料咨询业务，搜索资料一直到最后的技术扶持，从使用说明，到账单查找，或者处理订单等。名称包含众多类型，比如顾客信息中心、顾客服务中心、顾客交流中心、顾客查询中心等。后者通常用在资料审查服务、市场分析服务、银行收取账款、提前预定等。

2. 按技术手段分类

按技术手段可分为电话中心、电子邮件、短信中心、多媒体中心和小型可视化综合呼叫中心。

3. 按使用功能分类

按使用功能可分为政府热线公司客服中心；售后服务；综合信息服务物流/电子商务；媒体合作；传真存储转移；数据查询中心（比如查分/查询电费）；多方通信类，比如电话会议、QQ；公司或私人秘书台服务、语音留言；电话销售以及购物、电视购物、查找黄页业务（114 类）；防伪查询业务等众多种类。

三、呼叫中心的意义

呼叫中心的产生与发展，对企业竞争、人民生活水平、社会发展与稳定都产生了许多积极的意义和影响。

1. 呼叫中心发展的经济意义

随着呼叫中心的不断更新发展，呼叫中心的应用与服务越来越多地渗透到社会生活的方方面面，如金融行业、电子商务、物流行业、教育培训乃至家政服务等。呼叫中心在企业和社会中的价值也越来越多地得到人们的关注。技术进步带动经济发展，经济发展也将给技术进步提供环境和平台，社会主义市场经济发展到现阶段，企业面临的竞争压力也越来越大，对于企业而言，高质量的产品必不可缺，但充分了解客户需求、提高服务质量也是企业赢得竞争的重要环节。服务是呼叫中心的核心价值，通过呼叫中心，可以提高企业的服务质量，让客户满意，增强客户黏性，使用户数和营业收入不断增加，形成良性循环；同时，呼叫中心可降低企业经营成本，通过对收集到的信息进行分析，可增加企业直销，降低中间周转和库存；还可有效地改善内部管理体制，减少层次，优化平面式服务结构，提高员工工作效率；呼叫中心也是一个庞大的数据库，通过对收集的大量信息和数据进行分析，为企业在发展和决策过程中提供依据；除此以外，通过呼叫中心能够宣传并改善企业形象，增强品牌影响力，利用口口相传的口碑影响，提高企业社会效益。

企业经营的过程有很多环节，但大部分企业最终面对的还是客户，产品需要得到客户的认可，让客户满意，最重要的还是真正了解客户的需求。呼叫中心是客户和企业进行沟通的重要桥梁，在客户眼里，呼叫中心就是最直接交流窗口。对于消费者来说，呼叫中心是其获取服务的最佳途径之一。不论是购买产品还是服务，消费者都希望获得完美的体验，尤其是生活节奏日益加快的当下，时间尤为重要，呼叫中心 24 小时的服务能够随时满足消费者的诉求，通过呼叫中心消费者能随时随地咨询想要了解的东西，获得售后服务。尤其是近两年电子商务兴起，京东、当当等电子商务企业经常在竞争过程中打出"价格战"，但"价格战"也会让诚信、物流、售后服务等问题集中爆发，价格是用户的永恒需求，但也会逐渐加入更多的元素，电子商务的竞争是消费者用户体验的竞争，服务是消费者从企业那里获得的价值之一，而呼叫中心恰巧能为其获取服务提供最好的支持。互联网的发展和技术的应用为呼叫中心的发展提供了基础支持，使呼叫中心的硬件设备更趋完善，和客户的交流除了电话、传真之外，还增加了网页、视频等多媒体方式，而记录的方式除了录音之外，还出现了录屏、录 E-mail、录传真等功能。同时，人力资源进一步优化，在有了精致化管理的流程之后，出现了支持精致化管理的软件系统，包括专门的质检软件、排版软件等，功能的增强是将会有效敏锐地关注客户需求，提升客户服务水平。如果企业将客户管理和呼叫中心结合起来，生产活动和市场活动都围绕着客户来进行的时候，呼叫中心的作用将会进一步提升，成为企业发展策略中的一部分。

2. 呼叫中心发展的社会意义

呼叫中心的应用业务绝大多数都是与公众密切相关的信息服务业务，适应了社会发展的趋势和市场需求，对于消费者来说，电话服务方式能适应人们的生活习惯，实现方式简单易行。呼叫中心产业是智力人才密集型的现代服务业。促进呼叫中心产业发展有利于转变经济发展方式，推动区域协调发展，优化出口结构，提高利用外资水平，是落实中央"保增长、扩内需、调结构"的精神，积极应对金融危机的重要举措，是提高国民经济整体素质、实现全面协调可持续发展的重要途径。

呼叫中心业务的发展可以提供大量的就业机会。呼叫中心目前仍以人工服务为主，而且涉及各个行业，随着全球国际化方式日益明显，客户服务的重要性已经被企业所认可。就市场和前景来说，呼叫中心人才正面对着一个不容错过的就业时机。中国有大批受过高等教育的劳动力队伍，而且，中国知识型劳动力成本相对较低。外包业务需要数以百万计的低成本劳动力，而中国正好拥有这样的劳动力，目前这种竞争优势还在有增无减。除了劳动力成本低之外，中国基础设施优越，成为许多跨国大公司拓展外包业务的首选地。因此，培养服务外包人才并提供服务外包咨询已经成为提升中国服务外包能力和市场竞争力的重要支撑力量。

通过发展呼叫中心还可以产生连锁反应，带动一系列相关行业的发展，如电信业、金融业、运输业等。呼叫中心的发展首先受益的是电信部门，电信部门可以增加电信业务量，提高网络运行效率。呼叫中心促进电子商务类企业快速发展，电子商务企业又可带动物流行业发展等，产生连锁反应，带动全行业繁荣。总之，呼叫中心业务的发展可以促进相关行业业务的开展，所有采用呼叫中心方式经营的企业，内部管理和经济效益都可以有不同程度的提高。

现代呼叫中心广泛应用于各个行业，通过呼叫中心，可有效提高客户满意度和忠诚度，降低服务成本，有效管理客户资源；呼叫中心也逐步从业务支持部门向主要业务办理和营销渠道转变；呼叫中心与企业内其他部门相互促进，能有效改善内部管理体制，提高工作效率；企业通过呼叫中心与客户之间的交流，可提升企业形象，扩大知名度和美誉度。同时，对整个社会经济而言，呼叫中心服务在各行各业中吸收了大量的就业人员，促进了企业的销售能力和服务水平。由此可见，呼叫中心行业的成熟对国家经济的发展将会产生积极的推动作用。

第二节　呼叫中心的历史与发展

一、呼叫中心的起源与发展

（一）国外呼叫中心的起源与发展

呼叫中心系统发展于 20 世纪 70 年代。最初是来自美国电话电报公司的 800 电话。800 电话一经推出，得到了广泛流传与使用，原因是 800 电话具有免费拨打功能，这为呼叫中心的发展奠定了重要的客户基础。就在 800 免费电话得到大众的认可之后，国际商业机器公司也研发了专门的服务界面。这时的呼叫中心得到了迅速发展，以民航业以及金融业为首的各行各业都投入到呼叫中心的热流中。虽然呼叫中心备受企业喜爱，但由于建设呼叫中心的成本较高，所以，只能在资金比较富裕的大企业中才得以建设与使用，并未得到广泛应用。一直到20世纪90年代初期，呼叫中心的发展被推向高潮。这时的电话交换技术和局域网技术有了较快发展，所以小型的呼叫中心系统也得以建立。对于国外呼叫中心的发展可以分为五个阶段。

第一个阶段就是人工坐席阶段。人工坐席阶段就是呼叫中心发展的起源，也就是采用人工热线电话。人工坐席的呼叫中心就是通过公共电话网络来进行语音通话的，此时所有的业务都是人工坐席通过电话来处理的，包括客户的咨询和投诉等。对于这些功能都需要坐席代表有较高的专业要求，同时坐席代表的工作量也比较大。虽然呼叫中心极大地促进了企业和客户之间的联系，但第一代的呼叫中心依旧呈现出效率低的局面。

第二个阶段就是在第一个阶段的基础上，增加了数据库以及自动语音应答的功能，这时的自动语音应答技术节省了大量的劳动力，同时总结出客户咨询的普遍问题，使原本需要人工坐席来完成的工作交由自动语音应答来处理，这样提高了整个呼叫中心的效率。

第三个阶段就是在第二个阶段基础之上，增加了 CTI 计算机电话集成技术和 ACD 自动呼叫分配技术，这时的呼叫中心融合了计算机技术和传统的语音电话技术，这是呼叫中心发展史上的一个重要历史阶段。这个阶段的呼叫中心实现了将语音通话与数据同步，使坐席代表能够更好地了解客户的需求，避免了坐席代表由于技术不熟练而导致效率低下的情况。同时对于 ACD 自动呼叫分配技术的增加使客户的电话能够自动地分配到坐席代表的话路上。总之，第三个阶段的呼叫中心增加了客户的满意度，提高了呼叫中心坐席的效率以及更加合理地安排坐席代表的应答。

第四个阶段就是在第三个阶段基础之上，增加了 Internet 技术。这时的呼叫中心是以网络之间互联的协议技术、多媒体技术为基础的呼叫中心系统，能够使客户通过互联网享受到呼叫中心为其提供的服务等功能。对于呼叫中心与互联网的结合是继 CTI 计算机系统集成技术发展的又一突破性飞跃。这个阶段的呼叫中心不但能够为客户提供一个统一的服务平台，还允许客户自主地选择是通过电话还是网络等方式进入呼叫中心的服务平台，从而提高客户的满意度。这样使呼叫中心的使用率显著提高，呼叫中心系统的效率大幅提升。

第五个阶段就是在第四个阶段基础之上，增加了软排队技术功能。这时的呼叫中心是采用软排队机来代替传统的硬排队机进行排队。这个阶段的呼叫中心采用了分组交换技术以及分布式处理技术为基础来构建架构，这就解决了大量的呼叫进入使系统无法承受的困境，同时也满足了企业业务发展的要求。这个阶段的呼叫中心与传统的呼叫中心相比，呼叫处理能力有了大幅提高，同时实现集统一接入、统一排队以及统一路由于一体的呼叫中心。

总的来说，国外呼叫中心五个阶段的发展使得呼叫中心的技术越来越成熟，同时也使企业越来越依靠呼叫中心促使国内呼叫中心出现鼎盛局面。

（二）国内呼叫中心的起源与发展

我国的呼叫中心系统发展于 20 世纪 90 年代。最初来自于电信行业的 114 电话，后来又被广泛应用于现在普及的 110、119 和 120 等紧急呼叫电话。自 1998 年以后，越来越多的企业意识到呼叫中心能够提高客户的服务质量，于是开始重视呼叫中心的发展。例如，现在我们使用的 10086 移动客户服务电话以及固定电话客户的服务中心都在多个地方陆续建成。同时，呼叫中心也不仅限于电信行业，其他行业如银行、电视购物等也开始建立呼叫中心为客户服务。我国呼叫中心的发展经历了四个阶段。

第一个阶段是"114"阶段。这个阶段就是客户有问题可以拨打"114"电话号码，然后由坐席代表接起电话，坐席代表通过在计算机上查找客户提出的相应的问题资料为客户解答疑问，达到为客户提供服务的目的。

第二个阶段是在第一个阶段基础上，增加了自动语音应答系统。客户通过电话进入呼叫中心后，根据自己的需求可以选择人工服务或者是自动语音应答服务，如果客户选择的是人工服务，工作方式同第一阶段的呼叫中心；如果客户选择的是自动语音应答服务，客户可按照语音的提示进行选择，以完成自己需要的相关业务的服务。

第三个阶段就是在前两个阶段基础之上将传统的呼叫中心融入了计算机电话集成技术，也就是实现了语音通话与数据的同步。这个阶段并不需要坐席代表具有一定的专业技术，当客户进入呼叫中心系统后根据提示来选择自己需要的信息，或者接入人工服务，或者接入自动语音应答系统。如客户选择人工服务，此时坐席代表的电脑屏幕上会自动地显示客户的信息等相关资料。

第四个阶段就是在第三个阶段基础上，加入了 Web 技术。该阶段的呼叫中心不仅可以处理语音服务，还可以提供网络在线服务，这就实现了呼叫中心的智能化发展。

至今，我国的呼叫中心已经取得了令人可喜的成绩，成为一个朝气蓬勃的产业。呼叫中心产业已经完成了在多个垂直行业的布局与发展，相关的计算机、网络与通信技术等得到越来越多的运用，呼叫中心产业的从业人员数量、席位数量等方面都形成了一定的规模。

二、呼叫中心的发展趋势

呼叫中心在一如既往地显现出其特有的生命力的同时，也在传递着新的发展趋势。主要体现在以下几点。

1. 传统呼叫中心与 Web 的结合

Web 为呼叫中心带来了新的发展机会，通过将呼叫中心与 Web 结合，可以提高客户自助服务的能力，减少客户服务人员，提高客户满意度，建立客户经验。国外很多传统呼叫中心都在通过"再造"，为呼叫中心增加 Web 功能。互联网为客户接入呼叫中心增加了新的通道，如 E-mail、文本交谈、Web 回叫等。可以预见，随着互联网的迅速普及，Web 功能将成为呼叫中心的基本配置。

2. 呼叫中心与电子商务的结合

随着8848、当当书店、易趣等多家从事电子商务的网络公司相继建立呼叫中心，众多的.com公司忽然间发现了一种新的生存方法，就是将网络与呼叫中心结合。这样一来，既可以为客户提供更为优质的服务，又扩展了业务范围，还可以进入传统的电话直销领域，将电话营销和网络营销结合，这无疑开辟了新的商机。

3. 呼叫中心和CRM的结合

客户关系管理和呼叫中心结合成为一种趋势和必然。现在，企业越来越重视客户关系管理，CRM软件是企业提高竞争能力，从以产品为中心转到以客户为中心的主要工具。CRM的目标是通过提供快速与周到的优质服务吸引和保持更多的客户，提高客户忠诚度，最终为企业带来利润增长。CRM与呼叫中心的关系最为密切，呼叫中心主要用于提供客户服务或电话营销，而良好的客户关系是呼叫中心成功的关键。CRM技术通过建立客户数据库，对信息的统计分析、处理、采掘和提炼，使呼叫中心业务代表可以得到每个客户的详细信息、过去交往记录、客户爱好等信息，因此，可以为客户提供个性化服务，节省通话时间，既可以提高业务代表的工作效率，也提高了客户满意度。同时，CRM是呼叫中心和企业后端数据库的联系纽带。呼叫中心对外面向用户，对内与整个企业相连，与企业的管理、服务、调度、生产、维修融为一体，它还可以把从用户那里获得的各种信息全部储存在企业的数据仓库（Data Warehouse）中，供企业领导者作分析和决策之用。

4. 呼叫中心外包服务的开拓

呼叫中心外包服务近期有加速发展的迹象。各行各业在日益激烈的市场竞争中，逐渐意识到客户服务的重要性，从而导致对呼叫中心的需求增加；企业越来越专注于自己的核心业务，希望将非核心业务外包出去。应该说，建立外包型呼叫中心的各方面条件都已具备。对于很多企业来讲，可能会跨过自己建立呼叫中心这个阶段而接受外包服务。

希望从事外包服务的公司现阶段主要有：已经建成多年并且具有一定系统余量的各地电信呼叫中心、正在积极寻求转型的各大寻呼公司、以行业为基础的外包服务公司以及国外呼叫中心外包服务公司等。其中，各大寻呼公司将成为一支不可忽视的生力军。在寻呼业因种种原因造成业务量急剧下降的今天，如能将原有的设备稍加改造，再利用多年积累的电信增值服务的丰富经验，选择呼叫中心外包服务不失为一个明智之举。包括联通、润讯、国脉等在内的老牌寻呼公司正在紧锣密鼓地招兵买马，准备在这一领域再创辉煌。呼叫中心外包服务，在众多的呼叫中心设备提供商眼中，这肯定是一个不容错过的绝好商机。

5. 呼叫中心培训的应用

建成一个呼叫中心只是第一步，更重要的，也是长期的任务是如何有效地运营和管理，以使它避免成为华而不实的摆设和令人尴尬的成本中心。对于那些在几年前就已建成呼叫中心的企业来说，眼下最需要的就是培训。进一步提高服务质量，掌握国外呼叫中心先进的管理运营经验、话务服务技巧，使得呼叫中心的应用更上一层楼，成为企业的迫切需要，同时也带来了呼叫中心培训的急剧升温。选择培训时应考虑培训方的经验、教材、教师能力、设备环境等因素。目前，国内能提供呼叫中心专业培训的还不是很多。其中开展得比较好的是一些较早进入国内的、具有国外背景的公司，他们将国外成功的呼叫中心运营理论和经验介绍和运用到国内，除培训自己的员工外，也进行对外培训。主要的培训内容包括：管理人员培训、业务代表培训、电话营销、设备维护、技能培训和 CRM 培训等。

在这方面，国外已经有专门的呼叫中心培训学院。例如，位于美国马里兰州的呼叫中心管理学院（Incoming Calls Management Institute，ICMI），就是专门为呼叫中心管理人员提供全面训练课程和教育资源培训的。据悉，国内有关部门也正在积极筹建专门的呼叫中心培训机构，以适应呼叫中心在国内迅速发展的形势需要。

第三节　呼叫中心的系统组成及作用

一、呼叫中心的系统组成

呼叫中心系统的基本组成包括程控交换机/排队机（PBX/ACD）、计算机电话集成（CTI）、交互式语音应答（IVR）、来话呼叫管理（ICM）、去话呼叫管理（OCM）、业务系统、监控系统、管理/统计系统、客户关系管理系统（CRM）和帮助台。还有多种应用服务器，Web 服务器和 E-mail 服务器等。此外，还包括网络技术和数据库技术。呼叫中心的核心技术包括 ACD、IVR、CTI、CT 中间件、统一消息、帮助台技术、语音合成与识别、录音监控、测试、培训工具和基于软件的多种应用服务模块，如 Web 功能、E-mail 处理系统、文本交谈系统、网页同步和即时通信等。基于 IP 的呼叫中心中还有 IP 网关或 IP-PBX；Web 呼叫中心中则应用了 VoIP 技术和 Web 回叫技术；视频呼叫中心应用了视像技术。

（一）程控交换机/排队机（PBX/ACD）

程控交换机也称 PBX（Private Branch Exchange），它是呼叫中心与外界发生联系的主要通道和桥梁。程控交换机对外提供与市话局中继线（一般为 E1 数字中继）的接口，对内提供与连接坐席代表话机和自动语音应答设备的内线接口。PBX 在传统企业中已应用得十分普遍。在这类应用中，PBX 上所连的内线数目通常远大于中继线数目。这是因为传统企业中的大多数通话是在企业内部进行，因此对外只需少量的中继线即可。而呼叫中心的 PBX 则恰恰相反，通常是中继线数目要多于内线数目，两者的比例一般可达 1.2:1.5。多出的中继线如何使用呢？这就要涉及所谓的排队机了。

排队机，英文称为 ACD（Automatic Call Distributor），是一种与 PBX 配套使用（或作

为 PBX 的一个部件），专门为呼叫中心服务的设备。排队机的作用就是将外界的来电均匀地分配给各个坐席代表，如果来电的数目超过了坐席代表的处理能力，排队机可以将来不及处理的电话放入等待队列中，等坐席代表空闲时再将队列中的电话转接过去。由于呼叫中心总希望充分发挥坐席代表的工作能力，因此往往把中继线数目配得比内线数目更多。多出的部分，就是由排队机加以缓冲处理的。

（二）交互式语音应答（IVR）

交互式语音应答系统 IVR（Interactive Voice Respond）是计算机技术应用于呼叫中心领域的最早尝试，并取得了很大的成功。交互式语音应答系统能识别用户通过双音频话机数字键盘输入的有关信息，并向用户播放预先录制好（或通过 Text-To-Speech 技术动态生成）的语音。这样，用户就可以通过电话键盘与交互式语音应答系统进行交流，并选择自己所需的服务。

除识别输入和播放语音外，交互式语音应答系统还能完成语音信箱、传真发送/接收等功能。因此，交互式语音应答系统在呼叫中心，尤其是人工坐席代表离岗时，发挥着极为重要的作用。从本质上来看，交互式语音应答系统是由 PC 机（或工控机），加上相应的电话接口卡、语音处理卡和传真卡构成的。这些专用板卡除了通过计算机主板上的总线进行通信外，通常还要通过一条专门的时分多路（TDM）总线传送数据。由于自动语音应答设备中各类板卡的数量较多，加之呼叫中心对 24 小时不间断工作的要求，因此，工控机在构成交互式语音应答系统平台时占有明显的优势。

（三）CTI 服务器

CTI 服务器是一台与 PBX 相连的计算机，通过 CTI 服务器，实现电话与计算机系统信息通信和共享，并使系统根据呼叫者、呼叫原因、呼叫时间以及当时通话状态来选择路由、启动相应的功能、更新数据库。它通过接收来自 PBX 的事件/状态消息和向 PBX 发送命令，实现计算机对整个呼叫中心的全面管理。同时，CTI 服务器屏蔽了 PBX 与计算机之间复杂的通信协议，向上提供统一的编程接口，使开发人员能方便地开发呼叫中心的各类应用。

CTI 服务器与 PBX 间的连接称为 CTI 链路。从物理层来说，CTI 链路可能是 X.25、ISDN（仅使用 D 通道）或 TCP/IP 连接中的一种。从软件协议来看，CTI 链路协议是一种专用的网络层协议。由于历史的原因，不同的程控交换机厂商定义了各自不同的 CTI 链路协议（CTI 链路协议的国际标准为 CSTA 协议—Computer Supported Telecommunication Application，但支持该协议的仅为一些小的程控交换机厂商）。因此，CTI 服务器的主要任务就是处理这些不同的协议，并把它们转化为一种统一的模式。

CTI 服务器上运行 CTI 中间件（Middle Ware），由该中间件来完成底层的协议操作。CTI 中间件通常完成以下几项功能。

（1）同步语音与数据的传送。当来电被路由到某个坐席代表的话机时，CTI 服务器要保证相应的数据已同步送达该代表的计算机。

（2）协调语音与数据的转移。当电话被一个坐席代表转移给另一个坐席代表时，第一个坐席代表所获得的计算机数据（包括该代表自己添加的数据），要能同时转移到第二个坐席代表那里。

（3）基于计算机的电话路由由 CTI 服务器上的路由软件确定出最适合接听来话的坐席代表，并通过 CTI 服务器通知 PBX 将电话转至该代表处。

（4）提供 CTI 应用的编程接口即屏蔽底层 CTI 链路协议的复杂性，为应用开发人员提供一致的编程接口，以及相应的 PBX 仿真工具和应用调试工具。

CTI 服务器与客户端组成 C/S（Clint/Server）结构应用模式，客户端基于 CTI 的应用编程接口 API 进行应用开发，建立与 CTI 服务器的连接，实现电话呼叫事件的捕捉和呼叫信息的采集，并根据实际需要发出电话操作和控制命令。

（四）人工坐席（Agent）

人工坐席是呼叫中心五大组成部分中唯一的非设备成分。事实上，人工坐席是呼叫中心中最灵活，同时也是最宝贵的资源。据国外统计，呼叫中心运营成本的 40%是坐席的人力成本。因此，如何使坐席代表更有效率地工作，始终是推动呼叫中心发展的最重要因素。

呼叫中心所提供的某些服务，如业务咨询、故障申告、服务投诉等，必须由坐席代表来完成。另外一些服务，如账单明细查询、营业网点查询等，虽可以由自动语音应答系统实现，但通过坐席代表则能为客户提供更好的服务。人工坐席的工作设备包括话机（数字话机或专用模拟话机）和配套的耳机、话筒，以及运行 CTI 应用程序的 PC 或计算机终端。由于 CTI 服务器实现了对程控交换机的完全控制，坐席代表可以把全部注意力都集中到 CTI 应用程序上。通过 PC 上运行的仿真电话，坐席代表可以用鼠标和键盘完成电话的接听、挂断、转移、外拨等工作，而不必对话机进行物理上的操作。

（五）数据库

企业在建设呼叫中心之前往往已经拥有自己的支撑系统和信息管理系统。如果呼叫中心在对外提供服务时要使用支撑系统或信息系统中的数据，就不可避免地会涉及对数据库进行访问的操作。访问数据库一般有以下几种途径：

第一种方式是直接的远程数据库访问。如果呼叫中心本身所用的数据库与支撑系统和信息系统的数据库是能够进行交互操作的产品，且这种访问是通过局域网进行的，那么通过对数据库管理系统的配置实现直接的远程数据库访问是最为简便的途径。

第二种方式是在呼叫中心本地建立自己的数据库，日常运行所需的数据都从本地获得。另外再开发一个数据同步程序，专门用于周期性地从支撑系统的数据库向本地数据库更新数据。这种方式适合访问频率很高，但数据库内容基本保持稳定的数据，如客户的基本档案信息等。

第三种方式则针对那些采用专有系统（非开放平台）的主机。这时我们需要在支撑系统开发一个"代理"程序，该程序一方面通过标准的通信协议（如 TCP/IP）与呼叫中心的服务器通信，另一方面能直接对原有系统主机的数据库进行操作。

呼叫中心基本工作流程说明

序号	节点	责任人	相关说明	相关文件或记录
1	礼貌接听	呼叫中心客户服务代表	使用标准服务用于接听客户呼入的电话,并亲切问候	《呼入记录表》《呼叫中心服务规范》
2	耐心询问		耐心询问客户所要咨询的内容、提出的要求和投诉事项	
3	和善安慰		对符合事实的客户投诉,须诚恳道歉,安慰客户,做出职责范围内的承诺	
4	认真解答		对于客户提出的疑问和咨询,认真作答,详细解说	
5	详细记录		对于客户电话呼入的内容进行详细记录	
6	迅速转达		对于不能在呼叫中心解决或需要其他部门协助处理的问题,及时通知相关责任部门	《呼入记录表》《客户投诉处理表》
7	及时解决	责任部门责任人	在限定的时间内及时解决,并回复呼叫中心	
8	及时回访	呼叫中心客户服务代表	及时向客户报告事情解决的情况,并表示感谢	《客户回访记录表》
9	提交记录		事情处理结束,提交相关的记录表格和报告	《呼入记录表》《呼叫中心季度统计表》

二、呼叫中心在客户关系管理中的作用

呼叫中心作为企业提供与客户联络、交流的工具,将发挥数据搜集、分析、传递等的作用,利用有效的技术和设备来完成企业对客户信息的集成管理。呼叫中心直接与客户联系,从而更好地拉近企业与客户的距离。

(一)构建企业与客户沟通的平台

呼叫中心是企业为客户提供的一个明确且单一的对话窗口,在与客户联系的过程中可以解决客户的各种问题,也避免了干扰企业的内部作业。如果没有呼叫中心,客户不同性质的问题必须直接寻求企业中不同部门人员的协助,耗时耗力且效率低下。企业如果任由客户打电话到各部门联系,常会干扰到内部人员的作业,并且可能出现工作人员因忙于日常工作而对客户不友善或给出不一致答案的现象,这样不仅不能解决客户的问题,还会产生更多不好的结果。

呼叫中心可以为客户提供产品之外很多附加价值,例如个性化咨询服务、全天候电话服务、一对一解答服务等,这些附加值将有助于客户问题的解决,并提高客户的满意度和忠诚度。

(二) 帮助企业搜集客户资料，了解客户需求

企业利用呼叫中心可以全面接近市场，满足客户的需求。例如，客户会通过客服电话向企业提出需求或者是抱怨、不满，特别是懂技术的客户，在与企业的技术人员交流时，会提出自己的想法。这时，企业通过搜集客户的抱怨和建议，定期整理集中交给相关部门，可以作为企业改善产品和提升服务的重要依据；通过搜集客户的基本资料、偏好和关心的问题，有助于企业建立客户数据库并用于分析市场消费倾向；企业还可以通过呼叫中心的各个渠道来了解市场动向，提早协调后台运营来调整市场营销活动等。

(三) 为客户提供优质服务，提高客户忠诚度

优质服务依赖于企业听取和响应客户需求的能力。呼叫中心的服务人员可以通过快速响应客户的抱怨、协助客户解决难题、让客户感受贴心的服务来提升客户的满意度和忠诚度，促使客户回头购买更多的产品和服务。这对于一线客服人员的服务态度和服务水平有很高的要求。

从全盘的角度讲，企业面对客户要想有选择地提供个性化服务，就必须借助客户服务中心来完成。通过搜集并利用相关的个性化客户知识，可以协助企业了解客户的需求、想法、要求，以及下一步想做说明等问题。客户关系管理的呼叫中心意味着通过技术的应用及与客户的交流，使其从简单的活动变为对双方都有用的经验。

此外，呼叫中心作为企业提供优质服务的有效手段，是需要花费不少成本的，但是如果真正深入挖掘呼叫中心的潜力，使其由被动介入电话发展为积极主动的出击，则完全可以为企业创造丰厚的利润。因为呼叫中心可以根据客户资料向其推荐使用的产品，满足客户的需求，增加销售额。

提升客户满意度，一线客服能做什么

怎样才能提升呼叫中心的客户满意度呢？如果把用户的来电分解为四部分，要想得到用户最终的好评，那么就必须做好每一部分。

首先是开头语部分。"您好，很高兴为您服务""您好，请问有什么可以帮您"开头语虽然简短，但能直接传递出电话另一端坐席接通电话时的心理状态，热情或冷淡、亲切或冷漠、专注或散漫。情绪是会传染的，心理学上的"吸引力法则"表明，无论是桌子、椅子等有形的物体，还是思想、情绪等无形的东西，都是由不同振动频率的能量组成的。比如一排音叉，当你敲响其中一个音叉让其发出清脆的高调乐声，没多久，其他的音叉也会

发出同样高调的乐声，它们的声音会互相应和，产生共鸣，甚至愈来愈大声。服务亦然，相信若我们报以微笑，产生共鸣的用户，也必将报以愉悦。

其次是快速及精准的定位用户问题。试想，如果用户来电咨询问题，坐席不能快速并明白用户意图，反而重复确认问题所在，即使态度诚恳，也难免会令客户心生烦躁。当然，要快速定位用户问题，就要求坐席具备过硬的业务水平。专心倾听，提升敏感度，避免啰唆，抓住问题关键等，缺一不可。

再次是最重要的部分，就是帮助用户解决问题。众所周知，坐席的业务能力直接决定了帮用户解决问题的速度，但解决问题只是基础，让用户满意才是最终目标。要实现这个目标，应从以下几点入手。

第一，培养一种主动服务意识，提前站在用户的角度感知用户可能遇到的问题、存在的隐患，让用户感受到企业是"想他所想，急他所急"。

第二，态度要友好。要用让对方感觉舒服的语言进行沟通。

第三，要自信，坐席自信的语气可以使用户更加信服甚至佩服，也会很大限度增加沟通的流畅性。

第四，要有耐心。通话时长越长，越要耐心解答，用真诚去感动用户，毕竟大多数表扬都诞生于长录音中。

最后是结束语部分。将心比心，如果问题得到解决，评价对客户来说是举手之劳的事情，大多数用户不做评价是因为坐席并未向用户表明自己的需求，所以在结束语的表述上，就需要花点心思，例如，"请您先不要挂机，稍后做个评价""稍后对我的服务做下评价好吗""您的评价对我非常重要"等，根据实时语境随机应变，总结适合自己的结束语，才能留住用户进行评价。

当然，客户的服务感知因人而异，对服务的判定标准也有差别。客户评价非常满意的录音并不代表一定没有问题，客户评价不满意的录音也未必真的存在问题，满意度本身就是一种心理感受，解决问题的同时兼顾用户感受，相信以甜美的声音、专业的水平、诚挚的态度、非凡的技巧，最终必将为企业赢得用户的信任。

（四）帮助企业进行流程再造

企业设立呼叫中心之后也带来了内部流程重组的契机。因为客户的需求及抱怨，往往不是呼叫中心能单独解决的，而是需要后台整合。这就是说，呼叫中心只有与其他部门合作，才能全面地满足客户的需求。企业在建立呼叫中心之初，就需要定义各种服务项目和相应的服务流程，必须解决在呼叫中心的框架下，内部各部门应如何协调整合以保证客户服务流程的顺畅，创造最大的客户满意度的问题。另外，呼叫中心也往往成为客户服务流程的协调中心，负责联系不同的部门，协调流程的顺畅与改善，跟踪问题解决的进度。这些功能使呼叫中心具备了类似企业流程再造中流程总管的功能。

课 后 练 习

一、选择题

1. 呼叫中心从技术手段可分为（　　）。
   A. 电话中心　　　　B. 电子邮件
   C. 短信中心　　　　D. 多媒体中心和小型可视化综合呼叫中心
2. （　　）是呼叫中心五大组成部分中唯一的非设备成分。
   A. IVR　　　　B. CTI 服务器　　　　C. 人工坐席　　　　D. 数据库
3. （　　）是呼叫中心与外界发生联系的主要通道和桥梁。
   A. PBX　　　　B. IVR　　　　C. CTI　　　　D. 数据库

二、简答题

1. 什么是呼叫中心？
2. 呼叫中心由哪几部分组成？
3. 呼叫中心在客户关系管理中的作用有哪些？

三、案例分析题

　　索尼计算机娱乐公司是 1995 年成立的，它的前身是作为世嘉（SEGA）和任天堂（Nintendo）游戏分销商的索尼电子出版公司。成立后，在当年的 9 月正式发布了其主要的产品——游戏平台（Play Station）。随后的销售业绩大大超出预期，主要原因是正好赶在了圣诞期间，人们纷纷把这一产品当成礼物馈赠。今天,游戏平台这一产品已经成为自 1946 年索尼公司成立以来（当时的名字叫东京通信工程公司）最成功的产品之一。索尼计算机游戏产品的销售寿命现在甚至已经超过了摄像机、音响和其他电子类产品。

　　为了保证这一游戏产品的成功销售，索尼计算机娱乐公司制定了完整的客户服务战略，以取得并保持住在市场中的竞争优势，拉近与最终客户的距离。为此，公司专门设立了两条客户服务热线，全天候地为客户提供服务。一条称之为"关怀热线"，主要是用于回答客户所关心的事宜的问询；另一条称之为"动力热线"，可以让客户自动地获得在游戏使用过程中所遇到的技术或疑难问题的答案。在索尼的客户服务战略中，最显著的特色是要面对平均年龄在 24 岁的男性客户，这些客户都是玩游戏的"常客"和"高手"，所以，相应地，为他们提供服务的呼叫中心话务代表就要求具有更高的客户服务经验和专业知识，才能为所谓的"玩家"客户提供优质服务。这两条热线都能够提供全方位的客户所要求的服务。

动力热线

　　动力热线属于有偿服务。这条自动热线全天 24 小时向客户开放。呼叫这条热线每分钟的收费标准是 1 美元。动力热线可以在整个游戏过程中对用户进行指导。每一个游戏都有用户注册号码以表示其唯一性。当客户呼叫动力热线时，IVR 系统可以立即识别出注册号码，并可以根据客户要求给出暗示、窍门甚至是越过某一游戏关卡的方法。

关怀热线

关怀热线由话务员提供有关游戏平台的任何问询服务。它可以使客户不必再向零售商进行询问，而只需在任何时间打一个电话即可。索尼计算机娱乐公司通过这些服务措施与现有的客户建立起良好的关系，并且可以不依赖于分销商而直接对客户的购买决定产生影响。

索尼公司在英国的关怀热线由两个呼叫中心在支持，所有的问询都会得到基于英语的答复。其中的一个呼叫中心有 17 名话务员，负责解答有关客户一般性的问询。这个呼叫中心的呼入占整个呼入量的 65%。剩余的 35% 由另一个呼叫中心承担，这主要是由 8 位有着专业技术背景的话务员来处理的，专门为那些"玩家"们提供咨询。

外包

两个呼叫中心的服务都被外包给了不同的电话营销公司，它们可以为索尼计算机娱乐公司提供出色的服务，客户是感觉不到有什么不同的。索尼公司制定的服务标准是要求 90% 的呼叫必须在 2 秒钟之内得到应答。

工作时间

关怀热线的运行时间是从早 8 点到晚 10 点，每周 7 天。呼叫中心的话务员采用全职和兼职轮换制。

话务员概况

在呼叫中心中，话务员的男女比例是相同的。他们中的大多数都是 20 岁出头。但是近期，索尼计算机公司想招聘一些年龄为 30~40 岁的话务员，因为他们会更安心在呼叫中心工作。为了招聘到这样的员工，公司在当地的报纸、公共场所的传单上都登出了为期一个月的招聘广告信息。公司还允许灵活的小时制和兼职，因为这更有利于这一年龄段的妇女安排好工作和家庭事务。

培训

新招聘的话务员经过两周培训会迅速地掌握客户服务所需要的技能，并能胜任工作。索尼计算机娱乐公司也为话务员提供随时返回教室的培训。计算机技巧方面的培训也是经常性的，而产品知识的培训则会随着新的外设、游戏等的出现而不断进行。

激励机制

索尼公司认为激励应该具有连续性，要不断地推出相关的策略，以优化员工操作的技巧性。话务员的成功操作技能会经常性地得到表扬，公司也采取了持续的奖金激励措施，用在对话务员成就的认可上。公司每月都会为话务员提供奖金，表现杰出的话务员还会获得游戏平台的购买优惠券。

不可避免地，在两个呼叫中心之间也存在着激烈的竞争，所以公司有时也需要协调两方的关系。通常的做法是组织一些集体活动，比如一起打保龄球、郊游等。

正是因为在客户关怀服务中集成了基于技术支持的技巧和措施，才使得索尼计算机娱乐公司的呼叫中心保持很高的声誉，并使公司常年在市场中保持领先地位。

索尼公司欧洲客户服务总监 Andy Barker 先生说："索尼计算机公司在英国的呼叫中心扮演着非常重要的角色。他们是唯一直接与客户进行一对一联系的人员。每一次电话铃声响起，都意味着一个神圣时刻的到来。在索尼，我们深信，无论我们做什么，都要以客户为第一。"

问题：呼叫中心如何帮助索尼实现游戏平台的全面成功？

第九章 数据仓库

【导入案例】

数据仓库在中国人民财产保险公司的应用案例

事情要从一封信讲起,2018年年底,中国人民财产保险公司信息技术部总经理赵军接到了2003年国际计算机CHP(Computer-world Honors Program)大赛主席委员会执行董事Daniel Morrow先生的亲笔信,告之"人保财险新一代综合业务处理系统"从50多个国家和地区的500多家参赛企业中脱颖而出,荣获美国"计算机世界荣誉奖"提名,顺利进入决赛。不要小看这个荣誉,国内金融机构只有招商银行曾经入围过。

"获奖是对企业过去一年中信息化建设的肯定,但是按照惯例,获奖企业都会在接下来的一年忙得不亦乐乎",Daniel的信尾赠言又把赵军从喜悦拉回了现实……

令人紧张的预言

事实上,赵军已经忙得不亦乐乎了,做完核心系统之后,紧接着新型数据仓库构建就上马了。无独有偶,招商银行自从2002年获CHP大奖之后,也是马不停蹄地投入了后台数据库的改造项目。

为什么把精力放到数据仓库上呢?原因是业务系统的发展很大程度上受制于后台数据结构,对于金融机构来说,在加入WTO之初就嚷嚷得很凶的"银行客户分级服务""保险费率细分""风险定价"等一系列服务都受牵制。

比如在2003年年初,保监会放开了车险费率,一时间各家保险公司纷纷公布了自己的收费明细,可是细看下来,大家的费率又几乎趋同,比如在个性保费上,各家公司都有一条,就是女性驾驶员比男性保费下浮20%,但据业内人士介绍,这仅仅是各家公司凭经验作出的判断,对于女性的年龄、教育及家庭背景的差异并没有区别对待。

而美国的保险公司则是,一位女性,30岁,大学文化,有一个小孩,没有赔偿记录,可以享受最多50%的保费优惠。人家的逻辑就是,受过高等教育的客户要比没有受过高等教育的客户风险低,有孩子的女性责任心要比一般人高,岁数大的人开快车的可能性要小,没有赔偿记录说明驾驶行为规范。不要以为这只是简单推论,它可是基于成千上万件保单分析的结果。

目前，国内各家保险公司显然还不能提供如此精细的费率评估，因为它们现阶段还不能对客户的数据进行有效的分析利用，换句话说技术水平还达不到。

"芭蕾"的领舞者

面对金融机构 WTO 保护期即将过时，各家公司都非常着急，希望能够在最短的时间内把数据仓库项目做好。在这方面，人保成了第一个吃螃蟹的公司。

赵军形象地描绘道，要想让公司灵活地应对市场变化，方法只有一个，就是对应用系统和后台数据库重新设计，反映到市场上来，就是采取非常灵活的价格手段，让人保这头"大象"跳"芭蕾"。当然，系统重做对于一家保险公司来说无异于大换血，而且从人保现在的经验来看，单独完成这项任务也是很困难的。为此，人保选择了与 IBM 公司合作，希望借用 IBM 的经验来完成前后台系统的改造。

指挥人保这个大公司跳"芭蕾"并不容易，除了机构、人员的因素外，信息系统本身也有很多限制。因为过去人保一直采用的是以保单为中心的业务系统和数据库，这虽然在操作上占了一些便宜（主要是效率较高），但是在数据存储上并不科学。

直接的反应就是，如果被保险人买了多张保单，那么在数据库中这个人就会多次出现，在日后数据抽取分析的时候，就会遇到困难。另外，由于应用系统能够收集的数据项目较少，因此开展分析往往意义不大。

为此，IBM 向人保推荐了 IAA（保险应用架构，Insurance Application Architecture）和 IIW（保险信息仓库，Insurance Information Warehouse）两个数据模型，前者是保险公司的核心业务系统架构，后者是数据库架构。IAA 与 IIW 是 IBM 从 1990 年开始，和全球 40 多个发起公司合作开发的，包括了财产险、寿险、再保险等保险应用模型，现今全球有近 140 个用户在基于这个模型开发产品。

当然，即便有 IBM 的帮助，要把整个企业数据库和应用系统替换掉也是不可取的，系统迁移的风险不谈，仅仅是数据的导入已经十分复杂。为此，人保决定，先对数据分析的关键——IIW 进行试点。

人保的想法是，选择一个技术和条件比较好的省会城市做试点，这个城市既要业务多样，又要保单量中等，这样对于试验是比较客观的。经过一个月的仔细比较，最终这个艰巨的任务就落到了人间天堂——浙江杭州。

杭州城下游临安，雷峰塔中寻白娘。

西湖水边晓月照，梅家坞中龙井香。

杭州确实是一个美不胜收的地方，但是作为本次 IIW 项目的参与人，张平（化名）此刻并没有心情游山玩水，因为在他面前，还有太多挑战要克服。

500 万元的压力

张平来到中保浙江分公司后，主要的任务就是先协助员工把 IIW 建立起来，然后把中保浙江分公司所有的数据取出来，再按照 IIW 的数据结构进行转换存储，建立一个标准的信息仓库，最后在此基础上建立两个小的数据集市，进行数据分析试验。整个试点项目耗资 500 万元人民币。

在此有必要给不熟悉的读者介绍一下数据仓库的概念。顾名思义，数据仓库就是一个仓库，里面分门别类存放了一个公司所有的数据。光有仓库是不能进行数据分析的，因为仓库中的数据是海量的，如果要对某种信息进行分析，比如客户信息，就要从仓库中抽取所有与客户有关的信息，拿出来建立一个集市（Data Market），这样才能保证分析的效率。这些集市在分析完成后可以保留，也可以删除。

不过张平也坦言，IIW 是一个很大的架构，而且相当复杂，基本上囊括了财产险、寿险、再保险等所有内容，在国内还没有实施的经验，因此他感到压力很大。

第一阶段——建库

张平花了大约两周时间与中保的高层在一起，主要是对数据仓库进行需求分析（Require Analysis）。因为双方都是第一次在国内进行类似试点，本着谨慎的态度，张平还特意邀请了 IBM 海外分公司的专家参与设计。

其实，真正让张平担心的并不是需求分析这一块，因为这部分主要是由中保来完成的，真正让张平感到压力的是接下来的高层数据架构（High Level Data Model）的确定。

所谓高层数据架构，就是指 IIW 最顶层的数据结构，是已经打包成熟的东西，包括了一系列的应用项目。而张平的主要工作就是和同事一起，鉴别 IIW 与目前中保的应用有什么不同之处。此后，张平大约花了 10 天时间，将 IIW 中的寿险、再保险、资金管理等内容去掉，确保双方应用的一致性。

经历了高层架构的分析，张平已经保留了财产险所有的东西，但是涉及中保本身，还是有很多和国外不一样的地方。因此，张平接下来又花了一周时间进行需求模型（Require Model）的分析。在这一周里，张平的主要任务就是向 IIW 中补充一些中保的特殊业务。比如，张平发现，中保的客户中有一类是公司客户，这在国外的系统中是没有的，就需要加进去。

张平事后回忆说，这三步做完以后，又花了大约三周时间，把需求模型进一步细化到企业模型（Enterprise Model），然后建设表阶段的物理模型（Physical Model），最后就是利用 IBM 的 MMM（Multiply Model Mapper）工具将整套 IIW 表生成出来，达到物理实现（Physical Realization）。

第二阶段——数据转换

张平将上述建库过程作为整个项目的第一个里程碑，不过他解释说，接下来要做的工作将是最艰苦、最困难的。

是什么让张平如此担心？原来，张平在将中保的现有数据转换到 IIW 中时，遇到了非常大的挑战。

IIW 是以客户的信息为中心的，它有自己的一套存储规则，这包括了数据存放架构（Object）和逻辑关系。但是现在中保的数据库基本上是从应用系统中产生的，因此数据存放得不那么科学。

张平解释说，并不是说把数据堆在那里就是数据仓库了。国外的经验是把数据拿出来以后，按照架构分门别类地存放，把这些数据之间的关系理清楚，这样数据抽取的时候会比较好。

现在中保现有的数据仓库也是这么做的,但是抽取的时候面比较窄。中保现有的数据库都是面向核心系统的,为了操作方便,所有表的设计都是以操作为基础的,保证的是效率。因此表都是基于保单的,而且很分散,因为保单是一张一张的,这张单的信息就放在这个表里。比如张平这个人,可以是被保险人、驾驶员、受益人、索赔人、肇事人等,在系统中多次出现,每次可能是不同接口,需要不同的录入阶段。但是真正的数据仓库张平就应该只有一条记录,当然可能会有历史信息,但是键值就应该是一个。

这就是说,如果按照中保的数据仓库做分析,仅仅查张平一个人的信息,就要遍历保单库、批单库、赔款库等,效率很差。

张平承认,他接下来的首要任务,就是把中保以前的数据按照 IIW 标准结构放进去,那么被保险人就是一个标准的记录,有唯一的 ID,后面全是他的历史信息,包括保单的信息、标的的信息等,都通过逻辑关系联系起来。那么对某个被保险人分析的话,就可以把后面一串信息找出来。

第三阶段——数据分析

在做数据转换的时候,张平就有一个感觉,数据分析绝对不会轻松,先不论他必须自己编写的一系列数据抽取转换和装载的程序,仅仅是把原数据与 IIW 数据关系整理清楚就非常困难。

"因为它实在是太大了,如果要打官司的话,被保险人的代表律师是谁、地址、联系方式都有地方存。"张平介绍说,IIW 把一个保险公司所有可数据化的信息都放在里面,包括保单的格式这种非结构化数据也可以。

张平曾私下里透露,IIW 虽然信息全面,但是过于复杂。他举例说,中保现在一张保单的信息大概是 30~40 条。但是 IIW 除了这些信息,还包括协议、协议说明、钱等诸多内容,钱下面还有限额、保额等子项目,其中还有可变信息,比如保费、本期应收、下期应收、应收实收、分几次交、什么时候交,非常详细。

因此,张平发现,用从中保应用系统来的原数据做的集市一共 12 张表,但是 IIW 现在要做的一个集市已经有 96 张表,何况这个表才这么小。不得以,张平只好把 12 张表的数据拆到 96 张表里面去,全部是手工写的程序,分析原始表的数据,哪些和 IIW 集市中的表对应,没有的东西还要生成出来放在那儿。

比如,被保险人和保单之间就要用逻辑关系联结起来。以往是一张保单所有信息都包括了,如姓名、地址、保费等,但是现在是一张保单分成 10 张表,10 张表之间会有关系。对张平来说,他必须把一张单子拆分成 10 张,之间的关系要自己确定,这就是一个超复杂的东西。因为这不仅是一个最简单的一对多的情况,还有很多的多对一、多对多的情况。

张平目前的主要工作是在 IIW 中建立风险定价(Risk Pricing)和业绩预期(Sales Focus)两个数据集市。IIW 有一个 UPA(Underrating Profit Analysis)工具,就是进行风险自动分析。比如车险,把所有的承保、理赔、客户、车的信息放到数据集市里面,然后 UPA 把数据拿出来,进行运算,可以告诉你结果,比如年龄 20~30 岁左右,男性,驾龄在一年以下,风险大概有多少,保费应该收多少,赔付率多少等。

但是他也承认,目前中保的原始数据收集得还非常不够,当然这也是国外保险公司几十年发展的沉淀。人家10年前业务量和国内差不多,当时数据收集很小,随着业务的发展,觉得光收集这些还远远不够,随着业务系统的更新,会逐步加一些东西,收集的数据越来越大,形成了 IIW 的基础。

因此,张平认为目前的数据分析要想分析到100%是不可能的,他乐观的估计是60%,最多不超过70%,他说这与目前人保应用系统到 IIW 之间30%数据匹配缺失有关。

另外,张平也建议人保开展数据质量的控制。从 IT 部门或者统计部门来看,都是希望数据越多越好。但是营业员那边,却是希望数据越少越好,这样可以出单快,要不然客户会投诉。幸运的是,人保方面采纳了张平的建议,开展了数据质量年的活动,从保单输入开始整顿,力求业务员信息采集准确。

数据仓库技术的广泛应用是市场激烈竞争的结果。随着市场化程度的逐渐深入,原有的行业垄断逐渐被打破,市场竞争加剧,企业迫切需要提高自己的数据分析能力,这种分析只有建立在企业内部各个环节和外部市场等方面产生出来的数据基础上,才能够真实地反映企业的运行情况,并据此做出科学决策。通过对这些数据的整理和分析,提高数据质量及分析能力,可以提高企业的市场竞争力,是企业从粗放型经营向集约型经营转变的重要表现。

第一节 数据仓库概述

一、数据仓库的基本概念

数据仓库是一个舶来品,为 Data Warehouse 的译文,由美国计算机科学家比尔·恩门(Bill Inmon)博士提出。数据仓库技术一经提出,就引起了国内外企业家以及研究人员的极大兴趣,大批研究学者对其进行了较深入的研究,在国内曾引起了一股热潮,各大型企事业单位如石油、道路运输、纺织业、电力、银行等都相继提出了自己行业的数据仓库解决方案,为本行业信息化建设做出了一定的努力,也取得了一定的效果。

那么,什么是数据仓库呢?数据仓库本质上是一种将原始数据经过抽取、分析,转变为以某种角度展现的分析型数据的技术,它可以将分散在各个应用系统中的、差异化的数据,按照不同的主题进行提取、加工并集成在一起,为决策者提供不同类型、多个维度的数据展现。它的价值在于充分利用了原始数据的固有属性,从新的角度对原始数据进行分析和转换,从而帮助数据拥有者更好地理解这些数据,并从中发掘出对自身经营和管理更加有效的信息,为企业的经营管理决策提供有力支撑,有利于企业在市场竞争中获得有利地位。

现在,NCR、IBM、Oracle 等厂商都在数据仓库领域有所建树,一些预见性的模型和解决方案已经被建立起来,数据仓库已不仅仅是一个大型的数据存储机制,而成为对客户资料进行分析,挖掘客户潜力的基石。

数据仓库的建立并不是要取代数据库,建立数据仓库的目的是将企业多年来已经收集到的数据按一个统一、一致的企业级视图组织、存储,对这些数据进行分析,从中得出有关企业经营好坏、客户需求、对手情况、以后发展趋势等有用信息,帮助企业及时、准确地把握机会,以求在激烈的竞争中获得更大的利益。所以说数据仓库是数据库技术的一种新的应用。到目前为止,数据仓库还是用数据库管理系统来管理其中的数据。如果说传统数据库系统的重点与要求是快速、准确、安全、可靠地将数据存进数据库中的话,那么数据仓库的重点与要求就是能够准确、安全、可靠地从数据库中取出数据,经过加工转换成有规律信息之后,再供管理人员进行分析使用。

二、数据仓库的特点

数据仓库主要有四个特征。

1. 数据仓库是面向主题的

数据仓库中的数据面向主题与传统数据库面向应用相对应。所谓主题,是一个在较高层次将数据归类的标准,每一个主题对应一个宏观的分析领域;面向主题,是指数据仓库内的信息是按主题组织的,为按主题进行决策的过程提供信息。典型的主题包括客户主题、产品主题、市场主题等。以一个超市企业的情况说明。如图 9-1 所示,我们已经有了销售数据库、财务数据库、客户服务数据库、市场信息数据库。我们选择收益、客户、市场 3 个主题,则收益主题可以从销售数据库和财务数据库中了解公司各项业务的收入情况;客户主题可以从销售数据库、财务数据库、客户服务数据库中获得客户消费、咨询等全方面的信息;市场主题可以从市场信息数据库分析市场发展趋势。通过这种按主题的数据组织方法,数据仓库极大地方便了数据分析的过程。

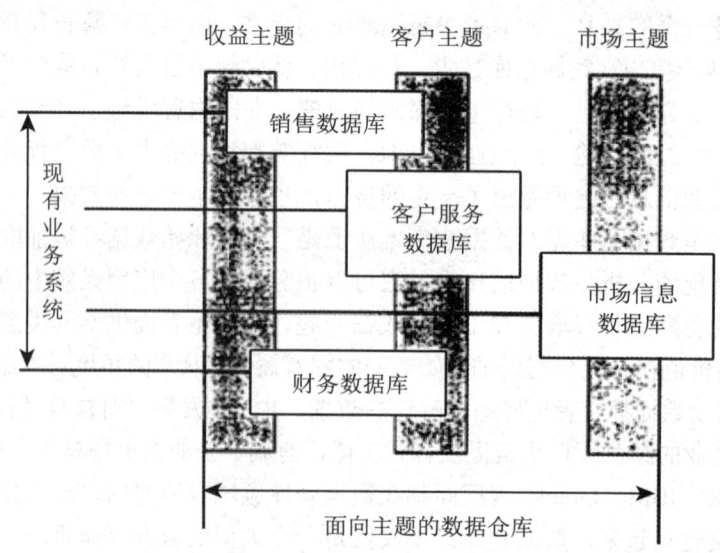

图 9-1　数据仓库是面向主题的

2. 数据仓库是集成的

所谓集成的，是指数据仓库中的信息不是从各个业务处理系统中简单抽取出来的，而是经过系统加工、汇总和整理，保证数据仓库内的信息是关于整个企业的一致的全局信息。在数据仓库建设中，这是最关键、最复杂的一个步骤，主要工作有：一是进行数据的综合和计算；二是统一源数据中所有不一致和矛盾的地方，如同名异义、异名同义、字长不一致、单位不一致等。

3. 数据仓库是稳定的

业务系统一般只需要当前数据，有时也存储短期数据，所以用来记录系统中每个变化瞬态的数据是非常不稳定的。而数据仓库是为了决策分析，这就需要大量的历史数据，如果没有这些历史数据，那么把握企业未来的发展趋势对于决策分析来说，将是一个很难达到的目标，因此在数据的时间和空间的广度上对数据仓库提出了更高的要求。

结合数据仓库的这个特点，可以认为数据仓库就是一个虚拟的、只读性的数据库系统，它内部的数据一旦被写入就不能再发生变化了。

4. 数据仓库包含历史数据

指数据仓库内的信息并不只是当时或某一时点的信息，而是系统记录了从过去某一时点（如开始应用数据仓库的时点）到目前的各个阶段的信息，通过这些信息，可以表明发展历程并对趋势做出定量分析和预测。

三、数据仓库与操作型数据库的区别

数据仓库是计算机和数据库应用到一定阶段的必然产物。如今，信息系统部门的工作重点已经不在于简单的数据收集。随着计算机应用的不断深入，各类计算机用户已经积累了大量的生产业务数据，业务人员希望能够快速地、交互地、方便有效地从大量杂乱无章的数据中获取有意义的信息，决策者希望能够利用现有数据指导决策和发掘竞争优势。这类业务的特点是需要大量的历史数据和汇总数据，并且能够从不同的角度来观察这些数据。与原有的业务系统不同，它们不需要对历史数据作修改，而是使用大量的随机查询，是基于联机分析处理（OLAP）的应用。用户对这类应用越来越迫切的需求推动了数据仓库技术的发展。

数据仓库是指这样一种数据的存储地，来自于异地、异构的数据源或数据库的数据经加工后在数据仓库中存储、提取和维护。传统数据库主要面向业务处理，而数据仓库面向复杂数据分析、高层决策支持。数据仓库提供来自种类不同的应用系统的集成化和历史化的数据，为有关部门或公司进行全局范围的战略决策和长期趋势分析提供了有效的支持。数据仓库使用户拥有任意提取数据的自由，而不干扰业务数据库的正常运行。数据仓库与传统的操作型数据库之间的差别如表9-1所示。

图 9-1　操作型数据库与数据仓库的区别

操作型数据库	数据仓库
细节的	综合或提炼的
在存取时准确的	代表过到的数据
可更新的	不更新的
面向应用的	面向分析的
支持日常操作的	支持决策需求的

从计算机应用初期的电子数据处理（EDP）到今天的执行信息系统和决策支持系统（EIS/DSS），始终伴随着对数据仓库的探求。从企业发展的角度来看，在不同历史阶段，企业内部许多部门建立了各自的信息处理系统，这些系统之间相互隔离，结构各异。企业的决策者很难得到企业全局的决策信息。对这个问题的探求曾导致了多数据库系统的研究。企业的高层管理者还需要使用数据（历史的、现在的）进行各种复杂分析，如长期趋势分析和数据挖掘等，以支持决策。从大量的历史数据中获取信息，要求系统保存大量的历史数据，而且还要进行复杂的分析处理（每次处理涉及大量数据）。这些应用对于业务处理频繁的数据库系统而言，将成为沉重的负担。数据仓库面向复杂的数据分析以支持决策过程，而且可以集成企业范围内的数据。它把支持决策分析的数据事先收集、归纳、处理，使企业的业务操作环境和信息分析环境分离，从而有效地为决策提供实时的信息服务。

四、数据仓库的构成

一个典型的数据仓库系统通常包括数据源、数据存储与管理、OLAP 服务器及前端工具与应用四个部分，如图 9-2 所示。

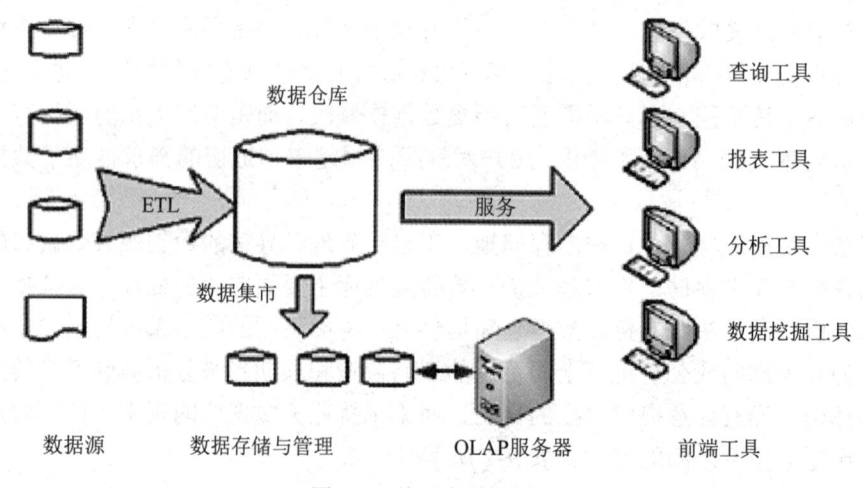

图 9-2　数据仓库的构成

1. 数据源

数据仓库的数据来源很多，包括企业内部信息、市场调查报告、业务数据库数据、分类文档等。

2. 数据的存储与管理

通过对数据源进行清洗、抽取，按照主题进行数据组织。元数据是数据仓库的核心，它决定着数据结构、转换规划、仓库结构、控制信息等。

3. OLAP 服务

联机分析处理（On Line Analytical Processing，OLAP）是一种数据动态分析模型，以一种称为多维数据集的多维结构访问来自数据仓库的经过聚合和组织整理的数据。OLAP 分析技术离不开数据，如何有效组织数据对分析的效率与灵活性至关重要，而效率与灵活性正是 OLAP 技术要提高的两个最主要指标。主流的数据组织方式有 3 种：基于关系型数据库的；基于多维数据库的；基于关系型数据库与多维数据库的混合方式。

OLAP 按照一定的数据组织方式，通过创建多维数据集，并对其进行切片、切块、钻取和旋转等数据操作，使分析人员能够从多种角度对从原始数据中转化处理的、能够为用户所理解的信息进行快速、交互的存取。

4. 前端应用工具

包括用于决策支持的各种报表工具、查询检索工具、数据挖掘工具、多数的 OLAP 分析工具等。

五、数据仓库的功能

作为一个系统，数据仓库至少应包括 3 个基本功能部分。

1. 旧数据获取

这个部分负责从外部数据源获取数据。源数据：数据仓库的数据来自多个数据源，包括企业内部数据、市场调查报告等。数据被区分出来，进行复制或重新定义格式等处理后，准备载入数据仓库。数据的抽取是数据进入仓库的入口。由于数据仓库是一个独立的数据环境，它需要通过抽取过程将数据从联机事务处理系统、外部数据源、脱机的数据存储介质中导入数据仓库。数据抽取在技术上主要涉及互连、复制、增量、转换、调度和监控等几个方面。数据仓库的数据并不要求与联机事务处理系统保持实时的同步，因此，数据抽取可以定时进行，但多个抽取操作执行的时间、相互的顺序、成败对数据仓库中信息的有效性则至关重要。

2. 数据存储和管理

这个部分负责数据仓库的内部维护和管理，提供的服务包括数据存储的组织、数据的维护、数据的分发、数据仓库的例行维护等。仓库管理包括了影响数据仓库性能的重要因素，数据模型建立的好坏及数据仓库的物理存储结构对性能都有很大影响。元数据是关于数据的数据，它描述了数据的结构、内容、编码、索引等内容。设计一个描述能力强、内容完善的元数据是有效管理数据仓库的重要前提。

3. 信息访问

信息访问部分属于数据仓库的前端，面向不同种类的最终用户，数据仓库的最终用户在这里提取信息、分析数据集、实施决策，从而可望取得竞争优势。进行数据访问的软件工具，主要是查询生成工具、多维分析工具和数据采掘工具等。这里也是工具制造商们竞相争夺的地段，新的发展趋势是把信息访问工具紧密集成到数据仓库系统中。

第二节　数据仓库的应用

一、数据仓库在 CRM 中的应用

数据仓库与 CRM 有着难以割舍的密切关系，客户关系管理的很多工作都是以数据仓库为基础展开的。从某种意义上说，数据仓库是客户关系管理的灵魂。利用数据仓库，企业可以对客户行为进行分析与预测，从而制定准确的市场策略、发现企业的重点客户和评价市场性能，并通过销售和服务等部门与客户交流，实现企业利润的提高。对于客户量大、市场策略对企业影响较大的企业而言，必须在客户关系管理系统中包含数据仓库。

首先，数据仓库将客户行为数据和其他相关的客户数据集中起来，为市场分析提供依据。

其次，数据仓库将对客户行为的分析以 OLAP、报表等形式传递给市场专家。市场专家利用这些分析结果，制定准确、有效的市场策略。

再次，利用数据挖掘技术（详见第十章），发现交叉销售、增量销售、客户保持和潜在客户的方法，并将这些分析结果转化为市场机会。通过数据仓库的分析，可以产生不同类型的市场机会。针对这些不同类型的市场机会，企业分别确定客户关照业务流程。依照这些客户关照业务流程，销售或服务部门通过与客户的交流，达到关照客户和提高利润的目的。

最后，数据仓库将客户的市场机会的反应行为，集中到数据仓库中，作为评价市场策略的依据。

在 CRM 项目中实现数据仓库系统，是 CRM 系统成败的关键之一。数据主要有四个方面的来源：客户信息、客户行为、生产系统和其他相关数据。这些数据通过抽取、转换和装载过程，形成数据仓库，并通过 OLAP 和报表，将客户的整体行为分析和企业运营分析等传递给数据仓库用户。

在数据仓库中,利用数据仓库的 ELT 具,针对行为分组和重点客户发现的需要,产生相应的数据集市。在数据集市的基础上,实现行为分组系统和重点客户发现过程。最后,将分析的结果与数据仓库结合起来,将分析与性能评价等传递给 CRM 用户。监控和调度系统负责调度行为分组系统和重点客户发现系统的运行更新间隔。

虽然数据仓库与 CRM 密不可分,但是 CRM 除了市场分析之外,还有销售和服务等方面的功能。不同的企业应该根据自己的实际情况,选择实现销售、服务和市场的策略。但无论如何,对于客户量巨大、市场策略对企业影响较大的企业,CRM 要以数据仓库为核心。企业在实施数据仓库和 CRM 系统时,应使他们很容易结合,而不应当视各自为单独的一方。只有这样,企业才能使两者更好地融为一体,服务于客户和企业本身。因此,为了充分利用 CRM 和数据仓库,企业需要理解任何一方。认为这两类系统可以互换的企业,必然会遇到许多严重的实施问题。

CRM 及数据仓库技术在国内外有较多的应用。比如,NEC 与宝马(BMW)集团联合构筑了对宝马客户信息进行一元化管理并使之反映到客户支持中的 CRM 系统"Top Drive"。Top Drive 是宝马集团为了提高客户满意度而开发的系统,可利用数据库对通过特约经销商收集到的信息进行一元化管理,这样,邮件广告、特约经销商间的信息交换及来自电话和互联网的咨询、紧急情况下的联络等客户支持业务就可以相互协调。再如,在 Wal-Mart(沃尔玛)公司,销售数据、库存数据每天夜间从几千个商店通过卫星线路传到总部的数据仓库里。通过利用数据仓库对商品品种和库存进行分析,Wal-Mart 可以研究顾客购买趋势、分析季节性购买模式、及时补充商品、确定促销商品。Wal-Mart 的缔造者 Sam Walton 在他的自传《Made in America:My Story》对于数据仓库评价极高,可以说,数据仓库改变了 Wal-Mart。还有,成立于 1886 年的美国 Sears 公司,20 世纪 90 年代曾经濒临倒闭。如今,Sears 公司却是美国第二大零售企业。在力挽狂澜过程中,数据仓库功不可没。Sears 公司引入数据仓库以后,每天晚上从各种应用系统采集来数据,经条件分类后送入数据仓库中。Sears 公司从数据仓库中挖掘出几千万家庭的购买习惯,从而有的放矢地制定相应的销售、广告策略和促销计划。数字是最可靠的证据:借助数据仓库,Sears 公司库存降低了 60%。

【拓展阅读】

应用数据仓库应回避的陷阱

数据仓库这样的庞然大物,建设起来务必要小心。下面几个建议,涉及建设数据仓库最常见的若干问题,也许可以助你一臂之力。

杀鸡别用宰牛刀

如果杀鸡用了宰牛刀,那不是宰牛刀的错误,只能怪罪操作者。Wal-Mart 在数据仓库方面的成功毋庸置疑,但是,有几个企业具有 Wal-Mart 的规模呢?量力而行,这说起来简单,实际上却有很多人陷在了技术狂热之中。数据仓库是好技术,前提是你的企业引入的系统规模要合适。

建立一个数据仓库和成功建立一个数据仓库,还是有很大差距的。建立数据仓库时,有些项目规划者脑海里充斥着很多不合实际的目标,他们想要数据仓库实现的功能面面俱到,结果导致了失败。成功建立一个数据仓库,企业必须在规划时充分地考虑到该数据仓库的规模、功能以及未来扩展情况。这些工作,有时不得不引入第三方的智力,比如有经验的咨询公司专业人员。

不要贪大求全

不要把所有能找到的数据都放到数据仓库中,凭借数据仓库,企业并不能预知商务活动中所有的事情。不要把你能拿到的所有数据都一股脑扔入数据仓库。要保证关键信息的及时、准确,例如、客户信息、产品信息、财政报表、人事信息,处理好这些信息比一味贪大求全要有意义。把无关紧要的数据都放到数据仓库中,很快就会导致过于庞大的数据库,响应缓慢、难于维护,这使得数据仓库华而不实,难以使用。

估计好数据量

"不要贪大求全"是定性分析,"估计好数据量"则更偏重定量分析。如果一个数据仓库刚刚投入使用就发现磁盘空间不够,那会让人沮丧的。

与 OLTP 系统不同,数据仓库系统需要更大的临时空间用于排序操作和数据汇总;它也需要较大的缓存空间,用于驻留经常被访问的数据。估算数据量时要考虑如下因素:现有数据日、月、年的增长率;预计要保留多长时间的历史数据。一般情况下,数据空间=数据量估算×2,索引空间=数据量估算。

确保数据质量

估算了数据数量,我们再来关注一下数据质量。数据的抽取、转换和装载(ETL),是一项非常烦琐的工作,在系统实施过程中最好由专门小组或人员负责此项工作。不同业务系统的数据编码多半是不同的,统一编码常常是一项费时、费力的工作,要做好心理准备。此外,系统运行之后,必须制定一个行之有效的数据抽取时间和方式(前面提到的两家零售业巨头都是每天夜间为数据仓库补充各个零售店的业务数据),为系统不断补充合格的数据。

建设者、使用者共同参与

数据仓库并没有严格的数学理论基础,也没有成熟的基本模式,它更偏向于工程,具有强烈的工程性。因此,从立项那一天开始,就要树立这样的信念:这是一个建设者、使用者共同参与的项目。与电子邮件一类的系统不同,搭建数据仓库不是一个"水到渠成"的事情,"水到"之后还需要继续对"渠"进行改造。

二、数据仓库在其他行业中的应用

1. 在证券业的应用

在证券业，数据仓库可处理客户分析、账户分析、证券交易数据分析、非资金交易分析等多个业界关心的主题。证券业是对数据整理、分析、预测的需求相当高的行业。通过数据仓库提供的大量数据对用户的信息、上市公司的信息、公司的盈利信息加以分析，并结合行情走势、经济政策等外部数据为客户提供针对其个人习惯、投资组合的建议，从而真正做到对客户的贴心服务。

2. 在银行领域的应用

银行业中的数据仓库主要实现财务分析、业务管理、动态报表和金融资讯等管理分析的应用。同时，在数据仓库的基础上进行 OLAP 操作和数据挖掘，以辅助制定货币政策，防范银行的经营风险，实现科学管理及进行决策。

3. 在税务领域的应用

数据仓库在税务领域可以解决三个方面的问题。第一，查出应税未报者和瞒税漏税者，并对其进行跟踪；第二，对不同行业、产品和市场中纳税人的行为特征进行描述，找出普遍规律，谋求因势利导的征税策略；第三，对不同行业、产品和市场的应收税款进行预测，设计最有效的征收计划。

4. 在保险业的应用

保险公司的业务系统日趋完善，面对已掌握的大量数据，出现了日益增长的对各种查询、统计、报表及分析的需求，同时需要提高防范和化解经营风险的能力。数据仓库的应用能有效地利用这些数据来实现经营目标，预测保险业的发展趋势，甚至利用这些数据来设计保险企业的发展宏图，在激烈的竞争中赢得先机。

课 后 练 习

一、选择题

1. 数据仓库有哪几个特征？
    A. 面向主题的　　B. 集成的　　C. 稳定的　　D. 包含历史数据的
2. (　　)是一种数据动态分析模型，以一种称为多维数据集的多维结构访问来自数据仓库的经过聚合和组织整理的数据。

A. 数据挖掘　　　　B. 数据储存　　　　C. 联机分析处理　　　D. 前端工具

3. （　　）属于数据仓库的前端，面向不同种类的最终用户，数据仓库的最终用户在这里提取信息、分析数据集、实施决策，从而可望取得竞争优势。

A. 信息访问　　　　B. 旧数据获取　　　C. 数据储存　　　　D. 数据管理

二、简答题

1. 什么是数据仓库？
2. 数据仓库和操作型数据库的区别是什么？
3. 数据仓库的应用有哪些？

三、案例分析题

兴业证券股份有限公司是一家全国性综合类证券公司，是《证券法》颁布后全国首批获准增资扩股的 10 家证券公司之一，也是首批第九家被中国证券监督委员会核准为综合类的证券公司。兴业证券注册资本金 9.08 亿元，截止到 2002 年年底，总资产达 43.2 亿元。公司总部在福建省福州市。

兴业证券信息技术部开发的数据仓库系统目前主要在兴业证券经纪业务总部、财会部、风控部及各营业部使用，采用 Web 联接和设置访问权限的方式，为公司各部门及各营业部快速有效地提供业务报表及分析工具。此外，各部门及各营业部还可以根据自身的业务需要，通过向信息技术部提出业务需求的方式，利用数据仓库系统获得所需的数据资源和统计报表。

数据仓库系统目前能为营业部实现的常规功能主要有：风险控制分析；委托成交分析；托管资产分析；网上交易分析；统计排名分析。

如果各营业部在柜台交易系统中建立了经纪人与客户的对应关系，公司数据仓库系统还可以实现部分经纪人管理功能，如对经纪人名下客户交易、佣金的统计等。

从数据仓库系统对于营业部客户支持的力度来看，它有如下几个优点：

数据仓库系统保留有所有营业部近两年以来的交易和账户等信息，并且该数据平台还集成了财务数据、行情数据等大量的经纪业务外来信息（通过不断的改造，还可以进一步容纳经纪人管理信息、研发信息，以及许多相关的系统信息），为公司的经纪服务提供最坚实的数据基础。通过数据仓库的报表系统和动态查询系统，营业部可以对本营业部的每日经营情况以及长时间以来的一个盈利趋势进行跟踪和分析。采用丰富的图表内容为营业部的相关人员带来帮助。

目前该系统的不足之处：数据仓库报表系统主要能为各营业部提供一些和趋势有关的分析内容，适于分析某一个客户群体的一些行为，针对具体的某一个资金账户支持力度较差。

问题：结合案例谈谈数据仓库能够为企业带来哪些好处？

第十章 数据挖掘

【导入案例】

移动通信行业客户挽留（数据挖掘）高价值客户流失预测

我国的移动通信企业经过前几年的高速发展，同时随着国内外运营商经营力度的逐步加大，现在正步入企业生存的关键时期。由于运营商寡头局面的形成，移动通信客户有了越来越多的选择，移动通信注册客户数动态增长，即在大量客户入网的同时，又有大批客户离网流失；每月注册客户数与在网活动客户数相差悬殊，涌现大批零次话务客户；业务与收入总量增长相对趋缓，出现"增量不增收"。因此，分析客户流失原因，吸引潜在客户入网，增加现有客户满意度，减少客户流失概率，提高客户消费水平，充分占有市场是移动通信企业在激烈市场竞争中制胜的关键。

客户流失分析作为经营分析系统中的一个重要主题，主要任务是根据流失客户和没有流失的客户性质和消费行为，进行挖掘分析，建立客户流失预测模型，分析哪些客户的流失率最大，流失客户的消费行为如何，客户流失的其他相关因素，如竞争对手的优惠政策、业务系统事故国家政策和现行经济运行环境等。为市场经营与决策人员制订相应的策略、留住相应的客户提供决策依据，并预测在该策略下客户流失情况。

通过建立客户流失预测模型，使企业能够预测客户离网的可能性，并通过对客户离网原因的分析，提出相应的挽留政策，从而使客户保留在自己的网上，降低客户离网率，减少企业的运营成本。因此，该模型的建立对企业来说有着极为重要的意义。

1. 商业问题目标化

随着电信企业之间竞争的加剧，电信运营商不断推出新的套餐和新的业务，希望能够争取到更多的市场份额。但同时，这也在很大程度上加大了客户的不稳定性，使得客户离网现象频繁发生。客户流失情况也逐渐凸显出来。客户的流失对企业来说有着重要影响，与企业利润是息息相关的。客户流失问题已经成为移动通信运营商必须尽快解决的问题。

针对这种客户流失的情况进行分析，并制定如下商业目标：首先，通过对预测出的可能流失的客户进行挽留服务，降低总的客户流失率。然后依据获得流失客户特征，分析原因和流失特点，有针对性地采取措施。客户流失的种类较多，包括主动流失、被动流失以及内部流失和外部流失四种情况。主动流失，由于客户自身原因自愿与运营商解除服务合同；被动流失，通信运营企业由于某种原因而决定终止向客户提供服务；内部流失，是指客户解除合同后，继续选择本企业提供的其他产品和服务；外部流失，是指客户解除服务合同后转向竞争对手。

其中，客户被动流失主要是由于客户恶意欠费或信用问题造成的。而内部流失又包括优向和劣向两种情况，如果客户新选择的业务品牌优于原有品牌，对企业来说，这种流失带来的是客户价值的提升，属于优向流失。如果客户放弃高端品牌选择了低端品牌，就属于劣向流失，这种流失是企业应该尽量避免的。我们关心的就是高价值客户的外部流失，主要是指客户解除服务合同后转向竞争对手，是电信运营企业最不愿意看到的一种流失，也是企业客户流失分析的重点。

2. 数据理解

在这一部分中，由于高价值客户对于企业具有十分重要的意义，因此，我们沿用已有分析得到的高价值客户群体为观察对象，对这部分客户进行流失预测。我们选取已得到的动感地带高价值客户群体1038人的数据来训练模型，选定时间窗为3个月，如果这些用户在紧接着3个月后的连续3个月中发生流失，就定义为已流失的用户，否则为非流失用户。

为解决客户流失模型，根据移动通信行业经验，我们需要的数据源包含两大类，客户基本信息和客户通话行为信息。客户基本信息包括：用户的性别、年龄、在网时间、职业、爱好、籍贯、入网品牌与号码、注册服务等级（SLA）、客户标识、地域编号、受理渠道、客户状态、开户时间、入网时间、最近开停机时间、退网时间、销户时间、资费套餐标识、服务套餐标识等。

这些资料在客户登记入网或客户调查等过程中得到，是对客户个体特征的描述，并永久保存在客户资料数据库中。不同背景的客户有不同的社会行为特征和爱好，如职业影响收入，年龄影响产品购买类型等。

客户通话行为信息：这部分数据包括两类：一是基于用户通话清单设计的多个统计变量，例如，工作日通话时间、费用；周末通话时间、费用；IP通话时间、费用；短信次数、费用；国内外长途通话时间、费用；通话对象及亲情号码、通话地点、漫游类型、数据业务使用情况、消费积分、客户价值类型等，这些数据可以在计费中心客户消费话单和账单中获取。二是客户通过投诉渠道或客户服务界面（如营业厅、网站、客户经理等）进行的有关缴费、服务投诉/建议的情况。通过这两类数据对客户个体进行较为丰满、全面的描述。

3. 数据预处理

在明确可以使用的数据源之后，我们需要对数据进行预处理，具体过程包括数据清洗、整合、格式化，以消除数据中的噪声部分。数据预处理的细节包括：在用户状态中仅选取正常状态的用户，去除数据源中的极值和超出范围的部分，选择在研究期间（2005年6~9月）全部在网的客户，同时我们需要对所拥有的数据进行分析探索，以确定我们建立模型需要的关键变量。

我们对变量选取的原则是：

（1）选取数据质量好的变量，要求 85%以上的数据符合要求。在对数据进行分析的过程中，我们发现客户基本信息数据中部分达不到要求，我们将给予去除，而所有的客户行为信息则质量较好，相对稳定，基本符合要求。

（2）在某些变量中个别类别所占的比例极小，我们将这些类别合并为一类来考虑。若在各个类别中的流失比例相近，则认为这些变量对客户流失影响不大，不予考虑。例如，客户性别这一属性，男女流失人员比例基本相等，则认为性别对客户流失模型没有影响。按照以上原则，经过认真的思考和反复验证，我们选取了以下 22 个经过数据处理可以用于建模的变量。

4. 数据挖掘结果与相应对策提出

最终，我们的模型生成了如下 6 条打分规则。将所有客户进行了分类，并且每一类客户都有分值代表其流失倾向的高低，并通过 IF-的规则来描述此类客户的行为特征。在没做模型时的平均流失率为 5.31%，那些客户分类得分高于 5.31 的表明该分类降低了数据的不确定性，使捕获潜在流失客户变得更加准确。（ZM_Count=月平均周末通话次数，FM_Time=月平均繁忙时段通话时间，IP_Time=月平均 IP 通话时间，OnDays=在网时间，HR_Count=月平均呼入次数，YY_Count=月平均语音使用次数）

规　　则	流失率
If ZM_Count<3.5 And FM_Time<89.5	Score 14.6%
If 3.5≤ZM_Count And FM_Time<89.5	Score 6.7%
If 62.5≤IP_Time And OnDays<107.5 And FM_Time≥89.5	Score 9.2%
If 62.5≤HR_Count And 107.5≤OnDays And 89.5≤FM_Time	Score 2.1%
If YY_Count<84.5 And IP_Time<62.5 And OnDays<107.5 And 89.5≤FM_Time	Score 8.4%
If 107.5≤OnDays<310.5 And HR_Count<62.5 And 89.5≤FM_Time	Score 5.9%

仔细研究这 6 条打分规则我们可以发现繁忙时段通话时间（FM_Time）、在网周末通话次数（ZM_Count）和目标变量 LIUSHI（流失倾向）有很显著的关联。凡是繁忙时段通话时间越长、在网时间越长、周末通话次数越多的用户其在月后三个月流失倾向越低，反之，客户的流失倾向较高。

所有的客户都按模型的打分规则获得了一个代表其流失倾向的分值。移动运营商可以将客户按打分高低排序导出前 30%的客户名单交于市场部，市场部针对这些名单，通过打关怀电话、设计优惠套餐、送小纪念品等多种方式来挽留流失倾向大的客户，最大限度地降低客户流失率。

21 世纪是一个信息爆炸的时代，随着计算机与互联网技术的迅猛发展，现代社会的人们可以在很短的时间之内获得和传播大量信息。另外,近些年来移动互联网的崛起保证人们拥有了随时随地进行相互沟通的能力,因而在这个过程中便产生了海量的数据。无论是企业还是政府,在计算机和互联网技术迅速发展的背景下,均能在短时间内获取和收集大量数据,进而对这些数据进行研究和分析。然而,对于信息时代产生的大数据,运用传统数理统计方法已经跟不上时代的潮流。数据挖掘技术正是在这样的背景下应运而生,不仅可以处理大规模的数据,而且可以通过与相关统计方法的有效结合,迅速发现蕴含在大数据中的有价值的知识。现阶段,银行业、零售业、医疗行业、工业工程以及生物领域中,数据挖掘技术已经得到广泛运用,并发挥出重要作用。

第一节 数据挖掘概述

一、数据挖掘的定义

"数据挖掘"一词的来源要追溯到 20 世纪 60 年代时期对统计分析方法及神经网络的相关研究阶段。从那时开始,数据挖掘进入了一个逐渐演变、逐渐进化的阶段。在人们开始学习电子数据处理时,认识到机器学习的重要性,并尝试使用机器学习的方法对数据进行处理来实现自动的决策支持。之后又经历了到知识学习的转变,后又转到以机器学习为中心并将其应用于大型的商业数据库研究分析中,最后才诞生了数据挖掘这一概念。

数据挖掘(Dara Mining)可以从技术角度和商业角度两方面来定义。从技术角度定义,数据挖掘是从大量的、不完全的、有噪声的、模糊的、随机的实际应用数据中,提取隐含在其中的、人们事先不知道的、但又是潜在有用的信息和知识的过程。其中数据源必须是真实无伪的、大量的甚至海量的、有噪声的即有干扰数据,从中提取出来的信息或者知识是未曾预料的,不能凭直觉去发现甚至有时会违背直觉有一定的新颖性和独创性,是用户感兴趣的,并且可以为用户所理解、接受和有效的利用。从商业角度来定义,数据挖掘是一种新的商业信息处理技术,数据挖掘的功能是对商业数据库中的大量业务数据进行抽取、转换、分析和其他模型化处理,从中提取辅助商业决策的关键性数据。从这个角度来看,对数据的分析并不仅仅是为了研究,而是上升到为商业决策提供有价值的信息,进而为企业获取利益的重要作用。

如图 10-1 所示,数据挖掘还是一种决策支持过程,它主要基于人工智能、机器学习、模式识别、统计学、数据库、可视化技术等,高度自动化地分析企业的数据,做出归纳性的推理,从中挖掘出潜在的模式,帮助决策者调整市场策略,减少风险,做出正确的决策。因此,数据挖掘是一门交叉学科,它把人们对数据的应用从低层次的简单查询,提升到从数据中挖掘知识,提供决策支持。

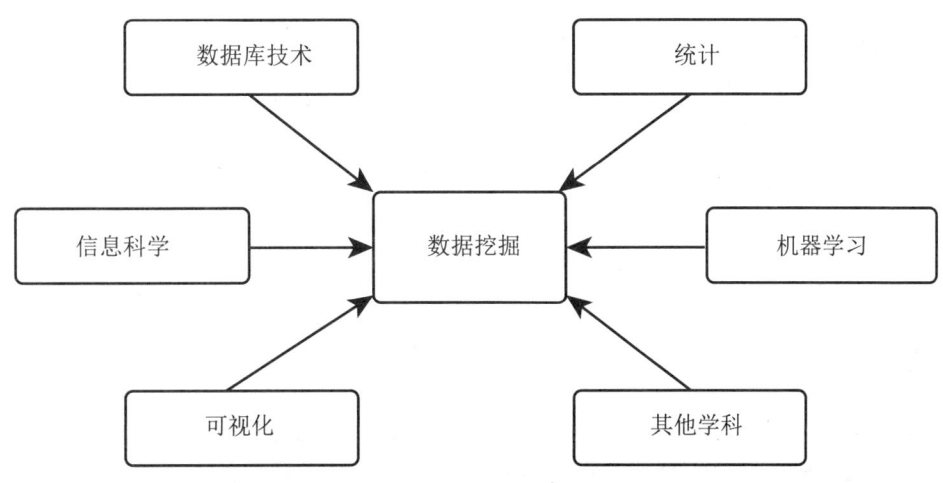

图 10-1　数据挖掘受多学科的影响

二、数据挖掘的数据来源

分析需要大量的数据，而这些数据的来源包括许多方面，比如关联性强的数据，比较分散的数据、空间数据库、数字数据库和数据仓库等。目前，数据挖掘的数据大部分来自于数据仓库以及相关性大的数据库。

1. 关系数据库

数据按照相关关系不同，可以组成不同的表，每个表都被赋予唯一的名字。每个表包含一组属性，并通常存放大量的元组。现在所运行的数据库绝大多数是关系数据库。

2. 数据仓库

仓库是一种形象化的名词，数据按照不同的领域集中在仓库中，它们时刻变化而且不容易丢失，可以为领导提供决策的依据。在进入仓库之前，这些数据都会被预处理和整合，数据仓库里面存放的是汇总级的数据，并且采用了多维数据立方体的数据表示方法，因此，在此基础上进行数据挖掘，可以帮助我们得到更精练的、概括性的信息。

将数据仓库中的数据信息作为数据分析与挖掘的主要来源，可以大大提高分析效率，原因有三点：第一，因为各种各样的数据在进入仓库之前，都要经过预处理和转化整合过程，所以，将这些数据作为数据发掘的数据源可以大大缩短前期准备的时间和工序；第二，数据仓库不仅蕴含了大量数据，而且也集成了许多分析工具和套件，分析人员可以不用导出数据，直接利用数据仓库就可以分析数据；第三，数据仓库还可以与其他软件兼容使用，增强了分析功能。由于数据仓库是比较专业的数据源，需要使用专业工具将庞大的信息导入数据仓库中，且数据仓库建立成本比较大，许多数据挖掘过程不需要使用这么专一的数据。从成本考虑，数据挖掘可以使用多个事务数据仓库的数据进行分析。

3. 事务数据库

一般来说，事务数据库是指作为单个逻辑工作单元执行的一系列操作。事务数据库处理可以确保除非事务性单元内的所有操作都成功完成，否则不会永久更新面向数据的资源。通过将一组相关操作组合为一个要么全部成功要么全部失败的单元，可以简化错误恢复并使应用程序更加可靠。一个逻辑工作单元要成为事务，必须满足所谓的原子性、一致性、隔离性和持久性属性，通过对事务数据库中的信息进行挖掘，有助于我们更好地把握客户的消费行为和特征。

4. 空间数据库

空间数据库涉及空间的信息。这种数据库包括地理（地图）数据库、芯片设计数据库、医疗和卫星图像数据库。我们对空间数据库进行挖掘，可以发现描述坐落在特定类型地点（如公园）的房屋特征，可以描述不同海拔高度山区的气候，或根据城市离主要公路的距离描述都市贫困率的变化趋势。

三、数据挖掘的应用领域

目前，数据挖掘已经在金融、零售、医药、电信、网络、航空旅游等具有海量数据和需要深度分析数据的领域得到广泛应用，与此同时给社会带来了巨大的经济效益。

1. 在金融领域方面

在金融领域，银行、证券、保险等企业拥有庞大的数据量，每一笔交易的背后，都有一条新的数据产生，这些数据通常比较完整、可靠、高质量，为企业进行系统化的数据分析提供了便利。在银行领域运用数据挖掘，可以识别伪造信用卡欺诈，还可以进行贷款偿付预测和客户信用等级评估以调整贷款发放政策，为银行降低经营风险。在证券领域，数据挖掘可以针对客户群进行分类和聚类分析，以此来识别不同的客户群，为不同的客户群提供更好的服务，以推动市场。此外，还可以运用数据分析工具查找异常情况，以侦破一些金融犯罪活动。

2. 在零售业方面

在零售企业，管理信息系统被广泛应用。每个大型企业的管理信息系统的背后都有强大的数据库作为支撑。大量消费者的历史消费记录、货物采购记录、商品的销售记录等数据需要进行深入分析才能从中获取有价值的信息。数据挖掘技术有助于识别顾客购买行为，发现顾客购买模式和趋势，改进服务质量，获取更高的顾客满意度，降低零售成本。

目前数据挖掘在零售业的成功应用包括：顾客、时间、地区、产品和销售的多维分析；对顾客的满意度、忠诚度的分析，以保留老顾客，吸引新顾客；挖掘信息相关度，可以有效地向顾客推荐商品，提高销售额；对促销活动的有效性进行分析，为客户开展更合适的优惠活动，以此来提高企业的利润。

3. 在互联网领域

在互联网领域，利用数据挖掘技术，人们从 Web 文档及 Web 服务中提取感兴趣的信息。不同研究者从自身的领域出发，对 Web 挖掘的含义有不同的理解。分析 Web 存取日记能帮助理解用户的行为和 Web 结构，因此，可以改进 Web 页面的设计和 Web 应用程序，发现潜在的电子商务客户。Weblog 分析还有助于建立锁定个人的个性化 Web 服务。

数据挖掘技术除了被应用于上述几种领域以外，还被广泛地应用在交通、农业、军事等领域。尽管数据挖掘有很多优点，但也面临着很多问题，比如数据的复杂度问题、大数据问题、数据的变化趋势问题、数据的安全性和私有性问题等。

第二节 数据挖掘的过程和方法

一、数据挖掘的过程

数据挖掘的过程可以分为：问题定义、数据收集和数据预处理、数据挖掘算法的实施以及结果的解释和评估。

1. 问题定义

进行数据挖掘的目的就是从大量的数据中发现令人感兴趣的有价值的信息，问题定义就是帮助我们确定利用数据挖掘分析哪些问题，即定义挖掘对象。确定挖掘的目标是进行数据挖掘的第一步，也是很重要的一步。数据挖掘的结果可能是不可预测的，有时会超出人们的预料，甚至与猜想截然相反，但是提出的问题必须是明确的、有预见性的、有目的的，不能只是为了挖掘而挖掘，这种盲目的挖掘行为往往不会成功。在定义挖掘对象时，需要清晰地确定几个问题：从哪个方面入手、需要对哪些数据进行挖掘、需要挖掘的数据量、数据要挖掘到哪种程度等。问题定义过程要求数据挖掘人员和领域专家及最终用户相互交流、紧密协作，有时需要用户提供一些经验知识，包括用户的业务领域知识或者以前进行数据挖掘得到的成果。在这个过程中必须明确数据挖掘的具体任务需求和采用的具体方法。

2. 数据收集和数据预处理

这个过程可以由三个子步骤来完成，分别是数据选取、数据预处理和数据变换。确定数据挖掘任务、明确挖掘对象以后，要广泛地搜索与挖掘对象有关的各种有用数据，可以是内部数据，也可以是外部数据，并从搜索到的数据中选择适合本次数据挖掘的数据。如果是基于数据仓库的数据挖掘，那么可以直接从数据仓库中准备好的基础数据中进行选择，否则，就要从各种数据源选择数据。这就意味着需要将各处的数据集成和合并到同一数据挖掘库中，由于不同的数据源在数据定义和使用方法上存在差异，在集成和合并过程中要协调数据间的差异，这样才能保证数据挖掘的质量。

初始选择的数据并没有较高的质量，大都存在着数据不完整、不一致的问题，这直接影响了数据挖掘的质量，因此要对数据进行预处理，提高数据的质量，保证数据挖掘结果的有效性，同时也降低了数据挖掘所需要的时间。数据预处理噪声数据处理（纠正错误或异常的数据）、空缺错误处理、冗余数据处理以及解决数据定义不一致、数据值不一致、数据过时等问题。数据变换是对数据进行线性或非线性的变换，从而使多维数据压缩成少维数据，清除它们在时间、空间和精度等特征上表现出来的差异，选择出真正与挖掘任务相关的特征，虽然这个过程对原始数据造成了一定的损害，但是可以大大提高数据的挖掘效率，其结果有更大的实用性。

3. 数据挖掘算法的实施

在数据挖掘实施过程中，首先要明确挖掘任务或挖掘目的，然后根据挖掘任务分析使用何种方法（分类、聚类、关联等），最后根据所选的方法进一步选择数据挖掘的实施算法。选择算法要考虑两方面的因素：首先，不同的数据有不同的特征，因此选择的算法要与之相关；其次，用户对实际运行系统挖掘出来的知识有不同程度的需求，有的用户可能只需要得到容易理解的、描述型的知识，而有的用户希望得到准确性高的预测知识。

4. 结果的解释与评估

数据挖掘阶段得到的挖掘结果还需要进行评估，因为此初始挖掘结果可能存在冗余或无意义的模式，也可能获得的模式根本不满足挖掘任务的需要，因此对其进行评估有利于发现有意义的知识模式。对于冗余或无意义的模式，要将其剔除，对于不满足用户需求的模式，要将整个挖掘过程退回到前一个阶段，如重新选取数据，改进原来的数据变换方法或使用新的数据变换方法、更改参数值，甚至重新选择一种挖掘算法等。除此之外，数据挖掘的结构最终是要呈现给用户的，因此还需要将获得的模式可视化，或者把结果转换成简明易懂的表达方式。数据挖掘的算法实施过程仅仅是整个数据挖掘过程的一个子步骤，而其中对数据挖掘质量影响最大的因素有两个：一是看采用的数据挖掘方法是否有效，是否可以针对具体的问题得到想要的结果；二是用于挖掘的数据的质量和数量是否达到标准，标准是根据问题的复杂程度以及对结果精确度的要求来确定的。如果选择了不适合的数据集合，或者进行了不适当的数据转换，则挖掘结果的质量将达不到预期值。

整个挖掘过程其实就是一个不断反馈、不断修正的过程，当用户发现不合适的数据，或挖掘方法无法挖掘出用户期望的结果时，就需要重复之前的挖掘过程，甚至从头开始，一点点找到问题的症结，直至获得满意的结果。

为什么数据挖掘很难成功

数据缺失总是存在

为什么数据挖掘的数据准备工作要这么长时间,可以理解成取数时间很长、转换成所需的数据形式和格式时间很长,毕竟只有这样做,才能够给数据挖掘引擎处理。

但数据准备的真正目的,其实是要从特定业务的角度去获取一个真实的数据世界,数据的获取比处理重要,技巧倒是其次了。

离网预测一直是很多业务领域关注的焦点,特别是电信行业,但这么多年做下来,其构建的离网模型却难言成功,为什么?

因为数据获取太难了

离网预测希望用客户历史的行为数据来判定未来一段时间离网的可能性,但国内的电信市场并不稳定,不仅资费套餐复杂,大量的促销政策时时轰炸眼球,大家看的是热闹,但对于数据挖掘人员来讲,却是业务理解和数据准备的噩耗了。

因为业务的理解很困难,数据完全被业务扭曲,如果要预测准确,不仅自身业务促销的因素要考虑进去,还要考虑竞争对手策反政策、地域影响等,你训练时看到的是一个简单的离网结果数据,但诱导因素异常复杂,这类因素相关的数据根本取不到或者难以量化。

比如,电信离网很大程度是竞争对手策反、客户迁徙离网等,你知道竞争对手何时推出的促销政策吗?你知道客户什么时候搬的家吗?你如何用数据来表达这种影响?你的数据能适应市场变化的节奏吗?

因此,如果某个合作伙伴跟你说,我可以做电信行业的离网模型,那是个伪命题,离网模型已经被电信行业做烂了,几乎没有成功的案例,即使一时成功也持续不了多久,只要业务不统一,就不大可能出现一个基本适用的离网模型,你无法想象全国10万个电信资费政策会对预测建模造成怎样的影响。

与互联网大一统的数据相比,其做的风控模型显然要简单得多,因为数据的获取难度和稳定度不在一个量级上。

数据挖掘,难就难在要为预测的业务提供与这个业务相关的数据环境,因此,有时离网模型做不好,并不是模型师的错,也不是算法的问题,而是业务惹的祸,是数据问题。

你让开发出 Alphgo 的 DEEP MIND 团队来做离网模型,也不切实际,这可能也是传统行业数据挖掘很难出效果的一个原因。

阿里的蚂蚁金服,算法取胜的主要原因是它天生具有线上的资金往来数据,如果让它去分析传统银行的线下数据,估计难度也很大。

数据挖掘师特别强调要理解业务，就是希望你基于业务的理解能找到所需的解释数据，外来的和尚之所以做不好，也是这个因素，因为打一枪换一个地方的方式，跟扎根理解业务的建模文化背道而驰。

数据准备，不确定性总是存在，因此从一定程度上讲，这个世界是不可预测的，预测的能力与我们采集数据的能力呈一定的正相关。

大数据的意义，就在于可以采集到更多的数据，这个决定了我们用机器解释世界的可能程度。

假数据真分析

还是以离网为例，你就知道很多时候，所谓的解释数据，都是假数据，虽然你不是故意的，你还很认真，但因为受限于业务能力，决定了你只能使用假数据，结果可想而知。

以前新手在做离网预测的时候，总喜欢拿订购成功的数据作为训练的数据，但这显然是个大谬误。

要知道，大量的业务订购是套餐附带订购的，并不能反映用户的真实意愿，拿这个数据去训练，能训练出什么东西？这就是业务能力不够造成的现象。

现在互联网上这个现象很严重，比如刷单，这些假数据严重扰乱了模型，去伪存真是数据挖掘师的一门必修课。

但这又与业务能力相关，依赖于实践和经验，如果让市场部经理转行去做数据挖掘师，估计也很出色。

数据挖掘，难就难在这里，其是业务、数据甚至是技术的结合体，在大数据时代，这一趋势愈加明显。

缺乏对于"常理"的感觉

以下是一个社交网络的案例，场景是需要对两个通话（或其他）交往圈进行重合度判定，以识别两个手机号码是否属于同一个人。

规则似乎很简单，但挖掘出来的结果却不尽如人意，准确率只有12%，百思不得其解。

后来发现判定重合度的阈值是30%，这个也不能说明有问题，但问题出在对于基数的判定上，大量的用户总的交往圈只有3~4个，也就是说，重合1个就可能达到这个阈值，很多新手或者过于迷信技巧的人，往往忽视业务本质的认识。

数据挖掘不仅仅是一门挖掘语言，还要有足够的生活认知和数据感觉，这个很难短期能够提升，依赖于长期实践，甚至认为，这个跟情商相关，有些人就是有感觉，一眼能发现问题。

缺乏迭代的能力

很多传统企业，数据挖掘效果不好，与企业的组织、机制、流程等相关，举个例子：

曾经给外呼部门做了一个外呼偏好模型，就是对所有客户的外呼偏好排个序，在外呼资源有限的条件下，按照这个排序进行外呼，可以提升外呼效率，然后发布到标签库，让外呼部门去用，等待反馈的时间总是很长，大家都懂的，然后就石沉大海了。

最近想起来，再去要结果，发现效果很不错，能真正提升 10 个百分点啊，但已经 2 个月过去了。

这还算一个较为成功的挖掘，但又有多少模型由于线下流程的原因而被放弃了，谁都知道，数据挖掘靠的是迭代，很难第一次就成功，但有多少星星在开始之时，就被掐灭了。

传统企业冗长的线下流程，的确成为模型优化的大杀器，互联网公司天生的在线性让其算法发挥出巨大的价值，而传统企业的建模，往往还在为获得反馈数据而努力，组织、系统和运营上的差距很大。

推广是永远的痛

很多传统企业不同地域上的业务差异，不仅仅造成管理难度加大、体验不一致、系统过于复杂、运营成本高昂，也导致模型的建设和推广异常困难。

从模型本身的角度来看，不同地域的数据差异有时很大，在一个地方成功的模型，在另一个地方则完全失败，过拟合现象比比皆是。

从业务理解的角度来看，建模团队要面对几个甚至十多个做类似业务的团队，各个团队业务理解上的差异和对于建模的要求各不相同，造成了建模团队的无所适从。

模型推广成为建模团队巨大的负担，复制模型，往往变成重做模型，搜集结果数据也难上加难，数据挖掘，已经不是一项纯粹的活。

提了以上五点，只是为了说明数据挖掘难，是综合多种因素的结果，可能不是靠建立一个平台，懂得一些算法，掌握一个工具就能简单解决的，往往具有更深层次的原因。

我们在努力掌握好"器"的同时，也要抬起头来，更全面地看待数据挖掘这个事情，因地制宜地制定适合自己企业特点的数据挖掘机制和流程。

当然，大数据时代的到来，让平台、工具和算法也变得愈加重要，这对数据建模师的知识结构也带来了新的冲击。

二、数据挖掘的分析方法

数据挖掘作为一个结合多种专业知识的综合应用学科，拥有多种涉及不同领域的分析方法，但在商业领域，应用较为频繁和广泛的主要有以下几种分析方法。

1. 关联分析

关联分析就是反映一个事件与其他事件之间关联程度的分析方法。最有名的例子就是"啤酒与尿布"的故事，啤酒与尿布原本是风马牛不相及的两种商品，但某个超市却将这两者摆在了一起，这种奇怪的摆放方式不仅没有引起顾客的不满，还使两种商品的销量都大大增加。原来，下了班的丈夫常常会被妻子要求顺路买回孩子用的尿布，而丈夫在超市挑选尿布的同时也会为自己选购一些啤酒。因此，这一有趣的发现就为商家带来了可观的利润。这个故事就是应用关联规则进行分析的经典案例，所以关联规则也常常被称为"购物篮分析"，这个表述也更加符合关联规则的分析目的，即"购买 A 商品的顾客有多大的可能会同时购买 B 商品"。它能够帮助商家了解顾客购买不同商品直接的关联程度，分析顾客的购买习惯，提供更好的营销策略，增加销售额。

2. 序列模式挖掘

序列模式挖掘和关联分析相类似，也是分析一个事件与其他事件的相关性，但关联分析关注的是顾客有多大可能同时购买 A 商品和 B 商品，而序列模式分析关注的则是顾客在购买了 A 商品的一个月后有多大可能购买 B 商品，即序列模式挖掘更加关注这些事件的前后顺序关系。关联规则只考虑顾客的一次交易能够带来多大的收益，但序列模式挖掘则会考虑顾客的多次交易情况。关联规则通常能够挖掘出类似啤酒与尿布的搭配规律，而序列模式挖掘针对的则是孕妇装与奶瓶这类包含一定时间过程的因果规律，所以序列模式挖掘通常能够得到更加深刻的知识。而实际生活中的大多数序列数据，都能够用序列模式挖掘来进行分析。

3. 聚类分析

将物理或抽象对象的集合分成相似的对象类的过程称为聚类。在这些对象类中，同属一个类别的对象有着较高的相似性，分属不同类别的差异很大。聚类分析运用的算法有很多种，主要包括划分方法、层次方法、基于密度的方法、基于网格的方法和基于模型的方法等。对于同一个数据集合，不同的算法也可能得出不同的聚类结果。比如，对于商业银行或保险公司这类拥有大量数据的企业，管理人员总是希望能够从数量庞大的数据中获得对企业经营有利的信息，但常常因为数据类型众多不知从何入手，此时，只能使用聚类分析，先对数据集合总体进行较大类别的划分，再分别从各类别入手逐一进行分析。

4. 分类分析

分类分析是一种重要的数据分析形式，可以用来从数据集合中提取某些重要的数据类别，这种分析有助于我们更好地更全面地理解数据本身。数据挖掘中的分类分析会对训练数据集中的所有数据预先给出一定的类别划分，根据这一划分建立能够区分这一类别的函数或模型，再运用该模型对数据集进行划分。分类分析和聚类分析都能够对不同类型的客户群体进行识别或划分，但二者最本质的区别就在于：聚类分析在划分之前并不会给出一个划分设定，它是一个无监督学习过程，必须通过聚类的方法来获得相似性较高的数据间的关系；而分类分析在进行划分前已经提供了划分规则，因此它是一个有监督的学习过程。分类分析主要包括决策树、贝叶斯分类、神经网络、关联分类等。对于分类分析来说，在训练数据集中有一个准确的划分规则是十分重要的，良好的划分规则不仅能够保证较为迅速的划分速度，还能够保证较高的分类准确率，同时还具有一定的鲁棒性（所谓"鲁棒性"，是指控制系统在一定结构、大小的参数摄动下，维持其他某些性能的特性）、可解释性和可伸缩性。比如，对于商业银行的客户关系管理，分类分析发挥着重要作用。通常，企业经营者总是希望能够发现"二八原则"中那 20%的优质客户，这类优质客户虽然只占客户总人数的 20%，但却能够为企业带来 80%的总利润。但如何确定优质客户的评估方法，来准确地发现这类客户则是一个较为复杂的问题。运用分类分析就能较为轻松地解决这一难题，在一定数量的优质客户（即训练数据集）中进行学习，来确定划分优质客户的分类器，将这一分类器应用于所有的客户群体中，就能够识别出大多数的优质客户，对这类优质客户实施具有私人订制特性的服务就能够为企业带来更大的收益成果。

三、数据挖掘的技术手段

数据挖掘从产生到现在经历了二十多年的发展，尤其是在近十年间，信息技术和网络技术的快速发展使得数据挖掘技术在当今这个大数据时代进入了实用阶段。数据挖掘因为其自身的学科多样性，有很多算法与技术，其中经常使用的核心技术有以下几种，如表10-1和表10-2所示。

1. 关联规则

关联规则是数据挖掘中最活跃的挖掘技术之一，也是应用范围最为广泛的技术之一。频繁模式是频繁地出现在一个数据集中的模式，对于挖掘数据之间的关联、相关或其他有趣的联系，发现这种频繁模式起着至关重要的作用。关联规则通常用来发现数据集中的项的相互依赖关系，规则的发现是一项规模庞大的工作，数据集中各数据间包含的所有可能的联系都会被一一发掘出来，而发现规则的任务不仅仅是挖掘出这些规则，而是要从挖掘的所有规则中找出支持度和置信度都大于规定值的有趣规则，其中支持度是指所发现规则的有用性，而置信度就是所发现规则的可靠程度。

2. 决策树

决策树是一种类似于流程图的树结构，其中的每个内部节点表示在一个属性上的测试，每个分枝代表一个测试输出，而每个树叶节点存放一个类标号。它是对决策局面的一种图解，用决策树可以使决策问题形象化。由于决策树有浅显易懂的可解释性，而且在关键特性中也表现不俗，所以可以应用在大多数的商业问题中。例如，对于客户类型的划分、客户流失的预测以及不良贷款的预警都能运用决策树方法来分析。

3. 神经网络

神经网络是一种模拟人体大脑神经元连接的结构进行信息处理的数学模型，有很强的非线性拟合能力，可映射任意复杂的非线性关系，它的发展主要得益于人工智能的出现。神经网络方法的实施需要依靠较高的系统复杂程度，在得出预测模型前需要对大量的历史数据进行分析，因此具有很强的鲁棒性、记忆能力以及强大的自学能力，有很大的应用市场。神经网络最为特别的一点是它的运算与推理过程是在其内部进行的，看上去就像在一个黑箱中进行，我们没办法了解到这一过程是如何操作的，也不能得出一个明确的公式来进行描述。

4. 遗传算法

遗传算法也叫基因进化算法，是一种受达尔文生物进化理论的启发，结合遗传变异、适者生存等方法,来模拟自然界进化过程中选择最优解的过程。遗传算法为多种复杂问题的解决提供了一个通用框架,不会受限于问题的具体领域,对于问题所属的领域有很强的鲁棒性。20 世纪 90 年代中后期是遗传算法发展的兴盛时期,近年来,随着遗传算法的不断深入发展,其应用的领域也在不断拓宽,尤其是在制造企业的生产调度问题、交通运输的计划优化、机器人运动轨迹规划等领域都取得了较大的成功。

表 10-1 三种数据挖掘技术的比较

	神经网络法	遗传算法	决策树法
预测准确率	隐含层数的随机性致使网络拓扑无法确定,影响模型准确性	进化期间会减少变异个体,难以保证得到全局最优解	整个过程可以用公式和模型来表达,准确性更容易保证
速度	网络结构需逐次逼近来确定,准备阶段耗时较多,且需参数众多	自身优化能力有限,易产生较多计算开支,限制运算速度	在保证公式正确的前前提下就可快速得到决策结果
鲁棒性	较强的鲁棒性	较强的鲁棒性	较强的鲁棒性
可伸缩性	问题描述能力很强,但对于离散数据,寻找隐含节点数时易陷入局部最小点	由计算机性能和代码设计决定,受客观因素影响较大	会受计算机内在限制,但不要复杂代码运算,应用较简单
可解释性	"黑箱"模型,无法对结果给出充分合理的说明	需要对问题进行二进制编码解码,对使用者要求较高	结论清晰明确,简单易懂,不需要额外的专业知识

表 10-2 三种数据挖掘技术的应用领域及具体案例

分类方法	应用领域	个体案例
神经网络法	卫生保健及医疗、机械领域、图像及信号处理、模式识别、机器人控制、经济领域、电力、交通、农业、军事和气象系统、计算机芯片开发与研究等	自动驾驶的汽车通过学习人类的各种驾驶动作,达到自动驾驶的目的; 对商品价格及股票价格等进行短期预测; Inter 及 IBM 等国际计算机产业巨头纷纷推出生物芯片及神经网络芯片 美国高通公司推出的神经形态芯片在 2014 年获得全球十大突破技术奖,装载这一芯片的机器人不仅能够模仿人类的动作,还能对自身处的环境进行评估
遗传算法	函数优化、组合优化、生产高度问题、自动控制、机器人学、图像处理、人工生命、遗传编程、机器学习、设计规则等	对各类函数进行优化; 在各类车间解决流水线生产调度及任务分配问题; 对图像及文字模式进行识别,如网络上流行的唐诗宋词生成器可以自动生成任意藏字诗词,就是运用遗传算法开发的; 以遗传算法为基础产生的基因编程已经突破了传统意义的编程语言,为产生真正意义上的自动化发明奠定了理论基础

(续表)

分类方法	应用领域	个体案例
决策树法	探测式知识发现，投资决策、金融分析、天文学、分子生物学、流程规划、客户分析等	某电商平台通过对客户的浏览记录和购买进行收集，分析出客户的消费习惯、购买偏好、收入水平等客户特征，依据不同客户的特征在网站不同页面的推荐栏处推荐各种其可能感兴趣的商品，增加了网站内商品的曝光率，提高了交叉销售的可能性，应用后收效明显。同时，因为决策树法简明直观的结果展现，也在一定程度上降低了企业理解和实施时间成本，提高决策效率

5. 统计学方法

统计学作为数据挖掘交叉学科中比较重要的一个基础学科，众多的统计学分析方法都被成功地应用于数据挖掘中。数据挖掘中的分类、预测等方法都离不开统计学理论的支持，而回归作为统计学中应用最为广泛的一个理论，在数据挖掘的预测中也起到了至关重要的作用。不论是线性回归还是非线性回归，它们的基本思想都是根据建立的回归模型来预测事物未来的发展态势。而罗杰斯特回归则是所有的预测模型中应用最为广泛的统计学方法。

第三节 数据挖掘在 CRM 中的作用

根据数据挖掘的特点、过程及其所能完成的任务，数据挖掘可以广泛应用到以客户为中心的企业不同阶段，不同领域的决策分析和管理中。而在客户关系管理中，数据挖掘更是发挥了重要的作用，主要体现在客户群体分类、客户获取和保持、交叉销售、客户应力分析等方面。

一、客户群体分类分析

企业内部员工必须看清楚客户对于企业是永恒的宝藏，并不仅仅是本部门一次交易的对象。所以每一次与客户的接触，都要当是了解客户的过程，同时也是客户体验企业的过程。在这个过程中，要真正地关心客户，与客户之间建立一对一营销，即了解每一位客户，同时与其建立持久的关系。要做好一对一营销，需要根据客户的属性把属性相似的人群分为一类，从而对这一类人群提供有针对性、个性化的产品。

客户群体分类是根据客户的性别、收入、交易行为等特征属性将其细分为具有不同购买需求和不同交易习惯的群体，同一群体之间的属性值相似，对产品的需求和交易心理等方面也极具相似性，反之，不同群体之间的差异比较大。客户群体细分是为了帮助企业在市场营销中制定合理、正确的营销策略,通过对属于不同类别的客户提供与其需求相对应的产品和服务,可以提高客户对企业以及产品、服务的满意度,从而获取更大的利润。

数据挖掘技术可以实现客户群体的细分。通过对客户数据库长期以来不断收集、加工和存储的大量客户消费信息使用数据挖掘技术进行分析和处理,将大量的客户按其属性相似度的不同分为不同的类别,同一类别的客户具有相似的属性,不同类别的客户属性差异较大,从而根据客户的特殊属性确定消费群体或个体的兴趣、消费需求、消费倾向和消费习惯,进而预测每一类消费群体下一步的消费行为。

数据挖掘技术应全面结合企业的战略目标对客户进行群体分类,如果分类方案过于复杂,那么在理解和实施过程中都会遇到困难,但是如果分类方案过于简单或只是基于小样本库而设计的,那么在实际应用中会存在局限性和易变性。数据挖掘中的概念描述、聚类以及分类的功能算法均可实现将大量客户分为不同的类别,完成客户群体分类功能。

二、交叉销售分析

交叉销售是指企业向原有客户销售其遗漏的商品或者新商品、服务的营销过程。它不仅可以实现通过对现有客户扩大销售来增加利润,还可以提升企业形象、增强客户忠诚度、保障企业的可持续发展。企业与客户建立的商业关系是不断持续发展的双向关系,这种关系建立起来后,企业可以使用多种手段和方法来完善这种关系,例如,延长关系持续的时间;在关系保持期内增加双方的相互接触;每一次接触都增加利润的获取等。所有这些完善关系的方法都可以通过交叉销售来实现。

在交叉销售实现中,数据挖掘可以为企业分析出最优销售组合方式。首先,分析现有客户购买和消费数据,然后选择合适的数据挖掘算法对不同销售方式下的每一个个体进行建模;其次,用建立的模型对客户将来的消费行为进行预测,对不同的销售方式进行评价;最后,用建立的模型分析新客户的数据,从而决定向客户提供比较合适的交叉销售方式。数据挖掘实现交叉销售的前提是企业和客户能建立双赢的关系。对于企业来说,企业应该能从交叉销售的过程中获得利益的增长,对于客户来说,客户要在企业提供的交叉销售中获得更多更好的满足其需求的产品和服务。

有几种数据挖掘的方法可以很好地适用于交叉销售。关联规则分析可以发现客户倾向于购买哪几种关联产品;聚类分析可以对特定产品感兴趣的消费群体加以区分;神经网络和回归等方法可以预测客户购买某项新产品的可能性。

三、客户盈利分析

客户的盈利能力是指客户能为企业带来的净利润的能力。一般很少有企业会对每个用户盈利能力的大小做定量计算,现有的财务系统也无法准确地给出每一个客户每一年究竟给企业创造多少利润。正因为如此,许多企业对于客户盈利能力问题总是根据简单的分析,得出不确定甚至错误的结论。很显然,对于企业来说,不同客户具有不同的价值,而对于不同价值的客户,企业的营销策略也是不尽相同的,因此企业应该尽可能地掌握自己客户的盈利能力。

数据挖掘技术能够分析和预测客户在不同市场活动情况下盈利能力的变化,帮助企业制定适合市场的营销策略。首先,企业需要确定一种方法来计算客户的盈利能力。这种方法可以是简单的计算公式,例如,用企业从客户身上获取的总收入减去平均到每一个客户身上的宣传成本、促销成本以及为客户提供产品和服务的成本,再减去通常由客户负担的固定费用;这种方式也可以是比之更复杂的计算公式。企业可以根据这种方法设定一些优化目标,为更深层次的挖掘指明方向。其次,企业可以使用数据挖掘工具对客户盈利能力进行分析,发现哪些客户真正为企业创造了利润,哪些客户只为企业创造了很少的利润甚至没有创造利润。对于盈利能力强的客户企业要尽可能地维系,相反,企业应该想方设法提升其盈利能力。

利用数据挖掘还可以对客户的基本信息和交易记录进行挖掘分析,以期发现客户的行为模式,并且使用这些行为模式来对客户盈利能力的高低进行预测,从而指导企业在市场营销过程中竭力留住有价值的客户,为其提供个性化产品和服务,保留有价值的客户比花费过多财力和精力盲目开发新客户更能降低成本,提高企业效益。

使用数据挖掘技术分析了客户盈利能力后,企业可以采取多种措施来改善客户盈利能力。例如,重点支援、保护盈利客户;改善不盈利但对企业有贡献的客户的关系;改变不盈利客户的购买行为;对客户盈利能力实时动态监控,等等。

四、客户信用分析

客户信用分析是利用调查、分析和预测等方法,对客户的信用状况和风险做出客观、准确的评价。在客户管理中,对客户的信用进行分析是十分必要的,如果发生了信用风险和欺诈行为而又没有被及时发觉,企业将面临营销活动的失败甚至市场份额的丧失,影响企业的竞争力和信誉,导致企业失去市场和客户。

数据挖掘可以采用有效的方式分析出客户的信用状况,并及时准确地对客户可能存在的欺诈风险做出预测。数据挖掘中的很多算法可以用来分析客户信用状况,例如,差异分析可以从大量客户历史数据中分析出每个客户的信用等级,指导企业对不同信用等级的客户采用不同的营销方案;孤立点检测、聚类分析和神经网络等算法可以根据客户数据库中的数据对客户欺诈的可能性、原因、严重程度和防范措施做出预测,使企业能够及时对欺诈风险进行监视、预警和管理,对可能发生的风险进行预警和控制,以便采取措施进行有效规避和监督,尽可能降低企业的风险成本,保证企业正常运行。

五、客户获得与客户保持

客户获得是寻找潜在客户,并把其发展成新客户的过程,它是企业与客户建立关系的阶段。企业发展的一个主要动力就是不断获取新客户,然而新客户的获取也不是无目标的,企业应该事先确定哪些是可能发展的潜在客户,哪些是容易获得的客户,哪些客户很难发展,从而最合理地利用企业有限的资源获得最多的潜在客户。因此,在企业销售活动推广之前预测出潜在客户的反应是获得客户的前提。

客户保持是企业已经建立的客户关系可以长久地保持下去，这就需要客户不断购买企业的产品和服务。客户保持是企业能够获得成功的关键因素，因为花费在保持现有客户上的成本比获取新客户要低很多，同时拥有长期的客户关系使得客户更能接受公司推出的新产品、对价格更不敏感。长期客户可以成为企业的活广告，这一点对企业更为重要，被保持的忠诚客户会主动将公司的口碑、产品向其他人传递，可以为企业带来新的客户。因此，能够拥有更多长期忠诚客户的公司更具竞争优势。

数据挖掘在获取新客户的应用上帮助企业识别哪些人群是潜在客户，提高营销活动的针对性，提高客户的响应率，使企业可以有的放矢。企业可以根据人们对营销活动的反应指标判断出对企业产品和服务感兴趣的人群，从而发展成企业的新客户。关联分析、聚类分析和分类等算法可以完成此类分析工作。

客户保持的关键在于留住可能流失的客户群。根据企业给定的客户资料和一些其他相关的输入，计算出已流失客户的模型，识别导致客户转移的模式，然后从当前客户中找到可以与这个模式相匹配的客户，可以帮助企业针对这些客户的需求，采取一系列措施防止客户的流失，进而保持原有客户。时序分析和粗糙集算法就可以很好地应用于此类分析。

六、客户满意度分析

客户满意度是指所有客户对企业某项产品或服务的总的消费经验的总体评价，是客户对产品和服务的可感知效果与期望值比较后，形成的失望或愉悦的感觉状态，是衡量企业经营质量的一种很好的方式。这不是一个简单的过程，而是客户长期沉淀形成的感情诉求，是历次交易活动中客户状态的积累。

分析客户对企业的满意度，能够帮助企业更好地了解客户的需求和期望，从而发现并改善产品、服务方面的不足，提高客户忠诚度。可以根据自己定义的度量公式，并考虑时间等参数，利用数据挖掘技术分析企业数据库中客户购买、维修记录、犯规意见、投诉等信息，计算出客户的满意度，找到客户不满意的原因，并根据原因采取相应的措施，提高客户满意度和忠诚度，增加企业利润。

课 后 练 习

一、选择题

1. 数据挖掘的数据来源于（   ）。
  A. 关系数据库　　　　　　B. 数据仓库
  C. 事务数据库　　　　　　D. 空间数据库

2. （　　）是一种受达尔文生物进化理论的启发，结合遗传变异、适者生存等方法，来模拟自然界进化过程中选择最优解的过程。

　　A. 决策树　　　　　　　　B. 关联规则
　　C. 遗传算法　　　　　　　D. 神经网络法

3. （　　）是一种重要的数据分析形式，可以用来从数据集合中提取某些重要的数据类别。

　　A. 聚类分析　　　　　　　B. 分类分析
　　C. 关联分析　　　　　　　D. 序列模式挖掘

二、简答题

1. 什么是数据挖掘？
2. 数据挖掘的过程是什么？
3. 数据挖掘在 CRM 中的作用是什么？

三、案例分析题

美国一名男子闯入他家附近的一家美国零售连锁超市 Target 店铺（美国第三大零售商塔吉特）进行抗议："你们竟然给我 17 岁的女儿发婴儿尿片和童车的优惠券。"店铺经理立刻向来者承认错误，但是其实该经理并不知道这一行为是总公司运行数据挖掘的结果。一个月后，这位父亲来道歉，因为这时他才知道他的女儿的确怀孕了。Target 比这位父亲知道他女儿怀孕的时间足足早了一个月。Target 能够通过分析女性客户购买记录，"猜出"哪些是孕妇。他们从 Target 的数据仓库中挖掘出 25 项与怀孕高度相关的商品，制作"怀孕预测"指数。比如，他们发现女性会在怀孕四个月左右，大量购买无香味乳液。以此为依据推算出预产期后，就抢先一步将孕妇装、婴儿床等折扣券寄给客户来吸引其购买。如果不是在拥有海量的用户交易数据基础上实施数据挖掘，Target 不可能做到如此精准的营销。

问题：结合案例谈谈你身边遇到的数据挖掘的例子。

参 考 文 献

[1] 苏朝晖. 客户关系管理[M]. 3版. 北京：机械工业出版社，2018.

[2] 谷再秋，潘福林. 客户关系管理[M]. 2版. 北京：科学出版社，2013.

[3] 袁航，魏蕾，苏彦. 客户关系管理实务[M]. 上海：上海交通大学出版社，2017.

[4] 丁建石. 客户关系管理[M]. 2版. 北京：北京大学出版社，2016.

[5] 王鑫. 客户服务实务[M]. 北京：高等教育出版社，2015.

[6] 李志刚. 客户关系管理实务[M]. 北京：机械工业出版社，2011.

[7] 蔡瑞林. 客户关系管理实务[M]. 北京：北京交通大学出版社，2013.

[8] 贾晓松. 客户关系管理在淘宝网店的落地应用研究[M]. 邢台学院学报，2019（1）.

[9] 罗杨. GS公司客户关系管理系统设计及应用研究[D]. 昆明：昆明理工大学，2018.

[10] 刘丽娜. 客户关系管理对电信行业发展的影响研究[D]. 济南：山东大学，2018.

[11] 张国霞. 共享经济视角下航空公司客户关系管理研究[J]. 北方经贸，2018（11）.

[12] 李雪菁. 基于数据挖掘技术的电子商务客户关系管理[J]. 计算机与数字工程，2018（9）.

[13] 李伟，秦鹏，胡广勤，张毓福. 基于商业大数据的客户分类方案[J]. 六盘水师范学院学报，2017（6）.

[14] 金美延. 业务流程外包企业的客户满意度提升研究[D]. 长春：东北师范大学，2017.

[15] 陈晨. Web 3.0环境下的移动客户关系管理研究[J]. 新西部，2017（33）.

[16] 梁明荣. 客户关系管理在企业市场营销中的作用[J]. 中小企业管理与科技，2016（12）.

[17] 高松. 企业客户关系管理研究——以合作单位安保公司为例[J]. 淮海工学院学报（人文社会科学版），2016（11）.

[18] 周胜婷. 科学评价客户价值，提升客户关系管理的效率[J]. 经济研究参考，2016（70）.

[19] 王秀梅. 中小型国际货代企业客户服务策略分析——基于客户价值的视角[J]. 嘉应学院学报，2015（12）.

[20] 王庆丰. 如何培育自己的忠诚客户[J]. 商业现代化，2005（22）.

[21] 沈沂. 管理你的低价值客户[J]. 21世纪商业评论，2008（5）.